「樹林裡分岔的兩條路，我選擇了人煙罕至的那條，
使這一切變得不同。」1

羅勃 · 佛洛斯特（Robert Frost）

1 出自羅伯特 · 佛洛斯特（Robert Frost）的詩 < 未擇之路 >（The Road Not Taken）；羅伯特 · 佛洛斯特詩選《The Poetry of Robert Frost》：Holt, Rinehart and Winston (New York, NY: 1969), 105.

目錄

謝辭

首先，我要感謝所有參加「職業占星學」（Vocational Astrology）課程的學生們，願意與我分享有趣的故事與經驗，我極爲榮幸的見證了個案們尋找及投入職場的故事；也正是他們，讓我對於「職業占星學」有更深入的理解。

眞摯的感謝斯蒂芬妮．強森（Stephanie Johnson）邀請我爲「奧祕科技公司」（Esoteric Technologies Pty Ltd）的占星軟體撰寫「職業占星報告」（Vocation Solar Writer Report），其內容側重我對占星的想法以及各種可能呈現的方式。我也備受朋友與同事的支持，他們幫忙閱讀、校對並幫助我呈現此手稿，感謝所有曾經幫助過我的人，特別是瑪麗．賽姆斯（Mary Symes）和博布．索普（Barb Thorp）兩人的寶貴協助；而托馬斯．莫爾（Thomas Moore）在職業和靈魂方面的著作總是鼓舞人心，我從此書中也受益良多，感謝他讓我使用他的個案研究。

同時，我也想對我的亞洲同事們表達極大的謝意，他們也許不一定完全欣賞、卻極力支持我的工作；因此，我要誠摯的感謝香港的 Jupiter 老師、台灣的魯道夫老師、張瑜修以及日本的 Mayumi Kabashima 老師，他們對於占星學的奉獻，令人敬佩。

我很慶幸能夠跟隨自己的天職，並且一路以來得到家庭的鼓勵，感謝葛蕾妮絲（Glennys），謝謝有妳與我分享這段持續的旅程。

前言
關於職業／天職的問題

所有的工作都是一種天職，來自意義與身分認同的召喚，其根源超越了人類的意圖和解釋[2]。

所謂「天職／職業」（vocation）是一種感召，此英文單字來自於拉丁文 vocare，爲「召喚」之意，在古英文中，被理解是某種精神召喚，一種內在邀請——跟隨個人的眞正喜好。字根 voca 是「聲音」之意，而「有一份職業」的原始意涵是：一個人依循　自我的內在召喚。

在現代詞語中，「天職／職業」通常被認爲是一種精神或心靈上的呼喚；同樣的，它包括在俗世中尋找眞正自我的探索。天職／職業是一種內在聲音，一種「世上有我們一席之地」的深切之感；而內在語言是透過圖像與感受的方式表達，因此這種內在聲音不是合乎邏輯的、而是直覺與想像的體驗，它由意象、符號、感官、幻想與夢想產生，往往模稜兩可、含糊不清，但是，它被深切地感覺到並且透過我們的想像而變得鮮明。

由於「天職」是一種深刻感受，使我們賦予它意義、形式和生命；它需要我們給予它某些事物，但是這些事物卻是無法被確認或清楚表達，它是一種我們的創造力、工作或專業都無法平息的嚮往、希望或是驅動力。在某種程度上，它是某種精神上的感召，直到我們進入它的神祕，並且在物質世界中努力使它逐漸成形。

2　湯瑪斯・摩爾（Thomas Moore）, Care of the Soul, Harper Collins (New York, NY: 1994), 181.

往往是這樣天職／職業的問題，帶領個案走進我的諮商室，因爲占星學邀請我們提出與意圖有關的問題，其解答和建議都深嵌在星盤中，而不是在身爲占星師的我身上。我的作用是促成個人與其星盤之間的對話，使一些職場生涯可以被接受、提出來思考，然後，個案有更多的機會去反映並且投入參與召喚他們的內在之聲。

星盤是一張原始地圖，可以在生命的實驗室中發展，一個令人滿意的職業既非理所當然，也不是得不到的；它是專注、紀律、勤奮、努力、熱情和意識的產物。而機會編織著命運之輪，因此，職業生涯從來就不是線性或是明確的，而是如同天空一樣，不斷變換的風景。在許多方面，透過我們探索職業中所經歷的時機、遭遇、相遇和協助，「機會」在我們的未來扮演它的角色，我們可以透過思考占星週期與行運，加深我們對於自己的天職／職業模式的覺知，那麼機會就變成天職／職業模式整體的一部分，而不會毫無關聯；天職／職業是一種內在的聲音，而不是來自於外在世界。

雖然占星文本可以從模式與特徵中推論出職業選擇，但是星盤中的職業生涯不是線性的，也不只是字面上的意義；它不結束在某種行業，也不指向某種創造性生涯或判定出一個豐厚報酬的職業。但星盤確實有無數探索才能、金錢、資源、工作、創造力、命運和方向的方式，這些有助於賦予我們的天職／職業一些意義與洞察力。在以下的篇章中，我們將探索星盤中描述天職／職業問題的符號與配置，這本書是關於占星學如何可以幫助我們闡明和詳述生活中的此類問題，同時也含概了生命的其他層面。

本書源自於我的諮商工作坊，大多數的占星個案會詢問與他們的人生目標、事業和工作有關的問題，這個問題似乎是無可避免的被提出。有些人很確定他們必須做什麼，而大部分人仍然在他們的工作中尋找意義；有些人覺得困惑，有些人覺得失望，但是每個人都有強烈的目的意識，我們將一起試圖了解這些內在的聲音，也就是它們的召喚。在課堂上我們也討論關於職業的問題，在「占星．綜合分析」（Astro*Synthesis）生活技能單元的課程中，我們介紹了職業占星學，從這些課程中，結合與職業有關的占星指引，我們討論了工作與職志，結果，學生們從中發現到極大的啓發與之間的吻合性。對於占星意象能夠擴大職業議題的豐富性，我總是感到敬畏，但我也知道，雖然個案和學生對此問題想要有更清楚的藍圖，但是我的任務是讓他們參與職業的問題，藉以激發自我的見解與啓示。

天職／職業的問題不是一成不變，也不是固定的，而是終身的問題。天職／職業不僅僅是我們的工作、我們的活動、我們的創造力或是我們的事業，雖然它也包含了我們如何賴以爲生，但天職／職業是關乎於我們如何找到生活的意義，而這與意圖有關，我們眞正想要做的是什麼？這是一個過程，但不是最終目的。

煉金術士使用 *opus* 這個詞描述他們工作的整體過程──從精煉原料到最後成品的無數階段；*opus* 是他們畢生工作的過程，而不是可衡量的目標或產品。爲了凸顯這一長期持久的過程，它們通常稱 *opus* 爲「工作」（The Work）──自我持續不斷的精煉與勞動。**「工作」是大寫字母，因為天職／職業是我們畢生的工作，而不僅僅只是一個換過一個的工作、存款帳戶或績效獎金，而是在世上表達自我的過程。**

天職／職業是我們如何專注成爲天生的樣子。

序
自我的召喚

鋅鍋匠、裁縫師、士兵、水手、富人、窮人、乞丐、小偷
又或者是一個牛仔、警察、獄卒、火車司機或海盜頭子
或是農夫、動物園管理員
又或者是一個讓人們陸續通過的馬戲團人員[3]

天職／職業：畢生的工作

天職／職業是一個多面向的詞，因爲它可以是指職業或專業的世俗層面，然而也同時暗示了我們天生注定或者受到召喚的精神層面。天職／職業是一種典型、超越種族、文化或性別，是人人皆有的概念，這種共同的嚮往就是我們的探索——找到我們天生該做的事。

天職／職業是精神的體現，能被滿足及實現、充滿創造力並且以有意義的方式受到僱用的衝動；它屬於靈魂，一種渴望服務的深刻感受，跟隨我們的熱情，成爲天生注定的樣子，並過著有意義的生活。這是我們畢生事業、一生的工作以及代表我們如何爲生活付出努力。

3　AA Milne, Now We Are Six, Puffin Books (New York, NY: 1992).

工作：我們從事的是什麼或我們是誰？

當我還是個孩子時，大人總是會問我，長大後要做什麼？就像其他孩子一樣，我有一個標準答案。我的童年是在軍事基地中度過，四周都是安全柵欄與出入口，我總是對那個突然從軍營的小警衛室走出來、升起柵欄、讓我和父親通過的人感興趣。當柵欄升起後，我和父親就會繼續往前走，直達他工作的軍事總部。

因此，當我被問到這個問題時，我會自信滿滿的回答：出入口管理員。這個靈感是來自於出入口管理員的這個隱形人所擁有的魅力與權力，而這個天眞回答的靈感是來自於我固有的職業模式嗎？隨著人生的進展，我感覺受到召喚而從事水星的工作——就像是一個引導與升降柵欄的人，以某種隱喻的方式，我與個案在某個過渡時空相遇，並試著爲他們升起一些阻攔；因此，小時候的天眞想像，就是召喚我們的意象及象徵。

當我在課堂上教導職業占星學時，我要求學生反思自己的童年，回想他們長大後想要做什麼？透過生動的想像，我們重回童年的記憶，拾起印象——那些我們曾經想要做的事。小時候，我們比較可以不受文化、性別和家庭期望的限制，雖然大多數的人還是無法眞正瞭解這些工作所必備的條件，而我們那些記憶也似乎都是幻想的，但是作爲隱喻，它們有力指出我們濃烈的渴望。我們最先想要成爲什麼人的印象，深埋在我們童年記憶中。就像是兒時童謠，醫生、律師、士兵，水手，補鍋匠，裁縫師或一個製造燭台的職業都是想像的，而不是字面上的意義；然而，它們就是原型，這些形象就在我們的星盤中。

當我們有了具體形象之後，便可以專注在個人星盤上的符號，找出星盤上哪些相位呼應這些早期的職業形象；我們也可以想想，我們目前的職業是否以任何方式反映了這些早期的形象，這經常是富有啓發性的練習：

「我想成爲一個探險家」，這是從一個太陽／火星合相在第九宮、並且緊鄰天頂，天王星在上升的女性的回答；另外一位回答「護士」的女性，她的月亮在第十宮三分相第六宮的海王星；一位在星盤上有雙子座星群、木星在天頂的男士回答：「老師」，而一位天王星獅子座在上升、太陽／金星合相在天頂的女士，回憶起她曾經想成爲一名演員。想要成爲探險家的這位女士，她因爲業務代表的工作而跑遍全世界；而擁有雙子座星群的這位男士男子，有一個非常受歡迎的部落格。

職業的印象是與生俱來的，經常透過早期記憶、當然更透過星盤中的形象而被理解，但了解職業的主要障礙之一就是直接指出某種職業，誤將某個內在形象或某個占星符號明確的指向某種職業，而沒有進一步的探索與延伸。這同時更加解釋了職業／天職只是我們身外之物，並且已經存在於社會上，等著我們去尋找、應證的迷思，而不是在我們的生命歷程中浮現。

許多外在因素影響著我們的職業選擇：家族信仰、教育、經濟資源、心理上的安全感、父母的支持、老師／朋友和團體的鼓勵，小時候引起我們興趣的偶像崇拜經驗，以及與世界接觸的廣泛程度，都與職業偏好產生一些關係。無論是否明顯可見，職業選擇的主要影響是來自於父母的期望，星盤提供了一種思考方式——父母未實現的生命，施加在栽培孩子未來事業的深遠影響。

在整個第一次土星循環，也就是在我們接近 30 歲之前，我們可能都承受極大的壓力而被迫順從，無論我們是否屈服或反抗，這都有助於創造事業。我們可能尚且缺乏勇氣、資源或資金可以建立自己的人生道路；然而，在此期間，我們可能會被某些有助於發展職志的課程、愛好和休閒娛樂吸引。我們的職業就像是一張大掛毯，用我們所有的人生經歷和選擇編織而成，而不是一個保證擁有退休金、俗套的職業生涯。

職業與我們的生命歷程緊密結合，然而，由於工作是我們如何賴以爲生的方式，我們經常認爲工作只是我們所從事的事情，而非代表我們自身。由於某些行業附帶著聲譽與地位，我們可能渴望它，只是因爲它的威望與安全性，並不一定是因爲它的創造性與精神性。某些職涯提供了豐厚的金錢報酬，然而，在第二次土星循環的中期，也就是在我們四十多歲時，當更深層的職業衝動仍然得不到滿足時，職業獎金顯然也就無法令人滿意。中年危機的焦點經常發生在與職業妥協方面，儘管所有的客觀標準，如工資、地位和安全感上都暗示著這代表著事業有成，但是人們的內心可能仍然充滿著沮喪並缺乏成就感。而經常在這一個時間點上，占星師與他／她的個案碰面了，他們選擇占星學來協助反思自己的生命歷程。

占星分析有助於思考是什麼召喚著個人。當星盤展開一個人的生命時，它並非詳述某個字面上的職業，但它確實提供一些建議：哪一種工作特質與內涵可以幫助個人忠於自我召喚的過程。我們的職業／天職包含了嗜好、志工、活動和學習課程，因此，並不總是以某種職業形式表現出來。

職涯的問題往往是關於個性化和自我發展的某個更大問題而顯

現出來的症狀，因此，去傾聽職業的根本問題是有幫助的——也就是我們是誰，而非我們從事的是什麼。

工作：在俗世中尋找意義

詩人紀伯倫（Kahlil Gibran）在詩集《先知》（The Prophet）中以感性的方式談到工作：

你們工作，因而能跟上大地的步伐，緊隨大地的靈魂在工作時，你們彷若長笛，時間的呢喃穿透內心化作音符，工作是愛的呈現[4]。

在繁忙的生活裡，我們任由一再重複的無聊工作消磨殆盡，很難體會到紀伯倫認爲工作是靈魂形塑的詩意禮讚。在現代生活中，靈魂和工作似乎天壤之別，現代追求的是經濟生產力，受到唯物主義傾向的鼓勵，澆熄了追求職業成就的內在嚮往。例如：聲望、地位、休假、獎金、薪酬和工作保障的職業目標掩蓋了我們想在工作中找到意義的渴望。然而，大多數人渴望透過工作而得到滿足，在已經失去靈魂的當代文化中，我們不再倚靠提醒我們生活意義的價值觀與想像，而這種無意義滲透在日常生活的氛圍中，並且增添不滿、抑鬱症、疾病和危險工作場所的蔓延。

我們需要「永恆不滅的世俗成就」的靈魂傾向，如果沒有培養這方面的需要，個人會感覺到空虛、不完整的、沒有成就感，自我最重要的部分會感到匱乏。因爲這種空虛，個人會尋求解答，占

4　紀伯倫（Kahil Gibran）：《先知》（The Prophet）, Alfred A. Knopf (New York: 1982), 25.

星學可以處理個別情況下的命運、靈魂和個性化的更大問題，同時，也尊重生命循環中的過渡性變化，因此，人們往往在遭遇危機時，會去探索占星學的智慧。在占星諮商過程中，個案經常期待被告知正確的職業生涯，該上什麼課程，該做什麼樣的選擇，誤以爲正確的職業將是所有缺口的解答。然而，其解答並不是簡單的某個特定職業或某個明確行動，甚至是去追求一個令人感到興奮的工作──儘管這會有所幫助。然而，關鍵是要找回工作的意義，並以工作滋養靈魂。對工作感到不滿意、不喜歡一份工作或是覺得「不只是這樣、還可以更多」都使個人去尋求占星師的諮商，想要探索職業領域。因此，經常在我的諮商工作室中，人們往往描述他們強烈的想要做某些事的感覺，但不知道是什麼或是如何去處理這種感覺，他們只知道自己應該去做些什麼事而不僅僅是眼前的工作。

在俗世中尋找靈魂的衝動，通常投射於職業形象上，這似乎說明了個人眼前生活中所缺乏的部分；這種想要找到與世界產生靈性連結的渴望，容易因爲幻想而變得膨脹以及激烈。原型心理學家詹姆斯·希爾曼（James Hillman）警告說，職業／天職可以是一種非常膨脹的精神概念，如果我們相信自己是被選擇的、或是註定應該做某些明確的事、或者受到召喚需要成爲某個特殊人士[5]；職業／天職不是去成爲某個人，而是成爲我們自己。

「字面上的創造力與一個完美的工作可以平息靈魂的渴望」，這樣的信仰引導我們將功成名就的幻想投射在某個特別的職業上，但如此一來會使人失望，因爲外在的職位無法滿足自我深層

5 詹姆斯·希爾曼（James Hillman）：The Essential James Hillman, A Blue Fire, edited by Thomas Moore, Routledge (London: 1990), 172.

的面向。對於完美、滿意職業的期待，無論是有意還是無意，當它被投射於某種字面上的職業時，經常可以平息焦慮與失落感，因此，我們的職業往往是已經知道的或僅僅是我們已經從事的事。在本質上，它是我們性格的一部分，隨著時間展現出來；但是，字面上的職業或專業，無論它是如何明智，都不是靈魂渴望的答案。職業是個體化過程的一個面向，它的路徑不是預先設定的，而是透過外在世界與內在自我的關係、隨著時間的推移而建立，職業需要有它自己的一套規則，並堅持自己的律法。

榮格（Carl Jung）認爲職業誘使一個人跟隨自己的靈魂，並且變得有自覺。他重申，職業是非理性的因素，命定一個人從芸芸眾生、以及平凡的生涯中解脫出來。眞正的人格永遠是一種天職，追求自己眞正的天職需要勇氣以及從「眾人」中掙脫出來的力量，而這裡的「眾人」與我們長輩、父母和祖先認可、眾人皆走過的所謂社會性生涯有關。爲了追隨在眞實路上召喚自我的聲音，個人需要從他人之中獨立出來，正如榮格提醒我們的：創意生活始終獨立在傳統之外。因此，職業要求我們冒著被邊緣化的風險，並且去了解自我個性化的需求。

職業並不伴隨著工作內容、晉升機會或收入保證而來。毫無疑問的，工作和事業是職業的一個面向，但是我們將某個字面上的工作與個性化、自我實現的更深渴望混淆了。個性化是一份工作，它是一種任務，就是一個人畢生的「opus」（工作）——與修煉自我的豐足有關。就像是煉金術的過程，我們的職業／天職是終其一生的不斷修煉，它的成功之處大部分取決於我們獨立於群體之外的能力[6]，而追隨自我召喚意味著被邊緣化。

我們可能會過分的認同工作，藉以補償尚未實現的職業／天職，或反之不認同自己的職業，而想要另外找到失去或缺乏的事物。雖然一個有成就的事業可以長久的幫助滿足職業／天職的追求，但是榮格曾建議，一個人眞正的職業需要自我的完整以及有別於眾人的勇氣，職業似乎是一個工作和專業的健全綜合，這可以在社會上發展個性化的過程中支持我們。

工作、自性與身分認同

職業是我們被辨識的方式之一，姓名、地址、年齡、性別和職業都是個人資料表上被詢問的標準問題，我們的工作是我們的一部分，他人通常以我們所從事的行業定義和評論我們；我們也經常透過別人所從事的行業來識別他人：他在資訊科技產業工作、她是一名律師、他在市中心工作、她在讀書想成爲心理學家、或是他現在失業，這些都是有助於認識一個人的日常對話。你有多常被問到靠什麼維生？我們也總是以他人的工作去辨識他人，以他們的事業認識他們，以他們的專業評斷他們。

有些專業吸引更多身分地位，有些獲得更多金錢，無論我們喜歡與否，職業是分等級貴賤的；因此，某些行業比其他行業更有價值，普遍被認爲更具聲望，踏入這些顯貴行業的人，往往獲得更高的地位和尊重。通常，這些職業擁有更多金錢報酬，並且擁有自尊

6 節選自榮格（C.G. Jung）：The Development of the Personality (Volume 17 of the Collected Works), 由 RFC Hull, Routledge & Kegan Paul (London: 1954) 翻譯, Para. 299 305.

和自我價值感，在職業與價值分等級與貴賤的文化中，想要關注自我內在、以及那些在人煙罕至的路上召喚我們的聲音是很難的。

我曾見證過一個人的職業被壓抑在機械化模式和僵化結構的組織氛圍中的那種失望；我曾聽過護士敘述他們的職業已經被整體醫療模式粉碎；那些所謂的心理學家都憤恨地對我抱怨科學理性模式受到重視、卻放棄了想像和感受性經驗證據的轉變。在我們的職業生涯中，經常產生整體、外在的價值觀與自我內在召喚之間的衝突。

運用占星形象做職業分析，有助於爲個人確定職業模式，也就是瞭解是什麼在召喚著他們。星盤並不提供一個人的主要發展，因爲它是隨著生命歷程而展開，但占星學確實提供使之成功的所需元素。星盤中有些領域掌管職業以及人生這方面的歷程，在星盤分析中不要清楚的描繪出某個字面上的職業，這點非常重要，而是幫助個人了解自己的需求、天分和最合適的方向，而豐富的占星形象，可以幫助這一個過程。

在這本書中，我們將檢視職業敘述的占星形象，職業並不限於星盤上的任何區域，它是我們的生命歷程，而星盤上凸顯的相位往往會透過職業尋求表達。這裡有許多可以探索的領域，每個人也可能有許多不同的職業面向，在其生命過程中被加以實現。

首先，我們將說明職業占星概述，然後，我們將辨識占星學分析中的三大元素——與職業相關的行星、星座和宮位。我們會更仔細的思考一些星盤上的職業因素，如太陽、月亮、月亮南北交點、四個軸點，尤其是天頂與上升，以及第二宮、第六宮和第十宮。在職場生涯中，占星上的時間點可以提供一些訊息，因此，我們將從職場生涯變化和發展的角度去檢視行星循環與行運；其中一部分，我們將檢視進／出職場的過渡行運。最後，我們會透過一些個案反思「工作」——也就是我們的畢生事業。

在本書中也有許多占星配置的描述，例如：行星所在的星座和宮位、宮首星座、月亮南北交點的相位、四個軸點及其守護行星等。這些都只能當成是引導以及反思占星學的可能性的繆斯，而不是一種明確的解釋；也就是透過反思和思考占星論述而產生洞察力、啓示以及更能深刻及廣泛理解心靈的可能性。

占星的形象並非都適合於文字語言，因爲形象可能會被解讀成爲固定與事實，而非保有其回味與啓發性，當我們思考占星學上的可能性時，需要靠反思與想像力。

Chapter 1
事業有成

職業占星學概述

我在青春後期、剛就讀大學商學院時，想要轉換跑道，想要和學生會一起出國當志工，因此我求助於校園心理諮商室。顯然，會計不是我的職業生涯選項，但我也不算是逃避它，因爲在我的職業指導測試中，以人爲本、創新、助人的職業高於實用、行政管理或技術職業的分數，但是，我已經選擇了一門必修課。

雖然我們可能對於自己的職業有一股直覺，但是在演化過程中，時間扮演了重要角色，雖然占星學說明了職業的眞實性，但是它仍然有其發展的時間表。攤開所有職業中可能發生的錯綜複雜狀況，也許會造成混淆，但是當我們回首職業生涯時，我們可以看到職業的主軸與模式，這是我們在年輕時無法看見的。

年輕時，職業指導可能特別具有價值，因爲它往往會印證個人的內在召喚；而在探索學校、學科、職業目標和可能性的選擇上，占星學是一種有益的指導。運用個人星盤與父母及其子女討論教育、職業和抱負已被證明卓有成效，在我的諮商中也極有收獲。而對於那些質疑自己的職業選擇、對自己工作不滿意，打算轉行或只是需要討論他們正處於職涯的哪個階段的成年人來說，職業占星學也是非常有用處的。

從職業的角度來詮釋星盤，並不是靜態的，也不是一次就可以完成。它隨著個人的成長而逐步演化，當個人變得更了解自己的野心與欲望，星盤的詮釋就會變得更加明確，因此，占星學可以在人生的各個階段，以多種方式來檢視職業。雖然職業可能是分析的焦點，其過程卻是受到個人思想、情感與心理狀態影響；或者討論的問題雖然可能只是職業本身，但背後也可能是健康或情緒和社會困境的問題。因此，職業分析在尊重人類經驗的廣度與深度上來說，是整體性的，而就像職業本身，它是在進程中的一個工作。

讓我們繼續從職業角度來看星盤，雖然要感謝有許多占星技巧和職業占星學理論，卻是占星基本原則爲發展自我風格和方式立下基礎。

從星盤來看

從希臘羅馬時代開始，西方占星學已經發展出從職業角度思考星盤的技巧和準則，雖然技巧各有不同，但基本上它仍然有穿越時空、一貫性的核心原則。西元第二世紀，托勒密（Ptolemy）在闡述占星學中職業的象徵星時，認爲它是第十宮的守護星、第十宮內的行星或在太陽之前從地平線升起的行星，三者之中最強勢的那顆行星。在中世紀時代，威廉．立力（William Lilly）認爲第十宮的宮首星座、它的守護星或其宮位強烈象徵世俗的工作[7]。

二十世紀的占星學家指出，第二宮／第六宮及第十宮這三位一體的土象宮位、其宮首星座、守護星以及這三個宮位內的行星是

7 托勒密（Ptolemy）, Tetrabiblos, translated by J. M. Ashmand, Symbols & Signs (North Hollywood, CA: 1976), Book IV, Chapter IV; William Lilly, Christian Astrology, The Astrology Center of America (Bel Air: MD, 2004), Book 2, Chapter LXXXIV.

值得注意的；而太陽、月亮、上升和天頂也被認爲是所有職業分析的根本，與第十宮有關的特徵一直被賦予重要意義。而早期概念中，譬如比太陽早升起的那顆行星的重要性，如今已經逐漸式微。

占星學的潮流來來去去，其中賦予職業議題生命的技巧仍然具有意義，這些我將嘗試從我的經驗來概述。但是，首先，從個人生命階段的觀點去探索職業是至關重要的。因爲青少年時期與退休後的職業分析是非常不同的，或是正值第一次土星回歸的人與第二次土星回歸的人也極爲不同。將個人的歷史放入職業分析中也同樣具有意義：他們的教育背景、家庭環境、工作經驗、資歷、動機和生活經驗是如何？雖然探索個人潛力與可能性是重要的，但是也同樣必須將職業分析置入個人的現實生活中。

職業分析包含許多因素，因此，優先考慮那些最具有意義的因素是很重要的，雖然占星文獻會使用許多技巧，但那些往往不太重要、或只是其次而非最首要的分析方法。首先，我們可以發展兩種態度：第一階段是採用一般的方法做職業分析，探索個人的個性、資源、天分、技術、抱負、目標和性格，雖然我們有意識的呈現問題，同時也極需傾聽可能是造成目前困境的根源，例如：所有的思想、情緒、心理或精神上的困難，這種廣泛考量，是將個人置於星盤的背景中，看看星盤上的職業建議是什麼。第二種方法更加具體，它探索職業生涯的問題，並集中焦點在職業議題上，例如：工作地點、薪資、工作滿意度、同事和老闆。

正如以上所言，占星學可以提供許多技巧，但最重要的是如何利用它們展開分析，而不是用來規範或限制分析的內容。占星符號不是批判性的，因此，明智的做法是不參雜個人的意見並找出方法闡明意象。「原型」藉由多種方式體現，雖然占星學在確認原型能量上非常可靠，但是占星師無法完全知道所有可能性，因此，多加探索並投入於形象與象徵符號中才能夠顯示更多線索。

讓我們從星盤上職業主題的所在位置，或是稱之爲「職業宮位」開始，也就是我們所知的「物質宮位」——第二宮、第六宮以及第十宮，這裡是我們找到物質的領域：藉著資源、技能、能力和遠見，促成及落實職業的地方。星盤上的這些區域也是我們在物質、肉身俗世中，投入塑造靈魂的地方：

第十宮豎立著我們人生的標竿，它是一個公共領域，在生命旅途中，我們在此爭取權威，並在過程中發現俗世的意義。天頂（MC）是星盤中的最高點，是我們想要努力實現的象徵，它在理解自我的專業角色，以及透過世俗工作所做的貢獻方面具有重要意義。在職業分析的所諸多因素中，天頂一直被認爲是極爲重要的；因此，在剛開始探索職業時，天頂、宮首星座及其守護星、第十宮內的行星至關重要。

第二宮象徵著神賦予我們的天賦與才能，也就是與生俱來的資產以及我們賦予它們的價值。第二宮的宮首星座、它的守護星以及宮內行星反映出我們如何自然地運用自我資源和價值。這個領域告訴我們，哪一種先天的資源是有價值的，可以用來換取物質保障。在靈魂的意義上，第二宮可以描述我們如何交換我們的資源和資產，進而能感覺外在的安全感與內在的富足。

第六宮遵從日常生活的韻律，其宮首星座、守護星和宮內行星都描述著工作與職業，這個領域顯示了我們如何致力於日常生活的工作中，如何使自己全力投入，這些星象符號描述著日常生活的儀式，藉以獲得滿足與幸福。第六宮也被稱爲是疾病的宮位，因此經常能夠有效的提出與工作有關的疾病、抑鬱或壓力的問題，運用第六宮的意象也能夠探討工作夥伴和例行公事的議題。

在進行職業分析時要牢記所有的宮位都是很重要的，因爲每個宮位都是我們在不同時間中的生活領域[8]；星群、上升／天頂守護星或月亮南北交點，這三者落入的宮位具有重要的意義。將所有宮位列入考量的方法之一是，將它們以元素做爲三位一體的分組：

1）生命宮位（第一宮、第五宮、第九宮）：賦予生命力的三位一體宮位，屬於火元素。

2）物質宮位（第二宮、第六宮、第十宮）：與物質相關的三個宮位，屬於土元素。

3）關係宮位（第三宮、第七宮、第十一宮）：以風元素爲基礎。

4）結束宮位（第四宮、第八宮、第十二宮）：由水元素激發的靈魂三位一體宮位。

大多數落在這些三位一體內的行星，以其自身的特殊方式透過職業尋求表達。雖然在職業分析中優先考量物質宮位，但是生命宮位也是值得關注的，因爲它們蘊含著想要表現、創造的能量，而鼓勵與支持性的力量會激發職業表現，生命宮位則專注於創作、娛樂和生產，並且渴望被運用於自我的概念中。

考量行星被元素、性質型態與半球強調。

8　星盤上十二宮位的經典論述請參閱霍華·薩司波塔斯（Howard Sasportas），《占星十二宮位研究》（The Twelve Houses），積木出版社 2010。

星盤中被強調的元素敘述著個人的性情，而主要元素說明自然產生的熱情、務實、邏輯或情感的生活方式；性質型態勾勒出自然運用生命能量的方式，無論是透過開創性、固定性和變動性的方式。

星盤中的四個半球無論是高或低於地平線，或是子午線的東或西部，每個半球都各自支撐著生命的特定視野：地平線以上的日半球客觀的專注於外在世界；而低於地平線的夜半球是比較主觀的，專注於內心世界；東半球關注的是生命中比較個人的層面；而西半球則關注於他人或是人際關係。

雖然從每張星盤中去學著區分行星在職業意涵上的優先順序是重要的，但我們可以先清楚區分每顆行星在職業中的作用如何。

內行星帶著非常個人的色彩，它們透過職業尋求表達，太陽和月亮是整體存在不可或缺的核心象徵，既然職業是我們的一部分，這兩顆發光體則扮演顯著的角色。因此在職業分析中，考量它們在黃道帶上的星座位置、宮位和主要相位是至關重要的。太陽代表自我表達的中心主題，而月亮象徵著讓人感覺到安全和滿足感所需要的事物，這對於任何職業，都是重要考量。

水星掌管溝通、創意、通用性和流動性，當傑出、多樣性、適應性和才智是職業重點時，它在職業分析中有助於說明與職業有關的心態和思考方式。

金星支持價值和自尊感，此原型描述了我們喜歡做的事、欣賞的事物、以及讓我們感覺愉悅的東西；火星是欲望原則，是我們所要追求的事物以及行動的推動力。金星和火星在創造生命驅力的本質上都是屬於性慾的，是一種纏住、佔據我們強而有力的原型。從本質上講，金星和火星在職業上幫助我們與職業產生關聯，並且在生活中的精神層面去體驗它們。

木星象徵著以哲學和精神方式探索世界，用智慧和靈感去追尋具有靈魂的生命，做爲一種超越自我、跨越傳承或社會框架的能力，木星賦予職業信仰、道德、觀念和倫理。土星、特別是天頂呼應了以某種生產力的方式貢獻社會的召喚。這些占星象徵對於我們透過職業在世上找到眞實、自主和完整性是十分重要的，職業在某種意義上需要和權力原型產生關係，因爲我們需要追隨自我的規則與途徑才能在職業上有所成就。

凱龍和外行星能喚起更多的集體能量，當它們與職業產生關聯時，暗示著選擇普世現實以外的道路，更超越了傳統的體系或組織。做爲一個異類和局外人，凱龍的召喚在於治療技術、指導或社會改革能力，當它表現在職業上時，邀請我們接受自己的邊緣化和傷口。天王星就如同是普羅米修斯（Prometheus）的精神，表現在文化上的叛逆與冒險精神，以個人獨特、非典型的方式發展它的職業生涯。海王星是最能夠與精神召喚以及靈魂的創造性語言產生連結的原型；然而，這個原型也可能是精神上的膨脹與誤導，而將個人的召喚與成爲救世主的召喚混淆。無論海王星落在星盤上的什麼地方，在那裡我們想要找到神聖並嚮往成爲創造與精神性的人，這讓我們投入於了解自我、超越傳統限制的召喚，進而提昇自我至另外一種層次。冥王星往往與靈魂的黑暗面有關，並且在追尋圓滿的職業生涯中帶來了強度、深度和力量。

星盤上的四個軸點指出我們的生活方向，因此，對我們的人生產生重要意義，四個軸點都同樣重要，並且應該加以區分。在職業分析中，上升與天頂更需特別留意；不過下降總是與上升產生抗衡，而天底的需求也自然的蘊含在天頂的目標中。

上升與其守護星就如同人生旅程上的駕駛，其積極性的力量，使旅程充滿生氣，並有助於將我們的職業渴望運用於社會中。天頂及其守護星在評估職業生涯中發揮了明顯的作用，因爲它描述著我們步入社會的途徑。天底及其守護星是基石，我們可以透過它建立足夠的內在安全感，以支持我們的職業。下降及其守護星既象徵與我們敵對、也象徵合作夥伴的內在力量，鼓勵我們成爲的英雄，並且使我們對於自己的人生產生自覺。合軸星會在生活中尋求立即表達，並且需要加以運用。因此，它們往往試圖在職業中發揮主導作用。

月亮交點軸線與個人生涯產生緊密連結，南交點可能指向我們受到召喚而發揮本能才華與天賦的領域，而北交點象徵著我們透過職業尋求發展的事物。南北交點的星座與宮位在自我召喚中扮演了重要的角色，在象徵意義上，南北交點及其相位代表個人生命中渴望表達出來的無限衝動。

人生的旅程從來就不是風平浪靜，因此，思考星盤上的主要相位與相位模式是很重要的，特別在當外行星與某顆內行星產生明顯角度時，這些旺盛情結將在整個生命歷程中尋求表達，更可能成爲人生的主軸。雖然每個主要相位模式都需要從個人的角度去分析，但重要的是將這些複雜相位與職業整合，因爲星盤的主題需要以「它們如何有效地與生活方式產生結合」來思考。當這些主要相位或相位模式與外行星產生行運時，個人將受到召喚，在他們習以為常的世界中去擴張他們的自我認知，而這段期間更是重要的職業階段或是象徵個性化過程中的鬧鐘。

職業分析需要從生命週期的角度考量，因此，必須理解個人是處於人生中的哪一個階段，是否他們正處於發展中的關鍵時期，這些都存在於行星週期中，特別是行星循環的四分相、對分相以及回歸。但是，以當下的角度分析職業也同等重要，並且必須留意與職業議題或生涯有關的重要行運以及二次推運。

當土星、凱龍星或某顆外行星行運經過四個軸點時，暗示著個人將面臨某個人生方向與生命歷程。南北交點的行運照亮了人生道路，因此，當它在某個宮位行運時，能夠說明職業的發展。木星和土星經過職業宮位的行運是瞭解職業異動的關鍵。

職業上的覺知可以透過二次推運得到啓發，二次推運的月亮是容器，盛滿了記憶、感覺記憶、情緒反應和直覺，當月亮推運行經第二宮、第六宮和第十宮時，職業成爲重要焦點。推運太陽是自我力量在世上的發展，它與其他行星原型所產生的相位，暗示著我們如何透過生活經驗，找到自我的這一層面。當其他二推行星改變方向或推進到一個新的星座或宮位時，也可能帶來職業的議題。

行星週期、行運和二次推運在檢視職業發展和職涯的階段上都是珍貴資源，職業發展的進程與階段，都反映在行星的軌跡中。

職業之謎

從命運的觀點來看，我們的天職／職業有其自我的智慧、時機與模式，占星學分析透過個人的控制以及不可控制的層面去考量職業模式與時機，努力使它的神祕更具有自覺性並使人感到滿意。

職業宮位集中了職業的三個重要面向：收入、工作和事業，最終，我們會希望同時擁有這三方面，但在現實中，這些具有創意的召喚並不容易轉換成具有薪資保障的職業。我們經常可以爲熱愛的創意工作，完全投入好幾個小時，只賺得微薄報酬；另一方面，我們可以從事單調、不滿意的工作，卻得到固定又優渥的薪資。在每份職業追求中，本來就有安全性與自由表現、想像與實際、夢想與現實之間的拉扯，但是爲了忠於我們的職業／天職，我們必須忠於自我召喚，耐心的準備投入生命賦予我們的事物，我們無法指望潛能變成可能的過程中，卻不經過廣泛的學習。

職業召喚並不局限於某一時刻或時間，而是在整體生命週期中重覆出現，往往與占星週期如南北交點、木星循環週期或是生命階段如青春期、中年或五十幾歲時同步發生。然而，首次的召喚經驗，無論是透過幻覺、內在聲音、深切感受、某個夢境或是想像，仍然在我們生命歷程中留下餘溫[9]。

早年的召喚

丹恩．魯依爾（Dane Rudhyar）是二十世紀最重要的占星師，同時又是畫家、作家、音樂家和哲學家。他的一生展現了職業的特性，當他追隨自我召喚，生命引導他走向提升與發展事業的人們與環境；然而，卻是十六歲時的理想，成爲他畢生工作的基石與力

9　本書第十二章中的兩個個案研究就是此種召喚的最佳案例。

量。

此時，他受到兩件事情啓發，職業生涯和方向都受此影響。首先，他洞察到時間的本質是循環的，並且其週期規律性控制了所有生命；其次，西方文明正步入循環週期的秋季階段[10]，其一生中，這兩個主題皆融入了他的哲學、占星學見解、音樂和藝術。

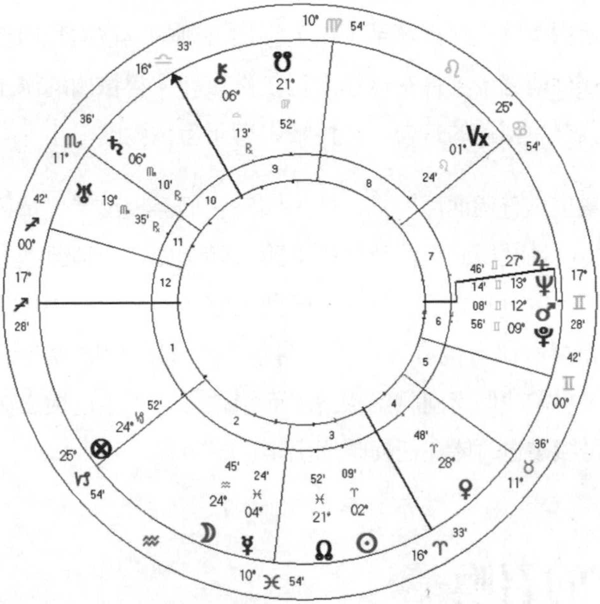

丹恩．魯依爾生於 1895 年 3 月 23 日早上 1 點，法國．巴黎。

魯依爾的上升／下降軸線落在射手座／雙子座軸線的 18 度，1901-1902 年，當他 5-7 歲時，天王星和冥王星在相同軸線的 15 和 19 度之間產生對分相；當天王星在上升來回移動時，冥王星正慢

10　丹恩．魯依爾（Dane Rudhyar）, A Brief Factual Biography, © James Shore, USA: 1972, 3.

慢地行運至下降，這是一個強而有力的占星意象——播下了覺醒與深刻體悟的種子。在同一時期，木星和土星在第一宮摩羯座 14 度展開一個新的循環週期。

當魯依爾 15-16 歲時，木星和土星的循環在其第四宮與第十宮軸線產生對分相，當時土星行運至他的金星——也就是天頂的守護星，而木星已經行運至星盤的最高點，穿越第十宮與第十宮內的土星產生合相；冥王星行運至木星，指出深刻的洞察力和內在財富的跡象；在行運過後，這些行運力量依然存在。魯依爾的例子展現初次與自我召喚相遇的效力，它持續影響了魯依爾的一生。

職業也具有週期性與當代性，因爲它們浮現出時代精神，就像科技的可能性發展到數位時代的來臨。職業做爲一種原型，透過我們的運作，擁有其智慧和時序，因此，它們經常以我們無法控制的方式變化與發展。機會、貴人、可能性、選擇和機會在恰當的時機出現，引領我們走向職業探索，而這往往在人生危機之後接著發生，但是職業也可能在任何時間出現。

晚年的召喚

當 48 歲的蘇珊大嬸（Susan Boyle），出現在電視《英國星光大道》（Britain's Got Talent）中成爲參賽者時，她剛剛進入第 5 次木星循環週期。她上台唱出《我曾有夢》（I Dreamed a Dream），這首動人的歌總括了她自己的生活體驗，但她怎麼會知道，這首歌曲開始的幾段弦律就已經改變了她的生活，成爲開啓她豐富事業的鑰匙。

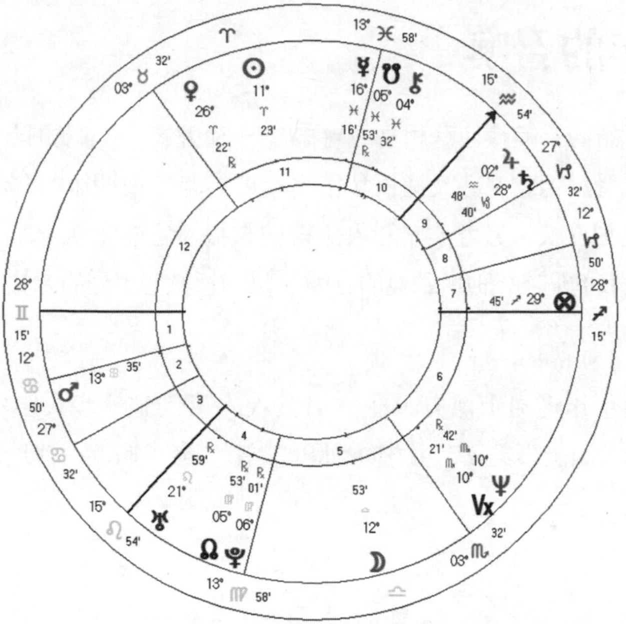

蘇珊．波爾，生於 1961 年 4 月 1 日，上午 9 時 50 分，布萊克本．蘇格蘭。

在 2007 年，隨著凱龍首次接近天頂而土星行運至第四宮和北交點／冥王星產生合相時，蘇珊失去了母親，這個痛苦的經驗使她回到音樂，這帶給她安慰，藉以移轉失恃的悲痛過程。第二年，她參加電視選秀的試鏡，這是她母親生前一直鼓勵她做的，蘇珊成功了，她踏上這條在過去連想都不敢想的築夢之旅。

此時，凱龍仍然在天頂行運，準備回歸至第十宮與南交點的合相，在踏上舞台的過程中，木星爬上第十宮天頂的最高點，旁邊還有凱龍和海王星，從那一刻開始，蘇珊大嬸唱出她的召喚。

中年的召喚

所謂的召喚往往是相當眞實的：一種聲音、一個願景、一份深切感受。但它主觀又極爲私密，重要的是不要明確的解讀它，而是更加反映、思考，允許象徵符號去揭示它的意涵。如下圖所示——我的個案，他所聽見的召喚，以一種意想不到的方式，改變了他的人生方向。

這位年輕男士傑夫，在他第三次木星回歸、步入中年的關口，向我諮詢事業與人生方向的問題長達三年的時間。他是一名高

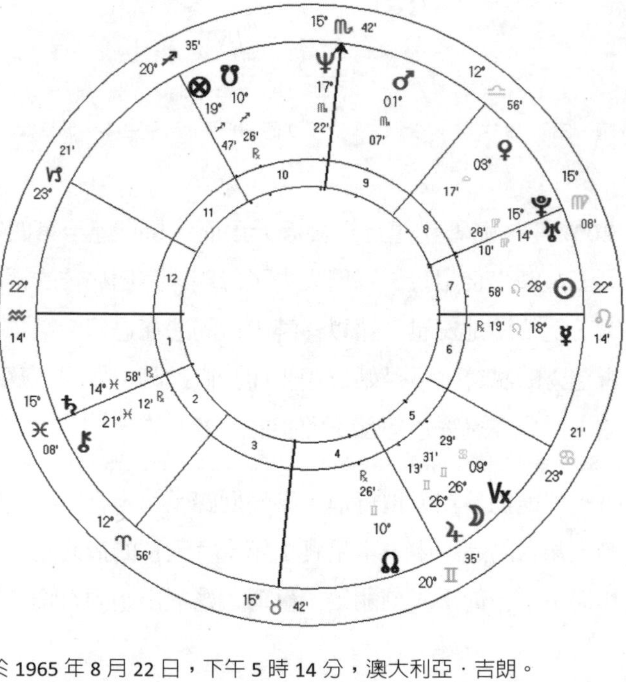

個案生於 1965 年 8 月 22 日，下午 5 時 14 分，澳大利亞．吉朗。

級律師事務所的律師，雖然這是一個名利雙收的工作，但缺乏情感與創造性，而對於一個背負家庭責任的年輕人來說，冒險去圓夢並不容易。

他熱衷寫作並考慮從事新聞工作，但律師這份工作是更安定的選擇。由於水星位於下降點與天頂的海王星形成四分相，寫作滿足他一個「富有想像力的思想家及說書人」的想像。由於北交點在雙子座，木星／月亮合相於第五宮的相同星座的支持之下，以文字、思想和語言表達自我的這股熱誠使他感覺良好。太陽在第七宮、同時也是合軸星，迄今，他就是一個支持他人的人。

總括與我諮商的過程中，天王星行運其上升，當它逆行越過上升時，他的背部疼痛變得嚴重，沒想到因此導致腰椎間盤突出而必須手術。手術五天後、住院的最後一晚，他半夜醒來，房間裡充滿亮光，他聽見一個男性聲音說：你應該是一個心理學家，當月，他的木星第三次回歸，同年，天王星將結束逆行、轉爲順行，最後一次跨越上升，星盤揭開了生命的新篇章。

在電話中，傑夫對我說，他覺得自己的願景非常清楚明確且充滿動力，並正在研究如何能成爲一名心理學家。但是，當他終於有空回來與我諮商時，他又開始猶豫了。我們談到的他所聽見的聲音以及它所要傳達的訊息，「心理學家」（psychologist）一詞來自希臘語 psyche「靈魂」和 logos「道」之意，兩字合在一起是：靈魂之道，也許這個聲音就是傑夫本人的反映——合軸星海王星／水星四分相的內在召喚，而當天王星跨越上升時，也觸發了它。也許這個聲音是一種領悟，意味著他需要在工作中找到意義，否則他將持續承受背上的重擔。

傑夫被喚醒了並受到召喚，到了第二年，當木星跨入第六宮而土星行運至他的木星／月亮在第五宮的合相時，他的工作產生異動：這一年初，在一個創意大學中教授法律的機會意外出現了，他順水推舟，展開一個新事業、新格局和人生新的一頁。

占星學是一個很好的工具，幫助我們理解、並透過各種視鏡去追蹤我們的職業追求。現在，我們將繼續深入研究，但首先，我們將更完整的檢視行星在職業中扮演的角色。

Chapter 2
原型與職業

與職業生涯有關的行星

「原型」（archetype）這個詞經常是指行星以及黃道帶上的能量，從古希臘以來，這個字結合了 arche——意指開始、起源、原因或原始；而 type 則是指形式、形象、原形或模型。因此，archetype 意味著原來的形式或一個開創性形象；原型刻畫並確定結構和原始模式，藉以支撐我們本能的生活。

原型是全人類共通的衝動和欲望，它支撐著人類經驗，是精神生活根本的首要原則。無論是來自於何種種族、文化或性別，原型做爲普遍與集體的形象，是每個人精神生活的共同表述。原型可以透過深刻反思的方式，譬如夢想、願景和占星學加以識別，使我們能夠了解其本質與模式。

原型通常是一種發光發亮的體驗，並且大過於生命本身，它具有神一般的特質，是情感上的支配與占有欲；它們的力量往往可以改變我們的意圖或壓倒我們的平衡。做爲共通模式，原型是本能過程中如神一般的象徵，它激發宗教想像、神話敘事以及童話傳說的故事情節。原型是隱喻，但不是事實；因此，難以用邏輯或合理加以描述，反而是透過圖像、符號、感情和感覺更能夠理解它們，這就是爲什麼它們讓我們以想像的方式去理解生命。原型觀點是能夠在某個範圍內組織人類經驗的各種層面，因此，占星學與這種感知世界的方式產生共鳴，因爲，占星學能夠在一顆行星的原型之下，組織一系列的事件、共通點和聯想。

原型說明共同主題，是透過個人生命，以非常私人且獨特的方式呈現。例如：出生是一種普遍經驗，但它也是每一個獨立生命中的個人插曲，雖然這個過程是屬於原型的，但是每一個人的體驗、帶來的影響、被引起的感覺是屬於個人的。原型是一種普遍象徵，例如，母親的形象是原型，但對我們來說，她也是一個人，在通常情況下，個人的母親與典型的母親因爲期望與幻想而被混淆或融合在一起。在占星學上，這種形象是顯而易見的，當強大原型如冥王星和海王星與月亮產生相位時，將原型母親的期望投射到個人母親身上，也是常見的情況。

原型人物令人敬畏，他們負有時代、神話和永恆的力量。當父母消失或缺席時，他們可能由原型父母取代；這個消失的父母會被神化，成爲理想化而非現實中的父母。我們在占星學中了解到這一點，當外行星與內行星產生相位時，神話領域與個人領域產生交會，我們在某種原型的控制之下，會不自覺地以個人的方式複製它的神話，我們會成爲它的代言人，透過我們發出它的聲音，因此，占星學可以同時用個人及普遍方式去思考原型。

詹姆斯・希爾曼認爲原型最能夠與神相比擬，行星背負著眾神之名[11]，體現祂們的特質與模式。因此，占星學非常適合於原型觀點，因爲它可以幫助我們同時想像個人性格與隱藏於性格之下、精神生活中更深刻的原型模式。

每顆行星都是一種原型，它代表了每個人靈魂中相同的才

11 詹姆斯・希爾曼（James Hillman）, A Blue Fire, 24.

能，也就是希臘人所認爲的ousia——靈魂本質；而行星也象徵一組事件與聯想、人與事。每顆行星也對應著不同的人格類型與特徵、實際物體、顏色、身體部位、植物和金屬等；也可以對應到各種職業。它們是原型的靈魂本質在世俗中的呼應，因此，這就是爲什麼個人可能會覺得被驅使或受到支配去追尋某種特定職業，或是聽見召喚而走向特定的人生道路。

在心靈風景的地圖中，榮格（Carl Jung）首先意識到主要的原型形象，如人格面具（Persona）、陰影（Shadow）、阿尼瑪（Anima），阿尼瑪斯（Animus），英雄（Hero）、自性（Self）、智慧老人（Wise Old Man）、大母神（Great Mother）和聖子（Divine Child）。在現代心理學的啓蒙中，這些是首先被識別、確認和放大的原型。然而，行星一直代表著原型力量和模式，它塑造並支配著人類經驗，當我們將行星設想爲原型時，我們可以從下面的形象開始：

太陽	自性、父親、聖子	**身分**
月亮	母親、嬰兒、照護者	**安全感**
水星	騙子、引靈人、指導者、講師	**理解力**
金星	情人、伴侶、姊妹、美的事物	**關係**
火星	戰士、兄弟、創業家、欲望	**意志**
木星	老師、哲學家、旅行家	**知識**
土星	權威、老人、智慧老人	**自主**
凱龍	導師、醫治者、族群之外的人	**完整性**
天王星	改變者、反叛、人道主義	**個性化**
海王星	幻覺論者、魔術家／占星師／古波斯僧侶、變身者	**超越**
冥王星	治療專家、女預言家、轉化者	**死亡**

每顆行星已體現爲古代神祇，在古代，神往往與特定職業有關，例如：水星是文士、商人、使者和旅行者之神；而金星是藝術發起人；月亮與助產、照護、養育和準備食物有關；而冥王星則被想像爲殯儀業者、礦工和處理豐富地下資源的人[12]。

在占星學上，每種原型都可以被視爲是特定專業背後的支持力量，行星或行星的「代蒙」（daimon）── 也就是希臘神話中介於神與人之間的精靈或妖魔[13]，是職業的指導精神。從古代角度來看，代蒙是一種精神與熱情的力量，它敦促個人沿著特定人生軌道前進，當某顆行星在個人星盤中顯現強勢力量或是落於職業宮位時，我們可以想像它會在個人的人生或職涯中尋求表達。然而，這只是一種隱喻並不是實際字面上的意義，因爲可能有更多事業與選擇屬於此顆行星的管轄之內，或是有更多行星一起對職涯造成影響。需要注意的是，我們是透過事業而與原型相遇，在星盤中，高度聚焦於職業的行星，可能表示個人在俗世的旅程中，更容易與那些行星產生連結。

每一種職業都蘊含著基本隱喻的基石，它是一種象徵、簡明扼要地反映出原型本質和行業本身的歷史觀點[14]。例如：社會學家的基本隱喻是社會；而精神醫生的基本隱喻是心靈；占星師的基本隱喻是滿天星斗。基本隱喻說明我們的職業特徵，不是因爲它們是從哲學的深思熟慮或擁抱傳統價值而來，諷刺的是，反而是因爲它們

12　從巴比倫、埃及和希臘時代以來，行星一直與神有關，最後被拉丁文的對應物分類。例如：水星在這些時期被稱爲尼波（Nebo）、透特（Thoth）和赫密士（Hermes）。雖然冥王星在 1930 年之前尚未被發現，它在古代的萬神殿中也是重要神祇，在希臘神話中被稱爲黑帝斯（Hades）；在羅馬時代被稱地斯（Dis）爲冥王之意。

13　對於代蒙的討論請參閱本書第十二章。

14　關於職業方面的基本隱喻請參詹姆斯·希爾曼的 Suicide and the Soul, SpringPublications, Inc. (Irving, TX: 1978), 24.

仍然存留在人們的無意識中。

當我們回顧過往，往往可以分辨出是什麼激勵及吸引我們做出職業選擇，我們並非以理性方式選擇職業，事實上，可能會覺得是職業選上我們。因此，從事職業占星學研究時，有必要去理解職業所暗示的原型深度，並且要記住，雖然占星符號的顯示明確且扼要，但這並非是大部分提出職業問題的個案本身的感受經驗。

在我們選擇事業或行動過程中，往往有某些事物是注定的。對於許多人來說，與職業有關的其他不確定因素是，塑造職業的「原型背景」。換句話說，我們可以將職業精神想像是影響職業選擇的眞實情境，投入職業並參與其精神也可能暗示著我們如何在生活中做出選擇。我認爲職業的基本隱喻與職業本質相似，因此，關鍵是要去思考，是什麼影響了與職業有關的預期、衝動和選擇，占星學就是這樣一個珍貴的幫手。

行星原型

行星是巨大原型力量的化身，透過我們尋求表達。就如神一般，祂們支配並指引我們，祂們表達自己的方式之一是透過我們的工作，以及我們投入的方式，例如：樂趣、愛好、職業或事業，每顆行星都有其偏好與說服力。

從職業角度來看，有兩種思考行星的方式：

首先，每顆行星都有其獨特的原型本質和精髓──代表靈魂能力。對於個人來說，這種本質是獨特的個性化與表達，它也可以透過行星在星盤上的考量因素加以延伸，也就是行星所屬的星座、宮位、守護關係與相位。

其次，每顆行星都代表著某些專業，象徵特定職業和愛好，並且指出某些行爲和傾向。行星對應的是原型本質的外在表現，做爲占星師的我們，要設法找到星盤與個人職業原型傾向之間的關連性。

因此，我們現在以兩種層面解釋行星：首先是它的靈魂本質，以及它如何透過事業或人生尋求表達；其次，從字面上的職業去呼應某些行星，而這些職業可以長久的滿足職業衝動。這些職業也可能是普遍的，例如：成爲一個教育工作者，或更具體的，成爲一個小學老師或講師。

就如同太陽和月亮影響了個性本質，因此與職業產生緊密地關聯，我們將在下一章更詳細的探討。土星因爲賦予自主性、承諾、紀律、成熟度、責任感和結構等事業成功的重要元素，因此，也具有強大的影響力；土星也是關於理解並尊敬老化的過程，這對於經歷生命週期每個階段的所有職業發展都具有重要意義。其他社會行星——木星指的是與職業和事業有關的信念、機會和願景；這顆行星也意指藉由工作尋求意義、人的價值、擴展和探索。

所有行星皆呼應特定渴望和結果，在職業意義上，這些都會經由工作去追求。例如：水星需要去體驗連結性和多樣化；金星需要價值和美感；而火星可能渴望競爭和冒險；凱龍和外行星需要透過工作中的前衛、高度創意、轉化以及超越已知與已被接受的事物來滿足。職業分析有助於確定星盤的職業領域中哪些行星被加重強調，在開始之前，讓我們找出星盤中的哪些行星可能會被優先考量。

當某顆行星在星盤中被高度強調，這將會是個人生命中的驅動力，它試圖表達的方式之一可能就是透過職業。因此，高度聚焦的行星是需要注意的，因爲做爲最前線，這些行星可能透過職涯表現其潛能。思考在星盤中哪些行星是焦點的方式有很多，以下的列表是一個開始——找出在職業分析中可能被強調的行星：

合軸星（Angular planets）

所有合軸星都能明顯指出人生方向，但是，特別是天頂與上升的合軸星能更直接與行業和職業方向有關。天頂行星是召喚我們進入社會的原型力量，這些是生命透過職業、受到僱用的渴望。職業的第一個象徵星之一是天頂的合軸星，因此，它是事業與職業方面最優先考量的行星。

上升的合軸星是生命的主導和原型力量，引導我們的生命旅程。上升合軸星是掌舵人生方向的主要角色，一般是藉由出生經驗與出生前後的環境、第一個人生體驗的能量。

上升守護星

上升守護星經常被稱爲命主星或是星盤守護星，這暗示我們，這顆行星在人生方向中扮演了重要角色。

在職業方面，我們可能會把這顆行星當成指導「代蒙」，以它的能量指引人生方向，藉由個人力求表現，其方式可能是透過它們在俗世中的創造力與其運用。

天頂守護星

天頂守護星有助於引導職業生涯，它的原型本質和占星學上的考量因素說明職涯的重要特質。

相位行星

與太陽或月亮產生主要相位的行星，或是在星盤中擁有許多重要相位的行星，需要評估它們對於人生方向的影響。

當行星與太陽／月亮兩發光體形成動力相位，它們試圖透過個人的某種身分角色、 或滿足某種需要、更往往透過事業或職業的選擇尋求表現。

接著考量所有強勁相位或相位模式，所有主要相位模式都需要得到個人的理解與覺知，而職業可能就是方式之一。

與月亮南北交軸線產生相位的行星

南北交點是反映職業的重要意象，因此，與南北交點軸線產生相位的行星可能在尋找滿意職業上發揮作用。與北交點或南交點的合相、或是南／北交軸線的四分相是特別需要注意的相位，這些相位將在本書第五章中深入探討。

支配星（Dispositors）

在占星學上，所謂「支配星」（dispositor）是指某顆行星是另一顆行星的星座守護星。例如：如果太陽在射手座，木星就是太陽的支配星，因爲木星守護射手座——也就是太陽落入的星座；如果木星在獅子座，這種情況稱之爲「互融」（mutual reception）——行星各自是對方的支配星（例如這裡的太陽／木星）。這種技巧對於評估行星的影響力以及熟悉的星盤中的連結關係是有益的。

如果某顆行星是星群行星的支配星（意即該行星守護星群的星座），是值得考量的。星群是一種集中的能量，因此，星群星座的守護星可能指出某種能量，可以激活或指揮此星群複雜的內在力量。就職業生涯而言，考慮星群的星座與宮位、以及星群支配星如何幫助喚醒並落實星群的潛力，對於職業議題是重要的。

當星盤中只有一顆行星落入其守護的星座位置，這種支配星的追蹤關係最終會回到這顆行星，我們稱它爲「最終定位星」（final dispositor）。最終定位星是一顆重要行星，因爲它是唯一落於其守護星座的行星，因此並未受到其他行星的支配。在某種程度上，我們可以考慮在星盤中其他行星都受此最終定位星的影響，這凸顯了這顆行星在此星盤中的地位。

單一行星（Singleton planets）

通常是指高度聚焦的某顆行星，因爲它是星盤中其屬性中的唯一行星，例如：

- 唯一逆行的行星
- 某元素唯一的行星
- 某性質模式唯一行星
- 半球（北／南；東／西）中唯一行星
- 提桶把手的行星
- 無相位行星

單一行星可能對於職業生涯具有明顯意義，可能是由於它們的邊緣化，而並非是它們的力量強度而顯得重要，這些原型尋求被整合並融入個人的生命意義中。

古代占星師通常先會評估行星的力量，他們有許多方法來判斷行星的強弱[15]；而上述行星在職業中的考量順序，是我從學生與個案中吸取的自身經驗，他們讓我瞭解需要以他們的方式去考量每一個人與每一張星盤。首先，我們熟練所有的技巧、原則和占星學上的注意事項，然後傾聽個案和他們的經驗。

宮內行星

我們同時考量星盤中宮位內的行星，因爲這些領域代表行星原型所坐落的生活空間與所在，這裡的行星影響其氛圍與環境，當行星坐落於星盤中明顯的職業領域中，它們指出了我們在工作中的潛在需要。

15 布萊恩・克拉克：Considering the Horoscope, Astro*Synthesis (Melbourne: 2010).

物質宮位

第二宮、第六宮和第十宮這三位一體宮位稱之爲「物質宮位」，同時也稱之爲「職業宮位」。這些宮位內的行星透過專業才能、資源、工作和行動尋求表現，由於這些宮位專注於與工作有關的技能與才華的體現，它們通常是職業上的首要考量。這裡的行星需要用職業欲望、屬性以及它們如何得到最好的運用加以評估，由於這些宮位都特別專注於事業方面，我們將個別的檢視它們。

生命宮位

第一宮、第五宮和第九宮這三個生命宮位是生命受孕、誕生與重新開始的地方，它們是創造力與自我表達的宮位，並且撐起人生方向與意義。第一宮的行星影響個性以及我們接觸生活的方式，這些原型塑造個性並且建立起深層自我與日常自我之間的轉換方式。第五宮的行星追求表現自我的創作潛能；而第九宮的行星賦予願景和冒險生活的靈感，第九宮的領域以其信仰影響職業。這些宮位內的行星影響個性、創造力、自我表達能力和潛在願景。

其他宮位考量

第三宮象徵著早期教育、學習和溝通的過程，往往對於職業規劃有重大影響。任何有星群的宮位，都可能成爲事業規劃的地方；所有宮位可能都有不同的主題或生活舞台，但在宮位內的行星將在此領域尋求表達，並可能透過工作或事業表現。

無論是職業宮位或高度聚焦的行星，其能量將在人生歷程中（有時需要一個明顯角色）表現出來。因此，如果行星衝動未被滿足，可能會以其他方式、難以抑制的被迫表達；當這些衝動被拒絕時，會令人感到無力與絕望。當這些行星能量未被表現時，占星學可以提出以職業幫助激發、疏通這些原型能量的管道。**職業生涯不一定永遠是指事業或工作，也可能是激活並運用這些能量的學習課程、創造性努力、積極追求、某種愛好或任何興趣。**

傳統上，占星學的行星都與實際的職業有關，然而，從我們的探索中，我們認識到眞正的職業是一種原型形象，或是各種原型尋求世俗表達的總合，我們需要熟悉行星所象徵的職業，因為這些都是職業分析的考慮因素。現今，個人往往追求許多職業，但其中有些尚未實現，因此在職業分析中，行星的需求是最重要的。

以下是每顆行星、其原型本質以及與其相關的職業探討，這有助於引介與職業有關的行星象徵。但是要知道，許多職業實際上可能是兩個或三種行星能量的組合。

以職業角度看行星

無論是文字的指涉、心理模式或情緒狀態，行星原型有諸多意涵，無數的連結環繞於原型的核心中。占星傳統已經確定每顆行星特別的職業形象，因此，讓我們透過職業來想像每顆行星可能的意涵。

太陽

做爲天空中最光亮的行星，太陽總是符合王者原型，它也象徵神、父親、統治者、領導或英雄的代理人。它化身爲一個強而有力的領導者，並且代表榮譽與提升，因此，早期的占星師將太陽等同於國家元首、高層專業人士、領導者和擔任重要職務的經理人。

在現代社會中，領導與父親的太陽特質仍然與權威和決策者相連，一間公司或企業的領導者仍然是由太陽象徵，因爲他們是組織的中心，一切的人事都圍繞著這顆明亮、重要的行星運作。

從心理學的角度來說，我們都極度需要得到父親的認同，因此，父親可能影響或指導職業選擇。既然認同與讚賞是職業的關鍵，個人可能會被一些職業吸引，例如：更容易獲得支持和認可的職業，以及擁有權威當局所指派授與的重要官階與職位。太陽代表具有父親形象以及培育他人的職業，例如：

- 業務經理
- 社會、團體領導者
- 領班
- 組織機構的總裁以及首席營運長
- 行政長官

漸漸地，太陽的職業已經與企業投資上的投機和風險產生關聯，就如同早期與太陽有關的職業是鑄幣工和處理貴重金屬的工人。雖然，除了自我探索的風險之外，太陽在精神上與冒險無關，但是第五宮的太陽領域掌管了投機和賭博，因此，以下這些現代職業可以由太陽掌管：

- 貿易商
- 證券交易所人員
- 投資銀行家
- 高風險投資者

太陽守護與小孩有關的第五宮，使它與兒童以及兒童產業相關工作產生連結，這些行業包括：

- 老師
- 兒童心理諮商師
- 兒童休閒娛樂工作者
- 益智玩具及兒童用品
- 童裝

由於太陽代表創造性與表現力，使它與休閒產業、娛樂業、自我拓展、創造性表達以及與觀眾有關的事業產生關聯，例如：

- 表演、戲劇和表演藝術
- 勵志培訓
- 銷售、廣告和促銷
- 消遣和趣味
- 休閒娛樂行業

在所有行星類型中，太陽最難以成爲典型，因爲它也同時代表不容易被定義或歸類的自性之一。太陽類型需要享受他們所從事的事情，並眞切的認同其職業，因爲職業往往是其身分與存在意義的一大部分。

小約翰．戴維森．洛克菲勒（John D Rockefeller, Jr），根據

其傳記生於 1874 年 1 月 29 日美國俄亥俄州（Ohio），克里夫蘭市（Cleveland）。以下使用他的星盤做爲太陽原型的案例：如前所述，太陽原型代表父親，小約翰的父親是美國商業巨頭和慈善家，他徹底改變了石油業，他積累一生財富，成爲美國歷史上最富有的人。因此，小約翰準備跟隨他父親的腳步成爲金融家、商業領袖、企業創始人和慈善家，這些形象都呼應太陽，同時又受到天頂摩羯座的支持，而土星落在自己守護的尊貴位置合相包括太陽的三顆內行星，並且凱龍位於上升的位置。

在小約翰・洛克菲勒的星盤中，太陽位於水星、土星和金星的星群中。四顆行星皆守護職業宮位：太陽守護第六宮，水星守護在第六宮劫奪的處女座，金星守護第二宮，土星守護第十宮，因此，四顆行星皆掌管可以透過事業取得的豐富職業資源。

這組星群的支配星——土星和天王星都與太陽產生相位，土星與太陽合相增加其穩定度，而天王星則相反，強調不斷創新和奮鬥向前的能力。太陽同時與南北交軸線產生四分相，其軸線從天蠍座的南交點延伸到其目標點金牛座；這兩個星座也都描述著財富的積累，而太陽與南北交點的四分相則指出職業方向的挑戰。

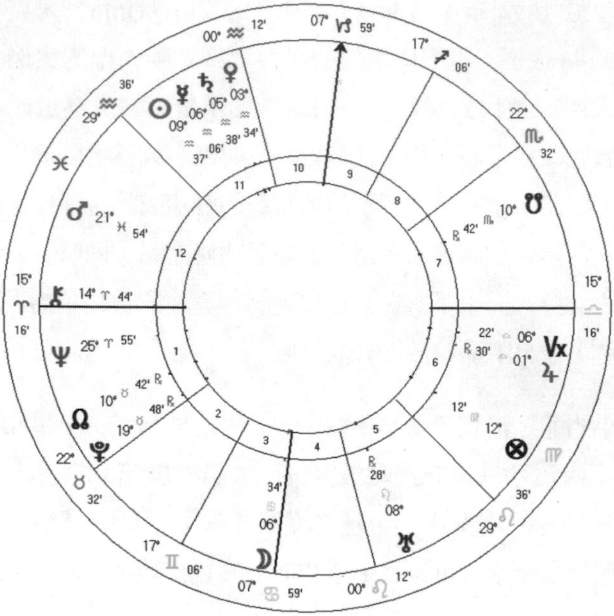

小約翰・洛克菲勒生於 1874 年 1 月 29 日，上午 10 時 LMT，克里夫蘭市，俄亥俄州，美國。

雖然有很多傳統方式可以評量行星的力量強度，例如：守護關係（rulerships）、躍升（exaltations）和晝夜區分（sect），但是每張星盤都需要以其獨特的方式分析，以評估所有特定行星的潛能，這些會透過實務經驗以及在有助於職業分析的理論與技巧差異中出現。

月亮

月亮做爲夜之女王，在原型上與母親、女性統治者或女英雄的形象結合。一般來說，月亮與女性有關，特別是個人生活中被依附或是具有影響力的女性。在職業上，它普遍呼應了公眾情緒、女性議題和女性力量。就如月亮一般，這個原型在其轉變階段被認為是具發展性的——喜怒無常與週期性。月亮原型此兩種面向包含養育和富有同情心的照護者，以及伴隨著它的破壞與無情冷酷的一面。

月亮週期表現在所有女性身上。在實際層面上，這與月經週期、每月低潮以及情緒和感覺的高低起伏同步，因此，它掌管一切與女性保健有關的行業例如：不孕症、懷孕和荷爾蒙變化等。而例如產科、婦科和助產等處理女性健康的專業也是屬於月亮的範疇。

月亮可以透過與滋養、食品和飲料有關的行業被滿足：

- 廚師，麵包師和釀酒商
- 與食物和農業有關的行業
- 食品加工業
- 餐飲、服務人員、接待和飯店管理

在占星學上，月亮已然是一個人的防護與安全感，當它被強調時，暗示著工作保障、工作安全和例行公事是重要考量。由於它是感覺生活和情感的主要象徵，月亮需要有連結感以及依附在所做的事情上，否則就會感到情感枯竭耗盡和不滿。月亮首要需求之一是歸屬感，從月亮的觀點來看，這將是所有職業的重要考慮因素，家族企業、在家工作、工作場合中的家庭氛圍可能是所有月亮想要在工作場合中感到舒適的方式。

由於月亮與居住有關，因此與它有關的行業包括住家：

- 房地產
- 家庭用品
- 家居設計和建築
- 住家及到府服務
- 家具和古董

包含月亮的照護和滋養面向的行業，都與兒童照顧有關：

- 日間照顧者
- 老師和幼兒教育工作者
- 輔導老師
- 家庭保健員
- 婦產科醫生
- 助產士
- 小兒科醫生

月亮的行業傳統上與照護有關，如家務或臨終關懷照護；與月亮照顧與護理能力相關的職業有：

- 醫護人員
- 社會工作者
- 家庭諮詢師或治療師
- 護士
- 照顧者

傳統上月亮呼應那些討海爲生的人，無論是船員或漁夫；除了這些傳統的航海專業，現今有許多與海洋有關的行業如：

- 海洋生物學
- 海洋學
- 海洋動物保育員

米歇爾．高魁林（Michel Gauguelin）對於職業與合軸星的統計研究顯示，月亮與作家產生連結；也許在更廣泛的意義上，我們可以推斷，使用右大腦或那些高度個人化與富有想像力的專業可以由月亮象徵：

- 作家和作曲家
- 劇作家
- 藝術家
- 編劇

月亮的星座位置可以區分各種職業養成的性質與屬性，以此方式，這些職業可以與個人的月亮配置更爲結合。在下一章，我們將探討月亮落在每一個星座的案例，藉以說明元素和星座如何區分職業類別，這些都是月亮職業潛能表現的思考方式，而這種思考方式也適用於所有行星的配置。

水星

水星擁有多重面向、層面和特徵，做爲信使之神，它同時是冥府內／外的靈魂引導。從它的多重角色與功用中，可以看出它多樣的機敏和愛好，代表其原型表現形式如：招搖撞騙的神、夢想的引導者、盜賊之神和商人，此行星受命去概括許多行業。在占星學上，它被認爲是傳播者、文字工作者、作家和思想家；隨著時間的推移，他已經涉及律師、倡導者；從辦事員、校長到文具店、推銷員、祕書和哲學家的職業範圍。

身爲過渡之神，它通常會在起點、道路轉角和十字路口與人們相遇，這說明了，當水星與職業結合，在其職業生涯中，可能會有許多過渡和轉變。它的需求是流動性、多樣性、腦力激盪以及互動、交流的機會，因此水星所管轄的工作中，這些都是重要的。

最重要的是，水星是神的使者，而它在的占星學上的功能是傳遞信息和溝通，因此，它與溝通方面的職業有關，例如：

- 講師和老師
- 作家
- 翻譯者
- 新聞工作者
- 廣播、電視和媒體播報員
- 社交媒體
- 部落客
- 印刷業者和文具商
- 編輯
- 郵政人員
- 電腦資訊業
- 媒體和新聞報導
- 廣告

由於水星守護雙子座／第三宮以及處女座／第六宮，其職業涉及資訊收集以及資料分析：

- 資訊科技、網路、電腦分析技術
- 統計分析和統計學家
- 科學家
- 會計與經濟分析
- 圖書館員

水星的分析層面也在以下行業中與健康的渴望結合：

- 臨床心理師
- 精神病治療和精神病護理
- 營養師
- 醫護人員
- 醫療分析

水星也是旅行者的守護神，是他們的嚮導；而在占星學上，它守護短期旅行、鄰近地區和商業交易，因此與以下行業有關：

- 旅遊業
- 司機
- 領隊
- 導遊和旅遊規劃
- 翻譯者
- 空服人員
- 計程車司機

水星的處女座面向在所有服務業及職業中也是重要的，例如：

- 辦事員

- 祕書
- 會計師
- 推銷員
- 律師

金星

傳統上金星與美、愛與和平有關，並化身爲情人、愛人和浪漫對象。如果金星的重點是在職業方面，那麼其相關領域和關係在職業生涯中扮演重要的角色，無論是否從事關係取向的職業，都包含了合作夥伴關係或平等的僱傭關係。

在心理上，金星等同於價値，被重視和被讚賞的感覺至關重要，並且職業是用來提升自尊和個人價値的發展。工作受到肯定以及工作環境的和諧平靜也同等重要，金星對於混亂和不愉快具有高度敏感性，它需要井然有序和吸引人的工作環境。

金星傾向於平等、個人發展與關係的總結，使這個原型成爲一個很好的諮商顧問。對於美的衝動不僅是外化也屬於內在導向，這顯示金星可能與以下職業產生關聯：

- 諮商輔導
- 人生教練
- 心理治療
- 調解
- 仲裁

在原型上，金星具有美的衝動，隨著時間的演變，金星所支持的專業包括：藝術家、珠寶商、調香師、設計師、畫家和音樂家；金星的職業往往專注於藝術或裝飾藝術，如：

- 博物館工作人員或館長
- 藝術治療師或美容師
- 模特兒
- 時尚產業
- 香水或化妝品業
- 服裝設計
- 音樂產業（金牛座特別與唱歌有關，因爲與喉嚨相對應）
- 室內設計與裝修
- 風水與佈局
- 禮品及手工藝品
- 花商
- 陶藝家

金星傾向於社交技能、關係、魅力和互動交流的發展，因此，它與凸顯這些特點的專業產生連結：

- 餐旅、住宿服務業
- 社區關係
- 飯店管理
- 通訊協定與社交管理
- 接待員
- 婚禮策劃與宴席
- 社交活動策畫

或包括外交和協議的專業：

- 外交官
- 大使
- 客戶服務
- 法律專業
- 社交管理（婚禮策劃、社交祕書等）
- 人事經理

透過金星與合作夥伴關係的連結，以及一對一或團隊的工作方式，以下的行業反映這種原型：

- 個人及婚姻諮商
- 私人教師
- 商業合作夥伴
- 私人聘雇
- 私人助理

由於金星是金牛座和第二宮的守護星，可以與金融及農業有關的職業產生連結；在這些職業中，運用感覺和創造天分也很重要：

- 按摩
- 芳療
- 食品和酒商以及鑑賞家

當金星在職業生涯中被強調時，需要受到重視及讚賞，這在所有金星職業中都至關重要。在職業考量上，美化與關係需求是必要的。

火星

當火星在職業分析中受到高度關注時，鼓勵獨立與創業精神的職業成爲重點，激發競爭動力並允許自由地表達自我，這種以目標爲導向的職業是必要的。如果火星有強硬相位而競爭心卻受到壓抑，那麼個人可能在他們的工作環境中，無論是因爲客戶、同事或上司的關係，遭到被撤換的命運。

火星身爲戰神，是類似於戰士的原型，因此，與軍事專業和軍隊有關。在傳統的占星學中，它守護的對象是與士兵、將軍和軍隊指揮官以及暴君和征服者有關。在當代，它可以與以下行業產生連結：

- 軍隊
- 國民警衛隊
- 保安服務和供應商

在傳統上，火星的職業涉及尖銳的物品以及工具、火和鐵，從現代的角度來看，這些可能是：

- 外科和內科醫生
- 牙醫
- 使用機械工具的職業，如機械師、技工、裝配工人和車床工人等
- 雜工、工藝師、工匠、木匠

涉及危險、冒險和腎上腺素感覺的職業是屬於火星的，如：

- 冒險運動

- 消防員和消防大隊
- 警察
- 醫護人員和救護工作

使用體力，無論是在競技場中的訓練或勞動：

- 體育訓練師和教練
- 舞者與舞蹈老師
- 體操、田徑和輔導訓練
- 競技運動員
- 體育教育
- 身體勞動，如建造業和體力勞動

火星守護頭部，並渴望成爲第一，因此特別適合開創領域中的管理和監督職，透過發明和探索運用他們的創業精神。

木星

木星是太陽系中最大行星，象徵生命的延伸與嚮往更遠的地方，對於職涯的影響是爲工作領域帶來成長、教育、旅行、跨文化經驗和冒險。木星的原型與哲學、意識形態和觀念有關，在傳統意義上，木星是一個受過教育的人，往往體現爲哲學家、教士、貴族、法官或學者。後來與木星有關的職業中蘊含著擴張人們對自我以及周遭世界的理解，而滿足個人宗教與靈魂的需求也與木星有關。

木星最強烈的職業衝動之一是教育，以及激勵他人對於自我與其居住環境有更大的理解。因此，與教育、哲學與宗教的信仰與態度有關的職業，都在木星的保護傘下：

- 哲學家和哲學老師
- 文學
- 牧師和神職人員
- 鼓勵他人的導師和教練
- 教授
- 大學講師和助教
- 更高智慧的導師

教育的功能是訊息與思想的傳播，因此，木星涉及以下職業：

- 出版
- 小說和非小說作家
- 廣告
- 電信業

木星也關於跨文化事務、旅遊和國際事務：

- 駐外使領職務
- 進出口貿易
- 大使和駐外人員的協議與禮節
- 外貿
- 翻譯
- 傳教士
- 旅行顧問和旅遊業

- 外交事務和國際關係

火星更近於爭奪冠軍的體育競賽，而木星也與團隊運動——運動產業和冒險相關：

- 賽馬
- 體育用品
- 團隊運動
- 探險和冒險嚮導

身爲奧林匹斯山眾神的首領，宙斯（木星）是最有影響力的神，這原型致力於以他們的想法影響和感染他人，這通常是透過教育。

土星

木星被認爲是樂觀的，而土星則被認定爲悲觀，傾向於更加嚴苛、困難的職業，如稅務或挖渠工人。然而，土星還與老年和聲譽有關，因此，那些位權高位重的人被視爲土星，一分耕耘一分收獲的道德倫理成爲其精神的一部分。土星一直有結束和全盛期的兩種面向，因此，對於這種多層次的原型，有可能會產生一種極端，也許是極爲嚴峻的狀況。雖然它透過組織系統只爲了得到認可，也可能非常墨守成規，但另一面卻往往背離慣例並反叛傳統。

土星身爲卓越的標竿，它的能量尋求滿足與成就，並往往近似於沉迷及完美主義。一個完美主義者的傾向或追求完美的動力，通常是一種防禦姿態，藉以保護天生不夠好的感覺，這是一種常見的土星內在感知，促使個人更加努力去建立一個努力實現目標的苛刻循環，卻從來沒有成功的感覺。鼓勵卓越和精確度的職業，可以引導以上這些能量；然而，完美主義的傾向可能會變成是強迫性且無法抗拒，當這種完美需求變成強迫性時，那麼土星原型可能就會變成工作狂的型態。

鼓勵權威感的職業是很重要的，並且非常需要責任感和自主性。因此，土星原型受到因爲階級、地位和成就感而得到提升的職業吸引：

- 決策者
- 專家
- 技術人員
- 科學家
- 企業經理
- 校長和老師
- 國會議員、政治家、議會議員

土星也與許多商業交易有關，特別是建築行業，但也可能涉及農業、園藝和房地產，因爲它重視土地與資源：

- 承包商
- 泥水匠
- 建築商
- 園丁和景觀設計
- 建築學和建築設計
- 建築業和建築工人
- 房地產商、土地開發商

- 工程師

對於土星來說，階級需求是很重要的，因爲尊重上司是必要的，但隨著他們對於自主性和權威的需求，因此明顯土星類型的常見模式是試圖解決與管理階層之間的矛盾衝突，並得到具有影響力和控制力的位置。

從本質上來說，土星是自主的，通常獨自行動擁有更好的工作效率，由於土星是可靠性的原型，因此，經常吸引工作經驗中的責任問題。在職業上，土星學習著去處理責任與界線，天生的土星追求稱職與高標準，但諷刺的是，在他們的工作經驗中往往遇到笨拙和無法勝任的上司，通常這是土星在工作場合中的命運。然而，在意識上，它鼓勵自主性、紀律性和自我認知。

凱龍

凱龍所居住的皮立翁山（Pelion）的山洞是年輕人、無家可歸、孤兒開始學習成爲英雄的地方，例如：狩獵、打戰、用草藥治療和利用星星導航的技能。凱龍獨特的教導還包括治療的巧手、藥草和民俗醫藥的運用，跟隨著凱龍，他們理解到自己與生俱來的權利是成爲英雄，並盡力做到最好。在古典神話中，凱龍是古代與醫者／英雄／吟遊詩人有關的原型，並提醒我們古老的傳統，它連結了神祕與世俗、精神與身體。它是整體性的原型，不是因爲它的完美，而是因爲它同時蘊含並承認本能與神聖兩個生命面向。

現在，凱龍象徵著整體性、個性化、以及企圖縫合身體與靈魂之間裂縫的探索。因此，在職業的追求上，凱龍傾向於調和身／心分裂、解決這種需要的治療專業：

- 整體治療專業包括：自然療法、順勢療法、整骨、草藥、整脊、印度草醫學和中醫，以及所有企圖以身心靈工作做爲替代性的治療方式。
- 解夢治療師
- 通靈和靈媒
- 靈氣和其他新興的治療方式
- 占星師以及其他使用圖像和象徵符號的治療方式

凱龍也是導師和教師，因此與指導專業相關，例如：

- 人生教練
- 導師
- 精神啓蒙導師
- 邊緣人與被剝奪權利人的訓練教育

身爲收養的形象，凱龍也與邊緣化有關：

- 難民和無家者救助
- 身心障礙人士的關懷、輔導工作
- 幫助弱勢團體和被遺棄者
- 社會工作
- 與被剝奪權利和有天賦才華的人共事

天王星

天王星發現於 1781 年，是古代占星師所未知的。它在接近工業時代來臨時被發現，這提醒我們，此原型掌管工業領域、製造業、科技領域蓬勃發展的革命。天王星身為最先進的代表，它掌管了技術革命、新的和尖端專業技術、電子工業和電子及工程領域的創新面向。這是一個期待可能性，而不是回歸傳統的原型，因此，在職業上，它促使一個人進入未知和突破根本的工作領域。天王星的職業生涯與眾不同或尚未充分開發，然而，其所有職業的核心是一種革新、解放和進步的衝動。

就如同天王星本身一樣，天王星的職業是古代人不知道的職業，這些代表科學和邏輯的進步，例如：

- 電腦程式設計和技術人員
- 資訊科技產業
- 網路業
- 廣播、電視和傳播媒體

天王星是一種利他主義的行星，它掌管人道主義和社會改革：

- 政治
- 人道主義關懷和職業
- 宗旨的推廣
- 專業協會及人道主義協會
- 社會服務

此原型的創新產生鼓勵發明、創造性的職業：

- 發明家
- 科學家

- 技術員

涉及人類處境和個人成長的職業：

- 心理學（以特別的形式，例如：團體心理學（group psychology）、阿德勒學派（Alderian）、格式塔學派（Gestalt）、心理戲劇（Psychodrama）等）
- 占星學
- 社區工作和改革
- 新時代的職業（靈氣治療、水晶療法、通靈）

特別、非傳統的職業呼應天王星：

- 搖滾音樂家
- 玄學家
- 科幻小說家

正如預期這個代表意外的原型，它有許多與眾不同和未知的相關職業。

海王星

無論海王星座落於星盤中的何處，在那裡我們找到與神聖連結的渴望，它的宮位位置就是個人尋求神聖並且遵循其召喚的地方，它是渴望、期待、嚮往的原型，並且在靈魂、內在的創造經驗以及不見於世的失望中掙扎。

在所有行星中，海王星渴望找到靈魂產生共鳴，因為它會覺得自己被困住並且在世俗、無聊與沉悶的生活中感到窒息。它渴望與靈魂及神聖產生連結，當這種連結無法得到滿足或持續時，便會在不滿足感中逐漸衰弱。擁抱或將臣服於神的衝動體現於欲望、理想化、幻想或精神上的飢渴，此原型所尋求的表達方式往往是透過召喚而去助人或服務，因此，在職業的方式上，爲了透過同理及同情心找到表達神聖的方式，海王星渴望幫助與服務他人。

海王星在職業生涯中可以表現自我主要的兩種途徑：第一種是透過助人專業，其中個人必須爲了他人放棄自我需求：

- 護理工作
- 社會工作
- 醫院工作
- 心理學和精神病學
- 醫生和治療師
- 與殘疾、身心障礙人士有關的工作
- 牧師與其他宗教方面的職業
- 與老人、窮人和弱勢有關的工作
- 志工
- 直覺性的職業，如：先知、心理和精神治療師、解夢和圖像治療師

另一個途徑是透過靈感、想像力、創造力和藝術召喚表達神性：

- 詩人
- 藝術家
- 音樂家
- 攝影和攝像工作

- 電影和電視、影像業
- 舞蹈
- 流行時尚業

海王星也與藥物和化學工業有關：

- 藥理
- 化學家、藥劑師
- 精油和香精
- 戒毒&酒

在神話中，海王星掌管海洋：

- 海洋學
- 水上行業
- 划船、駕駛遊艇及帆船

以下是我個案的星盤，他在 2013 年開始與我諮商，想要探索人生的目的和方向。此時，海王星行運經過北交點，這是渴望找到目的和意義的象徵，同時也害怕這可能永遠無法實現或發生，這是行星的原型本質在職業上彰顯的另一個簡單案例。

這是具有意義的時刻，因爲本命海王星明顯地落在天頂的位置，因此，當海王星行運經過北交點時，與人生目的與方向的問題具有同時性。雖然沒有明確的規則來評估行星在職業上將如何表現，這裡有許多思考方式說明行星在職涯中具有高度的重要性。

從職業的角度來看，我們可能首先被合相天頂的海王星吸引，它也與太陽產生動態的四分相，海王星同時對分相土星——上升的傳統守護星、同時也是天底的合軸星；因此，海王星包含在 T 型三角圖形相位中，這是一個重要的相位模式。我們還可以考量海王星是雙魚座的現代守護星，因此，它成為月亮和北交點（兩個在職業中非常重要的元素）的支配星。因此，根據以下的考量，我會將海王當成是很強的職業指標：

1. 合相天頂
2. 與太陽產生四分相
3. 包含在 T 型三角圖形相位中
4. 北交點和月亮的支配星
5. 與南北交點軸線產生四分相

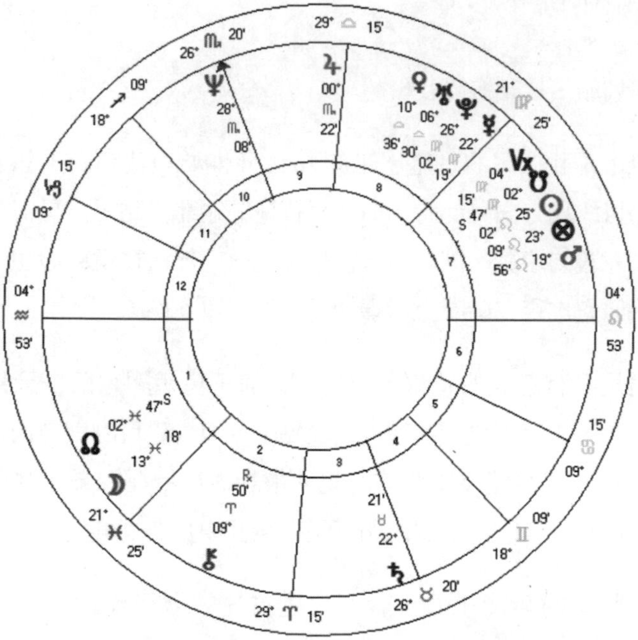

個案出生於 1970 年 8 月 18 日，下午 6 點 5 分，中國北京。

此個案參與電影製作，這當然忠於海王星的原型，但由於影業的企業化並且目前在缺乏善意和意義的環境下，使他覺得失去創造力而感到失望，再也無法認同這份職業。星盤上的顯示當然確定了個案在想像與形象塑造上具有創造性的職業，然而，這並不能說明個案目前職業生涯受到挑戰的眞正意涵，而是職業的環境和缺乏意義使他開始檢討自己目前的職業。

冥王星

冥王星的領域是地底世界，在神話的意涵上屬於寶藏與財富的領域。做爲一種原型的存在，它喚起被隱藏的東西，關注未知的、黑暗及轉化的所有事物。冥王星以財富爲名，從地底資源就是財富的想法而來，因此我們可以想像，無論冥王星落在星盤的何處，在那裡我們被吸引而去挖掘它所深埋的寶藏。

不過此處也是通往冥府之門，「地司」（Dis）是古羅馬時代的地底之神，而祂所在的地方，在那裡我們象徵性的找到隱藏的情感：失去、未表達的悲傷、傷痛和羞恥感，祕密以及各種負面感受，例如：憤怒、嫉妒、羨慕等等。在職業方面，冥王星經常涉及深入挖掘的職業，無論在個人現實或是心理的層面上，去挖掘眞理並且使壓抑釋放。因此，冥王星掌管了研究和調查性的職業。

- 心理治療和深層心理學
- 分析師
- 醫生
- 喪失與悲痛諮商輔導員

- 喪親者的輔導
- 地底工作，例如：礦產、地下鐵或地下管道工作
- 醫學研究
- 法庭調查員
- 調查性新聞報導
- 警察和政府的密探機構
- 偵探
- 考古學家

冥王星監管死亡領域，因此在職業上直接與此有關，由於冥王星也涉及結束、破壞和重生的循環，因此，與此原型有關的職業也普遍具有破壞與更新的循環週期：

- 殯葬業
- 驗屍官
- 與繼承、死者、死者權益有關的遺囑和法律相關工作
- 保險業
- 破壞和整修工作
- 翻新與重建

影響群眾及改變輿論的冥王星力量，體現在職業上：

- 市場研究
- 具影響力的媒體和職業
- 政治

原型的運作

是什麼力量使我們步上某些職業生涯？是什麼潛意識力量塑造了我們的職業？許多精神分析的創新理論家試圖去確認個人本能中最主要的推動力。縱觀早期精神分析運動，不同的理論被引介，比如，弗洛伊德提出了生存本能（Eros）的概念；阿德勒確認是自我的創造力量；沙利文（Harry Sack Sullivan）的社會穩定力量與艾瑞克・弗洛姆（Erich Fromm）的自我（Self）。

榮格認爲，人類共同本能、驅動力或衝動的原型，就是最能夠呼應占星學實務經驗的模式。從哲學產生之前的思考方式來看，這些原型就是影響、塑造和引導我們命運的神。而在占星學的觀點中，這些原型都是行星，每一顆行星皆代表人類經驗的衡量方式——不同的特質、驅動力和衝動。每一顆行星皆試圖以自己的方式尋求表達，而這往往透過職業呈現。

雖然所有人都受到原型的影響，但是每個人皆以特有的方式去運作某種特定原型的傾向。占星學在傳統上是以元素、性質和星座區分行星表達其原型本質的可能方式，因此，我們現在將以職業的觀點回頭檢視占星學的元素與星座。

Chapter 3
職業的元素

星座以及其職業指標

職業的面向

行星就如同原型一樣，渴望透過我們表達力量，行星原型獨特表現的重要管道之一，是透過黃道帶上的性質加以運作，例如利用它們在星盤中的元素和星座。

榮格歸結出四種方法或運作，說明個人在原型世界中可能如何定位自己，這些運作後來被稱之爲直覺、知覺、思維和情感四大心理類型。每個人都有其獨特類型或此四種類型的獨特安排，一般來說，在心理上會更凸顯其中一種類型，就如同指南針上的四個端點，主導個人心理的類型並引導他們走向特定的生命歷程。這在職業上是很明顯的，就如同占星學上的主導類型或元素，更容易投入和影響職業選擇。

容格的類型分類並不是一項創舉，因爲古人也試圖去區分人格類型。柏拉圖（Plato）在「理想國」（The Republic）中曾提出靈魂的四種性情或四種能力——想像力、論證、判斷和理解力；蓋倫（Galen）發展希波克拉底（Hippocratic）四種體液的理論——血液、黑膽汁、黃膽汁及黏液的情緒，從希臘醫學之後的醫療實務中廣泛被使用。然而，即使在這些類型出現之前，黃道帶的十二星座已被歸類，分爲四種元素。

星盤分析是從檢視元素開始，星盤中的主要元素象徵著個人生命定位的主要管道，每顆行星皆歸屬於一種元素，這說明原型要如何才能夠最自然地表達。每種元素包含三個黃道星座，透過人類經驗的各種層次，說明其各自的發展，在占星學上則以個人的、人際關係與集體性的星座呈現。每個星座的獨特之處在於它不僅是由元素歸類，同時以開創、固定或變動的性質——這種開啓、支持、調整每個星座的能量作爲分類。

元素和星座可以各種不同的方式詳述職業的需求與衝動，在以下各章節中，我們將繼續探討這些特質。首先，我們可以思考元素如何改變行星的原型表現，以及它會如何形成職業的不同選擇。但是，首先檢視元素的本質，感受它可能會如何影響我們的職業天性是很重要的。如果某個元素是引導或主導因素，那麼我們探索職業時，記住這些元素的特質和條件相當重要。一個人的性情可能比較內向，在這種情況下，元素本身可能是更關注於內在或含蓄，這在職涯中具有同等的重要意義。

火元素

火元素包括牡羊座、獅子座和射手座。

這是一個充滿活力的元素，一種本能的、自發的、直率的、充滿活力、熱情和任性的生活態度。火充滿激情，就如同它的元素本質，燃燒新領域並渴望去到更遠的地方。雖然他們具有強大的火象性格，剛開始以激情和興奮的態度對待自己的工作，但是如果需要刺激的需求沒有被滿足，便會開始感覺煩躁和無聊。他們天生的傾向是突然展開計畫，行動過程也充滿熱誠與活力，但當激情的火苗逐漸減弱時，才會發現難以維持最初的興奮和理想。

火象的燃燒精神和追求哲學上的完美以及絕對的眞理，其背後背負著負面感受、倦怠和挑惕苛求的陰影。當他們的工作變成例行公事、平凡或缺乏目標及可能性時，火象人會感到沮喪；如果在工作中受到嚴厲批評或不被賞識時，他們可能會展開破壞性的行動。由於火象需要心情愉悅以及感受生命能量的節奏，因而否認其負面抑鬱的情緒，如此一來，卻更將這些情緒投射到同事和雇主身上，在不知不覺中影響了工作氛圍。

土元素

土象元素的人對於職業的態度比較保守、傾向傳統和自我控制，此元素喜歡按部就班的讓工作進行，不喜歡有倉促行事的感覺。土象不同於火象，它天生傾向於緩慢而謹慎，土象是化身肉體和物質性的元素，因此，當土象與職業產生關係時，資源是重要的。當天生的機智以及創造、維持資源的能力結合自尊與自我價值感時，個人會感覺有能力以他們的才能和資源去交換令人滿意的收入；反之，如果缺乏足夠的自尊，他們的工作價值可能經常被低估，或過度的迷戀金錢、誇大他們的自我價值感或試圖以有形的財富來塑造這種感覺。

土象是五種感官的元素，共享感官世界是很重要的：追尋美的藝術、聆聽一首啓發心靈的音樂、共享一頓佳餚、讓空間充滿芳香、或擁抱並深愛彼此，是土象享受愉悅——這個重要領域中的所有意象。由於這是土象性格中的一個組成部分，因此，他們的工作或工作環境會涉及感官世界，使他們感覺到踏實與自我的重要性。

風元素

雙子座、天秤座和水瓶座這三位一體的風象星座天生想要傳達理念和經驗，就如同「風」不斷的尋求連結和反映。渴望連結的衝動是職業需求的重要部分，風象尋求各種經驗，需要在日常工作中分享自己的想法和經驗，因此，關係的需求、互動和探究發現的能力是職業分析的必要考量。

風象做爲一種思考的類型，在工作過程中，心智的刺激也同等重要，運用觀念並加以深思熟慮是重要需求，因此，如果缺乏智力上的挑戰，常常會感到煩躁不安或無聊，這也可以體現在精神緊張或焦慮，以及分心去追求不必要或不相關的事物。

由於風象是關係的元素，這是重要的考量，因此，最重要的是需要一個以人爲導向的職業。工作中的社交互動對風象非常重要，因爲他們最適合與他人一起合作，與他人一起討論、處理事情。風象追求平等的關係，因此在工作環境中與人平等的感覺、公平的工作分配對他們來說也很重要。

水元素

水元素包含巨蟹座、天蠍座和雙魚座，它需要在行事中投入深層的情感與個人參與。水象的敏感性、創造力、同情心和關懷是需要透過職業表現的特質，它有一種強烈滋養他人的衝動，然而在工作環境中，受到滋養的感覺、情感上的安全與穩定感，也同等重要。

在職業上，創造力、關懷、精神性和想像力是首要考量，他們沒有可以清楚說明、也沒有家長和老師所期待的易懂或實際的職業目標，因此，也難以回答：「你這輩子想要做什麼？」這類的問題，這帶來混亂與不確定性。然而，當職業目標和態度在結合無意識的混亂中產生，這種「不知道」和「模糊性」卻是一種投入感受的邀請。水流入神祕而陌生的地方，就是因爲離開當下，眞實的職業才得以呈現。

水元素是非常持久並且是全心全意的投入，在職業上，它傾向於觀望，讓增強力量的事情發生，這也可能對他們沒有好處。當他們沒有安全感時，在情感上會難以放手；因此，當工作狀況需要改變或者放棄時，就需要留意。

星座代表的職業意涵：12 種職業指標

這些元素現在可以加以延伸去概括蘊含人們的才能、優點和特性的十二星座，當行星落入這十二星座之一時，它的原型本質會得到調整，當這些星座在職業上被強調時，那麼其特質在職業的選擇和決定上是重要的考量。首先，讓我們分別檢視每一個星座，確立它們在職業上可能追求的特質。

重要的是要記住，我們所延伸探討的這些星座特質不一定只能說明太陽星座，這些特質也可以應用到其他具有職業意義的宮首星座和行星星座。

牡羊座

牡羊座的精神是需要隨時採取行動，而不需要被授權或拘泥於規則制度中。它需要獨立、包括極需自己做決定，因此，牡羊座喜歡的是鼓勵個人獨立進取的職業。自由與自給自足是最重要的，這最能夠形容牡羊座的職業生涯，獨立和直覺性的工作最適合這種氣質，所以他們喜歡衝出去、站在前線，成爲領導而非跟隨者。然而，擁有經常改變、重整和挑戰的工作也同樣重要，牡羊適合的職業不是固定或靜態的，而是具有高度不確定性和風險的職業。

牡羊座最重要的特質之一是需要行動，但經常伴隨著不耐煩，牡羊座的重心是成爲冒險家，而承擔風險是其面向之一。挑戰會燃起牡羊座的精神，做爲一個開創性的火象星座，它需要爲其生命力找出一條職業出路，它的召喚是去冒險並成爲英雄。

牡羊座做爲一個開創星座需要去開啓並推動事物的進展，包括其本身，因此，需要勇氣、膽量、飆高腎上腺素和耐力的工作都非常適合牡羊座。牡羊座的開創性使它喜歡成爲第一，所以它啓動計畫，但不一定要全程參與，牡羊座將自己定位在前線、在尖端、在開始而非結束。

金牛座

做為一個土象星座，金牛座需要能夠運用感官的職業、需要使用身體的感覺，無論是觸覺、味覺、聽覺、視覺和感覺。做為一個固定星座，金牛座立基於當下並以自己的速度行動，催促一頭牛通常會使牠們拒絕妥協或卡住，因此，這類型的人需要時間融入例行公事、找到自己的節奏、完全理解自己的工作，金牛座類型的人當然不喜歡被催促或被強迫的感覺。

金牛座喜歡依附在他們所做的事情上，安於其位、工於其技。但金牛座也需要去賦予自己的工作某種價值，而其創造也需要受到他人的重視。他們需要可以反映個人價值感與自尊的工作，因此，金錢報酬的多寡必須是能夠代表他們的個人價值。對於金牛座來說，資源的交換是職業生涯中的一個重要部分。

在職業能力方面，金牛座耐力十足，能夠堅持到最後，它的最大優點是耐心與毅力。金牛座可以長久努力苦撐，不知道何時該放手，並執著於不滿意的例行公事中，因此，何時該離開目前的工作對於理解此星座來說是很重要的。雖然安全感是職業生涯的重要因素之一，但是不要讓這一點成為被困在一個不再令人滿意、得不到回報的工作中也是很重要的。

雙子座

適應力和多才多藝是雙子座的強項，能夠對廣大而充滿刺激的世界敞開大門是它的極大天賦。行動迅速的水星是雙子座的主導，並且擁有此神的支持，雙子座能夠調整並適應各種情況，能夠接納新觀念及冒險，去開發智慧的力量與道德素質。在理論上，多樣性和適應力強是雙子座與生俱來的才能，這是其 DNA 的印記，也是其豐富的職業資源。

雙子座有一種開放的友好性格，吸引人們進入他們的生活圈，減輕壓力、使心情開朗。他們總是知道什麼人你該認識、哪本書最適合你休假閱讀、還有什麼課程對你有益。從心理學上來說，這種多采多姿的人際關係來自於一種深層的探索——想要發掘與其本性互補的事物，這種「若有所失」驅使著他們在生活中找尋可以平衡其躁動本性的事物。雙子座的圖騰是雙胞胎，因此，世界如果不是像一面反映其行動的大鏡子，就是可以讓他們找到失去的另一半的地方。想要填補這種「失落感」也是雙子座部分的職業追求，其中包括學習轉彎、轉述概念，但主要是在溝通和互動交流方面。

二元性是雙子座一個很大的好處，雙子座能夠同時處理大量工作的能力使它比一般人更能在短時間內完成更多工作。在快節奏的社會中，這種多才多藝就可以派上用場，在同一時間內扮演雙重、三重、甚至四種角色都是常態而非例外。

巨蟹座

一間安全的屋子、一個安穩基礎、一個安樂窩，某處的一間房間都可以滿足巨蟹座受保護和安全感的需求。這些需求是巨蟹座部分的召喚——螃蟹無論選擇哪條橫越沙灘的路，都要背著自己的家。在心理上，巨蟹座的任務是將家庭內化，去創造一個安全的基礎；在職業上，這個任務是非常重要的，而一種安全無害的工作環境更是必須的。因爲對於家庭環境的偏好，他們往往想要將工作環境變成一個大家族，以關懷和愛護將其工作夥伴們包容進來，因此，家族議題可能會以不同方式與職業糾葛在一起。

建立情感和財務上的安全是非常重要的，這兩者有相互的關聯，當巨蟹座與其職業有更多情感上的連結，會使他們感覺更有經濟保障。爲了能夠在社會中出類拔萃，個人生活中必須要有安全感，支持的體系越大，能夠展現的空間就愈大。只要這些需求得到滿足，他們會覺得在感情上已經得到支持和承認，就沒有必要超出範圍去尋求認可。

巨蟹座的召喚是對於有需要的人提供安全、慰藉和照顧，然而，如果他們在感情上沒有得到支持和安全感，可能會在其選擇的道路上感到筋疲力盡以及被利用。因此，對於巨蟹座類型的人來說，最明智的做法是尋求所愛的人的庇護和支撐，並且在職業上尋求主管的幫助和支持。

獅子座

在占星學上，獅子座被太陽守護，就如同其對應的行星，獅子座需要成爲所屬體系的重要焦點，它的召喚是表達自我，並投身於創作生產。他們需要自我表達和自我提升，這在職業上非常重要，並且透過職業去展現自我發現的需求。獅子座希望藉由職業，去滿足他們自我探索的渴望，在職業生涯中去發掘個人才華和技能是很重要的。獅子座並不總是唱獨角戲，但它的確需得到認可，當自己這齣戲的製作人，他們樂於設計自己的商標、管理自己的事業，不同的是，他們的名字是依附在其創造的作品上，而其作品需得到認可。

獅子座的職業特點是與父親原型的相遇，你可能會不自覺地尋求他的贊同，特別是如果你從未從自己的父親那裡得到認可。但獅子座是一個固定的火象星座，當它感到安全、被愛和被讚賞時，就會展現出忠誠、可信賴的樣子，散發出溫暖與慷慨的特質，有了這種支持與認同，獅子座就會幫助照亮它所處的生活環境。由於獅子座的自尊和自信與其職業聯繫在一起，因此，爲自己所做的事情感到自豪並且得到他人的欣賞是很重要的。獅子座也需要被鼓勵去退後一步、看看他們努力創造的成果。

獅子座特別需要與觀眾連結，使自己在職業中日漸茁壯，他們能夠運用其創作技巧與他人產生互動，不僅是透過娛樂也可以藉由玩樂，展現、互動和反映。獅子座需要感覺到自己創造性的努力能夠得到回應，這證明其貢獻是有價值的。

處女座

處女座是由未婚少女代表——這是從其原始意義歷經極大轉化的複雜形象。諷刺的是它暗示著自由與獨立的形象，女性與其內在自我的關係——被壓抑與自主、成爲自我欲望的主宰。這個動機在職業上很重要，考量自身需求並遵崇其服務的渴望，處女座需要追隨自我召喚投入社會。

處女座服務的需求可以透過許多職業得到滿足，然而，土象的處女座也可以表現在其他方面，例如：他們所擁有的天生技能通常可以運用在科學或醫學方面的職業；他們與動、植物本能及自然世界產生呼應，適合於自然領域的工作；分析能力也是他們的另一種技能，可以用各種方式加以運用。處女座的目標是改善，因此，追求完美的傾向需要在專業中得到認可。

在處女座的職業中最常見的需求是不斷進步、提升的工作體驗，爲了增加一致、連貫性的感覺，非常需要例行公事和儀式。失序和混亂的工作場所會讓處女座感到非常不安，並可能造成緊張和壓力。不斷進步的需求和追求完美的壓力，兩者之間的細微界線常常驅使處女座過度補償，而過於辛苦且超時工作。處女座需要被提醒的是，追求完整性的召喚也需要平衡與節制。

天秤座

天秤座是黃道帶中唯一非生命體的星座，它擁有極少的本能或原始元素，它是從古老、原始走向文化與改革的發展而來。它擁有強烈的美與和諧的需求，這在職業上相當重要。天秤座往往具有一種審美的天賦，透過藝術、音樂、設計或時尚表現。雖然這可能不是他們的職業，這些特質卻經常會被運用在工作上，因爲天秤座帶給個人天生的空間、設計和對稱感，只要天秤座被包含、圍繞在美的事物中，就可以滿足它的欲望。

然而，天秤座的天平也提醒我們判斷與平衡，透過判斷力，天秤座衡量其選擇和可能性，它試圖公平，但這也可能造成更重視他人而不是自己，使他們不確定自己想要什麼。他們社交技巧很高，本性也傾向於傾聽與連結，這可能使他們走向諮商的職業。

他們在工作中很需要和諧與合作，同時也需要空間，讓他們覺得可以照亮並引導工作環境。如果沒有積極的互動和支持，天秤座會覺得很難投注於工作中。只要知道自己是被賞識和喜愛的，天秤座就會努力工作並展現效率。

天蠍座

天蠍渴望深入投入於他們所做的事情中，在職業上，他們需要從事關鍵重要的事，讓他們覺得可以進入工作核心，去發現及揭發需要改變的事。天蠍座擅長於治療性的職業領域，使人深入鑽研並發現過去負面的模式。他們深刻了解生死輪迴，這使他們更能夠勝任充滿危機、瀕死體驗以及危險、困難救援和調查的工作。

在職業上，天蠍座需要的親密性是很重要的，因爲他們需要相信與他們一起工作的人和事，需要可以信賴他人以及被信賴的感覺。在工作的合作關係中，天蠍座能夠與他們的夥伴完成一些自己無法完成的事。對於天蠍座類型的人來說，了解合作關係中的強大創造力是很重要的，因爲他們有股天生能力，能夠吸取他人的資源、加以運用以達到有利的成果，而關鍵是所有的合作關係是建立在信任的基礎上。如果天蠍座能夠同時滿足深刻和親密度，便會產生無限的可能性；如果他們的深度沒有被接受或滿足的話，往往會產生不信任、猜疑，甚至是工作氛圍中的嫉妒和恐嚇。

天蠍座也需要時間獨處，因爲此星座蘊含著深刻的孤獨感，他們能夠自我完成重要的工作，因此需要合作夥伴的信任、得到主管的授權去完成需要完成的事。他們有高度的專注力，善於研究和調查工作，因此其天生的懷疑和直覺可以得到很好的運用。事情的完成對天蠍座也很重要，因此，高度變動性的職業不適合這種類型，天蠍座需要直指事物的核心並且去改變它。

射手座

射手座的召喚是去冒險，去追求眞理和意義，尋求生命重大問題的解答，打包行李或探索、教育之旅所準備的背包，這些意象都與射手座產生共鳴。長遠來看，長程願景對所有職業都很重要；成長、進步和學習的機會，以及直覺與戰略能力都需要在職業生涯中培養。射手座是一個變動的火象星座，需要知道自己有無限的選擇，行動的自由、開闊的空間和發現的無限可能性，少了其中一種都會令人感到失望。

原則、倫理、道德和理想都很重要，射手座的職涯需要去體現這些，他們需要參與自己相信的計畫與消遣，運用其哲學與人文的世界觀。射手座的火象本質是一種熱情的能量，鼓舞並激勵他人去嘗試他們想做的事，充滿熱情與編織勵志故事的能力是他們強大的天賦，這使他們能夠分享知識；然而，他們必須相信他們所做的事情。

射手座渴望去開拓其世界觀，去接觸能夠擴大其哲理、激發他們看透世俗、找到意義的觀念和個人，因此，培養歷史、哲學和拓展心理的職業是理想選擇。他們需要的意義是：工作可以擴大心靈與精神，如果缺乏這種意識，會使他們覺得困頓和失去重心。當射手座失去工作的興趣和熱情時，身體的活力和精神的敏銳度就會減損，結果可能使他們四處遊蕩試圖尋找答案，而不是專注於眼前的目標。

摩羯座

做爲黃道帶上的山羊星座，無論是地面山羊或海山羊[16]，摩羯座毫無疑問是隻老山羊，這早在公元前二千年便已經被認可。這是尊崇舊秩序、傳統、等級制度和老年的星座，它對於結構和現狀的尊重，暗示摩羯座需要界限、定義以及來自權威人物的支持。不過摩羯也具有高度自治和自給自足的能力，並隨著時間的經過，變得成熟而成爲權威人物。智慧老人（婦）與此星座產生共鳴，摩羯座與年齡和年老有關，因此隨著時間的累積，天生的領導力和自我管理意識才會慢慢出現。摩羯座想成爲自己的老闆，編寫自己的人生劇本，並按照自己的計畫行事。

摩羯座天生具有高度競爭力，因此，它需要接受挑戰，在工作中培養並給予它足夠的空間發揮所長。就如同山羊一樣，他們需要時間爬上山頂，他們當然知道命運的輪替以及所謂的暴起暴落，因此，摩羯座最好慢慢來，深入、有條不紊的學習，並且專業、認眞小心的行動。當摩羯座背負太多成功的壓力及高度期望時，它會變得焦慮和自我防衛，因此，劃分範圍以及計劃、工作的預估是必須的。

16 譯注：魔羯座通常被描述爲山羊頭、魚尾巴。神話中，當山羊神潘受到龍捲風的襲擊時，他跳入尼羅河，水面之上的部分仍是山羊，水下的部分變成了魚。此星座有時被描述爲海山羊，有時是地面山羊。這樣做的原因是未知的，但海山羊的形象要追溯到巴比倫時代；此外，蘇美爾人的神恩基的符號包括一隻山羊和一條魚，後來合併成一個單一野獸，被確認爲黃道星座的魔羯座。

摩羯座具有強烈的責任感，通常可以承擔不屬於他們的責任和義務，只因爲別人的不負責任或不成熟。定下協議或說明責任，並盡可能的保持在工作的範圍之內是重要的。當摩羯座的壓力很大時，它的自我內在對話經常是負面、否定的，因此，最好能爲工作中的挫折和不公平找到抒發的管道。

水瓶座

天王星——這顆進步、科技、發明以及具前瞻性的行星能量是水瓶座的現代守護星，就如同它的守護星，水瓶座是先進、直覺、未來取向的，他們需要覺得對於未來藍圖具有一種創造性的貢獻，擅長於科技和原創性的研究使他們著眼於未來，他們的獨特天賦必須得到認同和列入考量。由於新時代運動對於未來和平的積極及精神性的訊息，使水瓶人在其中找到慰藉，但其他人仍非常適合於助人專業，而最重要的是，在足夠的空間和能力去宣揚其理念的職位中，不會覺得受束縛或情感上不堪重負。

團體的親和力是其性格的一部分，與夥伴、朋友和同事在組織中一起工作是有益的。然而，個人表達和團體中的平等是必要的，否則水瓶人無論是私下或公開都會加以反抗。雖然個人主義對於水瓶座很重要，但它也是屬於社群的，在工作上需要社交、智力上的刺激和私人交流。水瓶座需要在工作中表達其個性、在所做的事情中感覺獨特與獨立，最好是在民主平等的環境而非具有層級的結構組織中工作。

召喚水瓶座的關鍵是，從群眾與過去傳統的潮流中得到自由。在許多方面，他們的職業生涯還尚未明確，因爲他們在未來等待著自己；但其職業的象徵是已知的，這引導他們進入未知及尚未開發的領域去探索、改革、創新與現代化。

雙魚座

兩條游向相反方向的魚，以一條星帶連結的形象投射出雙魚座，它固有的二元性是透過一條游向神、而另一條被扯入無意識的魚所描繪。雙魚座蘊含的原型衝動是本能地奉獻出自己的使命於更大的事物，而通常，這虔誠的衝動會使他們走向兩種方向之一：浮出水面去服務社會，或是潛入水中進入創造性的靈性探索。

雙魚座的挫折之一是以眞實事物去連結其創造世界，雖然他們渴望的創造性可能不是以一種世俗的方式呈現，但是在世俗的工作中，運用自我靈性和創造性面向是有必要的。如此一來，他們發現，工作是一種創造性和令人滿意的行爲，運用創造性和原創設計的圖像，能夠改變他們的工作並爲其增添色彩。

雙魚座開啓星盤中第十二宮，這裡是尋求庇護、退隱和治療、與機構有關的領域，因此，雙魚座是與福利、福祉有關的地方。對於雙魚座來說，自助和自我照護是很重要的，因爲它傾向於無私的付出，留給自己承受情感上的疲憊。在所有雙魚座的職業中，退隱是必要的，以便再度與支持其創造與關懷本質的精神能量產生連結。做爲一個變動的水象星座，雙魚座經由世界走出自己的路，遵從自己的時間、摸索自己的方式，並順其自然。

宮首

在占星學上，我們通過某一個特定星座而進入每一個宮位，每個宮位的宮首都是一個通往新的影響領域的門檻，因此，遵從入口星座，就能打開這條通道。在職業上，我們已經知道職業宮位的宮首星座是重要考量，就如同之前所言，如果沒有劫奪的狀況時，這些星座將屬於同一個基本原則，成爲職業分析的重點。這些星座有助於描述在其宮位所代表的職業領域中，什麼樣的特質和條件是重要的。

例如，第六宮代表典型的工作宮位，除了其他方面之外，它可以說明最適合個人本質的工作環境。宮首星座有助於描述適合其天生性格的條件，第六宮的宮首星座有助於思考工作中的日常所需，使我們充滿自信並對於工作感到滿意。以下是關於第六宮的宮首星座如何說明職場的需要：

第六宮宮首是牡羊座	需要獨立、冒險、挑戰、目標
第六宮宮首是金牛座	需要穩定、身體的舒適、具體的結果、價值
第六宮宮首是雙子座	需要多樣性、溝通、心智的刺激
第六宮宮首是巨蟹座	需要安全感、像家一般的環境、安全
第六宮宮首是獅子座	需要讚美、自我表達、遊戲、創意
第六宮宮首是處女座	需要秩序、連貫性、效率、控制
第六宮宮首是天秤座	需要和諧、優美環境、社交
第六宮宮首是天蠍座	需要保證、尊重、深入參與、信任
第六宮宮首是射手座	需要自由、靈感、擴展、樂觀
第六宮宮首是摩羯座	需要認可、結構、界限、責任

第六宮宮首是水瓶座	需要獨立、共同的支持、進步性
第六宮宮首是雙魚座	需要服務、創造性、感受性、想像力

第十宮的宮首星座也有許多連結：我們與世界、權威人物的關係，特別是老闆和上司；我們成功的關鍵、我們的公眾形象，甚至是什麼樣的職業可能最適合自己的線索。同樣的，第二宮的宮首星座有助於描述哪些資源和資產是屬於本能的，需要被發展。而此星座幫助我們找出了我們所珍視的事物，也就是我們所提供的有價值的事物。

當星盤中有被劫奪的軸線星座時，物質宮位宮首的基本平衡就會被打斷，被劫奪的星座阻礙了星盤中能量的自然流動；而圍繞在被劫奪的軸線星座中，是一種不容易被察覺到的能量情結，它可以做爲職業生涯的陪襯。分析這些被劫奪的星座，以確定其能量是否在不知不覺中壓抑了一個人的人生歷程，例如：職業生涯。物質宮位的宮首星座是有助於開創職業領域的能量關鍵，它們的能量需要運用在追求令人滿意的職業生涯中。在本章結尾的列表，列出了每個星座的職業需要，以及當這些需求未在職涯中得到滿足時，其可能產生的明顯表現。

行星的星座

黃道十二星座使行星的原型衝動有所不同，並說明行星所守護的宮位特質。正如我們已經探討的，行星與各種職業有關，例如：月亮原型是滋養者，因此，在職業能力上與培育、滋養的職業呼應，月亮的星座有助於區分其所適合的滋養層面或類型。

例如：月亮在天秤座適合一對一的諮商輔導或關懷的角色，因爲天秤座與夥伴關係有關；而月亮在水瓶座時，最好是以團體合作的方式工作，或以獨立、替代的角色去幫助執事者；月亮在天蠍座傾向於危機處理或深入探究。在治療保健方面，月亮在巨蟹座可能最適合兒童養育和居家照護；月亮在射手座可能最擅長以其教育方面的能力去慰藉和滋養他人；而月亮在獅子座的人可能關心的是兒童福祉。當行星的原型衝動透過職業想要尋求表現時，其星座就像是一張過濾網，這也可以運用於所有強調職業的行星。

當職業方面強調月亮時，其星座有助於區分其行動和特質的不同。想像一下，一個人被月亮的職業吸引，月亮的星座則有助於區分適合此人的行業爲何，對於其他行星來說，也可以以此類推。以下的摘要則專注探討月亮，假設它在星盤分析中與職業有關：

月亮在牡羊座：與冒險結合，並且需要身心投入、快速反應和做決定，例如：救護、訓練、急救醫護、緊急狀況、外傷、組織變革等工作。

月亮在金牛座：本能地被手感工作吸引，例如：按摩、芳香療法、整脊、護理等工作。

月亮在雙子座：傾向於以訊息結合學習和照護的職業，例如：語言治療、教學、神經語言規劃（NLP）、改善記憶等。

月亮在巨蟹座：可能會傾向於依賴者的照顧，例如：老人照顧、兒童照顧、成爲小兒科醫生或嬰幼兒疾病專業；也可能非常樂於處理婦女或家庭方面的問題；養育專業，例如：醫療保健、幼兒園或托兒所、小學教師、護理、及各種類似家庭治療師和社會工作者的輔導員和助手也是這廣泛範圍的一部分。

月亮在獅子座：善於幫助和撫慰內在孩童，無論是直接的關懷或創造性的，例如：藝術治療、沙遊治療、兒童心理學等，他們伸出援手的能力來自於溫暖、歡聲笑語的玩耍能力。

月亮在處女座：適合臨床工作，例如：精神科護理、臨床心理學、醫學研究和分析；他們本能的具有健康意識，自然受到吸引，進而學習健康的生活習慣和日常事務。因爲接觸與健康有關的事物，日漸養成，可能成爲他們的職業；他們可能投身幫助他人透過飲食、預防醫學、整體治療、運動或分析法而變得更健康。

月亮在天秤座：本能傾向於個人或關係的諮商、婚姻指導和解決衝突，這些需要學習良好的談判和關係技巧的工作；社交技能、對新思想的接受度和解決衝突的能力是明顯的職業特點。

月亮在天蠍座：會被重症照護、腫瘤學、喪親輔導、急救、或是深入治療的工作吸引；他們能夠尊重黑暗、減輕壓抑以及尊重生命的感覺，而不帶有個人判斷或狹隘。

月亮在射手座：能夠鼓舞人心，是天生的教育家、教練和訓練師。他們在直覺上知道信仰在療癒上的作用，因此，現代牧師般的角色如：教牧諮商（pastoral counselor）、宗教顧問、心理治療師或精神導師可能都非常適合。

月亮在摩羯座：需要有建設性和有紀律感，因此，他們可被手術的精確度、醫生的責任感，或是需要高道德和能力水準的管理角色吸引。

月亮在水瓶座：傾向於替代或補充性的醫療服務；天生被社會歷程中特殊及尖銳的思想吸引，他們善於與團體、組織合作並擅長組織改革工作。

月亮在雙魚座：被富有同情心和想像力的照顧及治療方式吸引，例如：照護、身障人士或弱勢的照顧，精神療癒和冥想，他們可以透過如音樂或藝術療法的訓練，將其創造力與照護結合。

瞭解每一個星座在職業上的需求：

星座	職業上的需求	當需求未被滿足時
牡羊座	• 獨立與自由 • 自發性 • 冒險和承擔風險 • 創業行動 • 自己開業	煩躁不安、無聊、缺乏方向或無法專心投入於工作，結果可能會突然轉換工作。 因爲以上種種而感到失望和憤怒，或在工作的環境中，透過同事表現出來。
金牛座	• 感官滿足 • 穩定性 • 獎勵和津貼 • 成長 • 經濟上的安全	個人可能會感覺到被低估，不得不屈就於目前職位，耗盡他們的自尊。 如果沒有從工作中得到獎勵，可能會將需要受到重視的需求，轉移至財物和金錢的物質領域中。
雙子座	• 溝通 • 彈性和機動性 • 多樣性與變動 • 智力上的刺激	如果缺乏溝通的出口，個人可能會感到焦慮和散亂。 如果他們的例行公事無法提供足夠的機動性或多樣性，就會產生神經質的反應、擔心或窒息感。

巨蟹座	• 情感上的安全感 • 家庭氛圍 • 滋養的環境 • 歸屬感 • 支持與親密感 • 關懷與共鳴	缺乏安全感或是與工作／同事的情感聯繫，個人可能會變得喜怒無常、過度敏感或過度依賴，並感覺沒有被支持、對周圍和周圍事物做出負面反應。
獅子座	• 創造性的自我表達 • 回饋和認可 • 忠誠 • 職業認同 • 自我提升	如果缺乏充分的認同感，個人可能不自覺地想到失敗，因此無法專心投入或利用工作去達成目標。 另一種可能的自衛是自我膨脹、眼高手低或是認為工作不適合他們。
處女座	• 服務 • 不斷改進 • 識別力 • 控制 • 秩序和連貫性	由於改善的衝動是處女座性格的一大部分，一個傾向於完美主義的人，往往是爲了掩飾其不足感。 如果沒有區分其中的界線，可能會以批評、迫切需要以及無法放手的方式呈現，直到工作達到完美的境界。
天秤座	• 和諧的工作場所 • 互助合作 • 與他人共事 • 平等和公平 • 社會參與	如果工作進行不順利，可能會傾向於指責同事或工作條件。 在表達憤怒或沮喪的困境下，可能會造成與客戶、同事或上司之間潛在的緊張關係。

天蠍座	• 深度參與 • 信任 • 工作的授權 • 誠實與正直 • 保證、承諾	如果在工作上有喪失權力的感覺，可能會造成與上司或同事之間的權力鬥爭。 通常這類的強烈情緒會讓他人產生嫉妒或恐嚇感，使他們在工作上更感到孤立與孤獨。
射手座	• 理想和職業道德 • 旅行與自由 • 學習與進步 • 策略和洞察力 • 成長和擴張	此類型當他們的職業需求得不到滿足時，很容易出現膨脹和不切實際的期待。 如果沒有重心，在不事生產的情況下，就會產生隨波逐流和做白日夢的傾向。如果射手座被困在一個嚴苛的工作中，就可能會有抑鬱傾向。
摩羯座	• 傳統和規律 • 界限 • 定義和結構 • 晉升的可能性 • 認可與肯定	想要有所成就的強迫性衝動可能表現在對於成功的恐懼或權威者的不恰當命令上。 如果需要被認可的需求未被滿足，可能會使個人過於野心勃勃或控制。
水瓶座	• 利他性和獨特性 • 獨立 • 創新 • 社會關注 • 刺激和興奮 • 同事的認可	如果缺乏足夠的自由和獨立，可能會產生明顯反應或不尊重權威和領導層。 一種陷入困頓的恐懼可能表現在無法持續正常就業，而選擇留在體系制度之外。

雙魚座	• 敬業和奉獻精神 • 創意的環境 • 服務與關懷 • 適當的界線 • 理想與慈悲心 • 想像力	如果沒有適當的界線，個人可能會被責任壓垮，感覺負擔過重。他們有一種承受環境、同事、或上司負面情緒的傾向。

Chapter 4
身分認同、成就、個性與財富

太陽、月亮和上升

個性與職業

兩千年前，古希臘哲學家赫拉克利特（Heraclitus）認爲：「個性就是命運」，此句實在的話直至今日仍然具有意義。它所呼應的事實是，命運由性格塑造，它是我們的習性、生活習慣、例行公事、價値觀、信仰、理想、道德的結合，這些塑造了我們的性格並豐富了我們的個性層次。隨著時間的推展，這些日常習性與特質說明我們是誰，因此，我們的意圖、行動和抱負最後便累積成爲我們的命運。雖然我們可能無法改變命運，但是，可以透過有意識的參與並接受其模式，而轉化我們的感受經驗。未來尚未成形，而我們的選擇和行爲將繼續影響它的歷程，就像我們的職業，「未來」由我們的行動和決定形塑。

我們透過整個人生旅程發展性格，這是職業的基本面向，當個性彰顯，職業也得以發展。**星盤是一個有用的指南，用以理解個人的特質和模式，它們塑造了我們的天性，並有助於創造一個令人滿意的職業**。在占星學上，星盤中的三個特徵與一個人的個性層面有關──就是太陽、月亮和上升這三位一體。對於古代占星師來說，這三個象徵符號被之稱爲「生命的所在」[17]，或「人生目的的基本架構」。因此，了解太陽、月亮和上升可以清楚說明培養哪一類的特質和才能，用以幫助我們的職業發展，以及成熟和性格養成所需的事物。

太陽和月亮都被稱爲發光體，是照亮我們道路的天上之光，雖然它們實際的大小不一，與地球的距離也不相同，但是在天上它們看起來是一樣的。太陽所顯露的價值是我們潛在性格的一部分，在其中我們發光發亮並感覺自信滿滿，它也代表著我們天生的身分認同。太陽是白日之光，因此象徵可以被看見和已知的事物。做爲王者與父親的原型意象，占星師將它與有意識的自我、身分、精神、力量、生活之樂和意圖的本性連結起來。它在職涯的軌跡中有很大的作用，因爲它是我們重要的表達和創造力——努力想要成爲具有意義和永恆的事物。從本質上來說，太陽的職業衝動是鼓勵個人成爲他們自己的樣子，其目的就是自我。太陽做爲一種自覺原則，是屬於明顯易見的部分——從文化到家庭，什麼是值得、可獲得的事物。

月亮說明在滋養方面什麼需求是重要的，才能使人有安全感，容易接受以及本能性的月亮本質，使月亮能夠凸顯文化和家庭生活中沒有說出口，以及未被活過、被遺忘的層面。它也是情感生活的容器，因此包含自幼年之後所有的印記和模式，也包括那些認知前和胎兒在子宮內的印象。月亮屬於本能及反應的，是太陽光的反射，也是夜晚的照明，因此，它象徵著反射性的自我，當意識中的自我下沉使它變得更爲明亮的特質。月亮是性格之下的情感生

17 Demetra George, *Astrology and the Authentic Self*, Ibis Press (Lake Worth, FL: 2008), 84.

活，生活經驗中的反應和應對，需要感到安全、被滋養和滿足的心靈，它既敏銳又柔性，經常是透過無意識來察覺，如疼痛和痛苦、感覺反應、夢和幻想。在我們的職業生涯中，月亮是一切無意識記憶的容器，但也是讓我們感到滿足所需要的事物。

上升象徵我們的延伸，以及在人生道路上我們如何旅行，它就像是一個控制面板或是牽引生命之船的方向盤。做爲星盤上東半球的一點，它是黃道與地平線的交界，那裡是天地合一之處，也是行星上升、自黑暗中升起而被看見的地方。當太陽在此，它的光線慢慢穿透景物、照亮這世界，因此，上升與光進入星盤的意象產生連結，第一次呼吸、出現、生命力和開端。它象徵著我們透過個性、浮現自我的方式，以及我們轉向世界時的臉孔，我們可以將之比喻爲當我們穿行在世界時所使用的交通工具、穿了一整天的衣服、包裝自己的方式，或者當我們與他人交流時所戴的面具。當上升象徵著呈現自我的方式時，它在職涯中占有重要的地位。

就如同所有占星形象，以上三種象徵符號都可以透過它們所在的星座和宮位、守護星和相位被描述，正如我們在上一章所探討的，星座說明特質，因此，這些是明顯的職業特徵。**我們可以將太陽星座認為是經由職業想要展現的個人價值，而月亮星座則暗示著在職業方面，什麼是必需的；太陽和月亮的宮位吸引我們進入其生活領域，在那裡我們將專注地發展身分認同和安全感；雖然上升的星座對於個性也至關重要，但它往往受到職業選擇的挑戰與壓抑。換句話說，上升在本質上與職業相關的第二宮、第六宮和第十宮不相一致。**

當然每一個人的個性都是獨特的，就如同占星象徵符號的表現。以下的說明將透過其他星象因素，例如：相位和宮位，去展現其個別性。然而，這只是一個入門，開始思考個人性格中的特質、優點和需求，並反省這些可能會如何塑造個人的職業和命運。

太陽：本質自我的價値

「陽光」——是占星學中太陽的本質，也就是要發光發熱，當人們擁有卓越和成就感時，太陽就會得到滿足。因此，太陽是職業上的首要考量，因爲它渴望表達自我、具有創造力、受到肯定又有成就感。太陽做爲身分的象徵，同時也希望等同於其事業或人生，從太陽的觀點來看，「我所做的事情」是「我是誰」的一個重要面向。

太陽也象徵父親、國家元首或上司，因此，太陽在尋求認可的過程中，也經常認同或不認同權力及權威人物。但太陽是與眾不同的，它在職業上尋求身分認同，其某部分就是在尋求眞實性。太陽之旅往往是讚譽與眞實性、喝采與正當性以及受人歡迎或忠於自我之間的衝突，雖然外界可能會認同我們的工作成就，但是我們最大的成功卻是在於自我實現和眞實生活上的滿足。

太陽象徵著勇氣和力量以及成爲英雄的感覺，是每個人都能夠表現得像神一般的面向，這也意味著行動，並且努力想要表現尊嚴的意識。在某種程度上，我們可能會認爲太陽是善良的靈魂；在占星學上，黃道上的每個星座都可以代表一種靈魂狀態，當太陽落於某個星座時，它便會想要彰顯那個星座的榮耀。由於它是自我英雄面向的象徵，本命的太陽星座是一種引導，使人擁有塑造和強化個性的價值觀和美德，然後塑造我們的命運並成就我們的職業，而價值與美德就是個性的外衣。

以下是太陽十二星座的一些描述。如果太陽在地平線以上，那麼你便是在白天出生，職業衝動可能會更加明顯；如果太陽是在地平線以下，那麼便是在晚上出生，太陽的意圖或目的可能不會過於明顯或直接。

在占星學上，太陽說明整體感以及讓自我感覺良好的方式，因此，太陽的星座是一個基本入門，去了解我們是誰、是什麼讓我們發光發熱並且得到創造性的滿足。當太陽在火象星座時，它落在自己的元素中，因爲太陽守護火象星座中的獅子座並且在牡羊得到提升。然而，無論太陽落在什麼元素，其責任就是去找出一種有意義的方式，並在生命中與此元素產生連結。太陽星座透過我們的職業尋求發展，它的特質必須有意識的加以展現；在某種程度上，它是一種生活的任務。因此，看看你、家人、朋友的太陽星座，想像一下這些星座的優點如何加深我們的職業特性，並以隱喻的方式去想想這些特質與形象。

太陽牡羊座

牡羊座代表耐力，挑戰錯誤的事並建立正確的精神。牡羊座是戰士，在精神意義上，它具有勇氣堅守自我原則，也是能夠爲眞實自我而戰的勇士。因此，太陽在牡羊座的你，任務是要找到信念的勇氣以及支持它們的力量。你的榮耀是能夠去挑戰錯誤、完成正確的事，並且找到面對眞相的勇氣，當你擁有榮譽時，便能夠召喚力量，勇敢行動並捍衛尊嚴。當你面對挑戰，你受到鼓舞，並透過生活中倫理與道德的試煉，得到精神上的提升。

你的精神可貴之處是獨立並喜歡挑戰，你享受有創意的計畫、開創新實驗以及探索未知的領域。站在起跑線上的你，因冒險精神而充滿活力，並爲生命帶來挑戰和可能性。天眞浪漫對你有幫助，使你能夠將失望與失敗拋在腦後，並繼續新的想法或計畫，創造機會、開拓新領域，並冒著未知的危險需要這種勇氣。

韌性與情感的結合，使你一方面是煽動者，另一方面成爲理想主義者，這兩種態度使你成爲捍衛被害人的倡導者、解放被壓迫的征服者並且成爲得分致勝的英雄。在詞源學中，勇氣與心臟——也就是太陽的中心相連，在古代的思維中，意志和品格的力量位於心臟，就如同心臟壓縮血液流經全身，精力充沛的精神活化你的靈魂，使你在世上無所畏懼，並主張理應屬於你的事物。想要找到你的活力和精神，並充滿熱情，你需要欣賞自己的自信、勇敢、積極、獨立、主動和靈感的特質並應用在你的職業生涯中。

太陽金牛座

當我們形色匆忙時，父母和和老師總是提醒我們：「耐心是一種美德」；然而，在臉書、智慧型手機的電子數位時代，耐心似乎是一個過去時代的遺物，生活節奏明快，一切都需要盡可能的快速取得，否則就失去價值。由於自然與自然的節奏已被電子科技和人爲週期取代，人們已經漸漸無法體會耐心的價值。

占星學的智慧並未忘記耐心的美德，它深植於金牛座這個土象星座中，並且在黃道上的此領域中規律的開花結果。金牛座是與大自然的步伐最習習相關的星座，並且本能地知道它的節奏、成長的季節，以及自然的生長週期。金牛座知道當需要停下腳步時，就沒有催促的道理，當紅燈亮時，也不是前進的時候。太陽落在金牛座的你，本能上具有常識，一種在高科技時代、人爲的世界中難得的才能。你天生就知道何時該停下來、等待合適時機進行充電；同時，這是一段創造性的等待期，用耐心來完成。隨著時間的發展，你學習珍惜資源，知道價值在長期之間會增長而不是愈來愈少，因此，你是長期市場、房地產以及隨著時間增值的所有資產中堅毅、不相信快速可以致富的投資人。

你的依附也長遠的用在朋友和家人身上，這是非常忠誠、守信的關係，而所有幫助他人所花的時間和精力都將回饋於你，這你可能慢慢才會了解。但在時間發展的過程中，你已經建立了深刻的情誼，一旦這些情誼建立之後，幾乎就是無可磨滅的。你有耐心來處理最難搞的孩子、最苛刻的客戶或最討厭的鄰居，在大部分的情況下你都能保持冷靜、維持現狀，沒有退縮或者讓步的度過困境。

最終，也正是這個能夠放緩並停下來細聞玫瑰芬芳的步伐節奏，支持著你成功的人生。不需著急，就如同你內心最終知道的，你需要一層一層的建立。你的建構計劃是從地而起，一層接著一層，一季接著一季，正是這種隨著時間凝聚的力量，成爲你強大的支持，並且成就你的足智多謀。太陽在金牛座的你，成功的祕訣是你堅定的步伐和天生具有耐心的美德，如果想要在職涯上覺得有活力、精神飽滿和充滿熱情，你需要意識到忠誠、毅力、一致性、穩定性、堅韌、可靠和可信賴的價值。

太陽雙子座

太陽在雙子座的你擁有模仿的能力，你的機智、敏銳情緒、聲調、口音和扭曲的表情都讓我們開懷大笑；你的多才多藝幫助你反抗不喜歡的建議，並且使你融入群體；適應力是你的專長及巨大財富，因爲它爲你打開廣闊世界的大門。從理論上來說，這種多才多藝和適應力的才能是天生的，並刻印在你的 DNA 中。而早期與兄弟姐妹、堂／表兄弟姐妹、幼兒園的朋友和玩伴之間的關係，首先讓你意識到自己的機敏；之後，你的適應能力發展成爲一種有用的才能，去解決難題、打開上鎖的門、拓展思路、寫作、教學、並擴大自己的社交圈。

你有開擴的友好性格吸引人們進入你的生活圈中、減輕他們的壓力，使他們心情開朗，你總是知道什麼人該認識、哪本書最適合放假閱讀、還有什麼課程對你有益。從心理學上來說，你多采多姿的人際關係來自於一種深層的探索——想要發掘與本性互補的事物，這種「若有所失」驅使著你在生活中找尋可以平衡躁動個性的事物。雙子座的圖騰是雙胞胎，此原型象徵著一個複製的自我、一個靈魂伴侶、一種反射形象；想要探索這種「失落感」，使你體會到與人接觸的感覺以及人類經驗的浩瀚。但遲早你會發現，追求失去的事物是一種內在的召喚，讓你去指示、引導及教導他人理解和閱讀人生的地圖。

二元性是你一個很大的優點，能夠同時處理大量工作的能力，使你比一般人更能在短時間內完成更多工作。在快節奏的社會中，這種多才多藝就可以派上用場，在同一時間內扮演雙重、三重、甚至四種角色都是常態而非特例。無論是訓練、教學、輔導或培養，你具備極好的技巧能夠理解他人、就他們的研究領域進行溝通。透過他人的話語或肢體語言，你非常善於幫助他們了解自己，你能夠解釋如何從 A 到 B 的最佳路徑，你可以寫手作指南，或設計圖表讓人更了解事情的運作，你說明這個世界，使人更容易穿行其中。就是這些口才、靈活性、友好性、洞察力、多才多藝和機智的特質幫助你找到自己的召喚。

太陽巨蟹座

雖然仁慈善良並不是只屬於巨蟹座的領域，但它的養成卻是從家庭中最初的親屬關係體驗而來。例如：多行善而不做傷天害理的事、友善、富有同情心、樂於助人的家庭價值觀都是善行的鼓勵，在內心深處也正是這種品格激勵著你。即使家庭的養育過程中並未提供穩定性讓你得到需要的安全感以及體貼，你仍然受到滋養和仁慈善良的吸引。

就像住在潮汐邊的螃蟹，巨蟹座對於海洋的變化和潮汐週期非常敏感，無論命運的起伏波動或浪潮交替，它總是守護著自己的家。這種本能事實，要求你在每日的潮起潮落、潮汐漲退的感覺中找到穩定性，你覺得迫切需要在生命動盪的邊緣找到安全的居所，活在不會被複雜情緒淹沒的世界；你建立一個足夠堅硬的外殼，去包覆你的感受，使你能夠去愛和照顧，卻不會因此傷害到自己柔軟的內心。

當你感到安全及受到保護，你會從外殼爬出來，展現你的愛心、情感、溫暖和善良。你脆弱而溫柔，需要時間才能信任他人、與人熟識；但是當你有安全的依附時，就會打開心扉去關照和滋養他人。你的本能是保護弱勢、庇護無家者以及關照容易受到傷害的人，你這樣回應他人，並細膩配合他人的需要，因為受到這些不幸、危難、覺得受傷或被拒絕的人的困境感動，使你能夠展現你的仁慈和同情。你受到母親原型的強烈影響，其天生本能是去滋養、保護、庇護以及鼓勵那些脆弱的人。

善行始於家庭，這是你的領域，因此，你的生活任務之一就是找到你的家、你的歸屬以及你的血脈，這可能需要一些時間。在此同時，你在許多不同的地方實現家的探索，在其中你為自己的任務帶來溫暖與個性；有愛心、樂於助人、保護、富同情心和溫和是你可以在職涯中發展的特質。

太陽獅子座

經常不變、持久忍耐及溫暖熱情是太陽在獅子座的特點，這是一個固定的火象星座，固定的火象讓人想起一種印象——可以被包容的火的力量，無論是壁爐中熊熊的烈焰或輕柔閃爍的燭火。同樣的，你擁有散發溫暖的能力，當炙熱的情感被調和與集中，你便充滿了個性與魅力，這些火就是你的創造力，你的創造行動是去探索和發現自我。充滿情感、溫柔、熱情好客的你，天生慷慨大方、具有原創性。

忠誠和保護他人是你極大的美德，忠於你所善待的人以及所愛足以證明這一點。在占星學上，獅子座與心臟——身體的中心有關，當你專注於事情的核心時，使你有能力散發溫暖，為自己也為他人。

做爲原型中的父親、榮耀之王或閨軍之后，你經常會發現獅子座的太陽位於中心或權力的所在；雖然你可能會幻想它是一個王位，但它更可能是在教室前面老師的座位、拍戲現場導演的凳子或客戶對面心理醫生的椅子。你的職業是激勵他人成爲眞實的自我、鼓勵創造力和趣味性，就如同你可以同時體現嚴肅專業與頑皮小孩的兩種身分。諷刺的是，你一方面可以尊貴並擁有強大力量，同時也擁有一個強健的內在小孩，以娛樂和輕浮平衡你生活中的嚴肅部分，這就是獅子的內心：知道如何玩、在缺乏幽默感和嘲弄古板中找到樂趣。因此，雖然你可能渴望崇高的地位，但你不想矯揉做作；你天生反對充滿智慧卻缺乏幽默、眞實卻不具機智或沒有誠信的地位。

當你回應他人時，你內心知道，如果你無法忠於自己也就無法忠於他人，你本能地知道，經常性的忠於他人源自於一項艱鉅任務——也就是創造一個與自我的誠實關係。這通常意味著你需要坦承自己的脆弱、眞實的面對你的恐懼、直接說出你的動機；因此，眞誠的榮譽才能讓你大放異彩。你的英雄之旅，始於表露自我，心軟的脆弱行爲更容易眞正地表達出愛，擁有內在之光就是你的禮物，但你的任務是以忠誠和誠實地維持它的光亮。當你的職業包含了創造力、慷慨、喜悅、忠誠、情感、樂趣和樂觀向上的精神，你就會在職業中找到歡喜和滿足。

太陽處女座

在現代占星學中，處女座與日常生活中增進健康的神聖行爲有關，太陽在處女座的你，尊重整體的生活方式，意識到需要調和身、心、靈神聖的三位一體。做爲一種原型，處女座代表了蘊含在每一個靈魂裡的整體性本能，太陽在處女座的你，努力有意識的表現這種天性。這可能表現在你需要維持健康、在日常生活的混亂中達到平衡，它也可能召喚你去增進、改善他人的健康。

在你的日常行事中，你需要有重心感；在繁忙的生活中，家務事的重複性和簡單是穩定及落實你的精神的頌歌，當簡單的工作完成時，你就能夠得到滿足和幸福感。雖然冥想、瑜伽、遛狗或看報紙可能是日常生活中的小確幸，但是其他的例行公事如支付帳單、打掃廚房或拖地板卻令人感到枯燥。但是，你的任務是找到兩者極端之間的融合，如此就會減緩日常生活節奏中的壓力和憂慮，而它也可能導致相反的結果。

因爲注重健康的必要，你需要有條不紊的訂定健康儀式以增進幸福感，非常尊重身體的你，可以用健康飲食和生活方式、規律運動和工作去運用身體的智慧。你能夠集中精力、專注細節、跟隨指示和自覺的參與重複性的工作，這樣的結合使你善於手工藝和精細的工作。工作是例行公事中的重要層面，無論多麼平凡的工作你都可能在專注和細心的任務中找到靈魂。

你天生追求心靈的純粹性，處女座心理上認爲透過辨識、分析和秩序，便可能實現這種追求；因此，你尊重這些特質，並嘗試落實在自己的生活中。辨識的力量可以讓你知道什麼是重要的追求、什麼應該放棄；透過分析以確定什麼可行、什麼不可行，而改善你的世界。井然有序是非常重要的，因爲整潔的環境能使你處於平靜的狀態，這反映出你對秩序和組織的內在需要。你的職業追求包括健康和福祉，無論是自己或他人的，當你爲自律和秩序而努力時，節制、勤勞和服務的特質將支持你的職業成果。

太陽天秤座

平衡、權衡、判斷和反映的特質，是眾所皆知占星學上天秤座的象徵；概括來說，這個天秤即是渴望平衡的經驗。太陽在天秤座的你，透過調解分歧和仲裁糾紛，受到召喚去使對立的兩邊達成和解，你有世界和平的遠見，可免於衝突，難怪你善於調解仲裁。

追求和平的信念深深烙印在你的心中，你和平的內在形象與天生能夠看到人、事善良的一面，召喚你走向外交、社會和關係導向的職業。在你與兄弟姐妹、同學、團體成員和朋友的童年關係中，你可能便已經開始追求和平，天秤座的孩子往往注定要夾在中間、平息攻擊以及安慰受害者。在勝利中，你可能同情失敗的團隊，在挫敗中，你會提高自己的團隊低落的士氣。你有恩典能夠看到過去他人的錯誤、進而讓他們發揮自己的潛能，會善待那些一直攻擊你的人，並支持那些沒有得到鼓勵而沮喪的人。你給弱者信心、鼓勵失敗者、結交不受歡迎的朋友，託天生才能之福，你能夠與敵對的一方包括外來者結盟。

你的和平策略之一是創造一個有吸引力的環境，讓外在風景激發內心的想法和美麗的感覺，藉著創造美麗如畫的環境，你希望未被處理和憤怒的情緒將會平息並重回和平的理性思考，你需要創造一個使你感到平靜的環境，無論是在家庭或是工作場合中。你對和諧、對稱與和平的衝動需要反映在你的職業中，無論是藉由與他人的關係或美化環境。

尊重人性和同理心是每一個人與生俱來的，你欣賞優雅和成熟的事物，你努力營造一個更好的氛圍，不是透過征服和責罰，而是提出一個更好的選擇，對於你來說，這個選擇就是和平，將一切和諧和理解納入。你知道，一個文明的世界始於和諧，因此，你的命運是和平製造者，在你的職業中運用合作、外交、溫和、理想主義、和平和圓滑的特質，你會感到滿意和滿足。

太陽天蠍座

黃道十二宮的第八個星座是最難以理解的，擁有神祕、強大力量的名聲。天蠍在北半球，預告著一年的結束，當死亡穿過農村，並宣告是息耕時候了，因此，這個星座與發酵和腐敗有關。在占星學上，這個領域是人類心靈最深層的一面，在此處，誠信受到試煉，事物以自我剖析的方式鑄造成形。太陽在天蠍座的你，要學會相信自己的直覺，從小就得知道情感的眞假，你的情緒可能會很激烈，你的感情深刻而有力量，這表示在你的生活中，你需要體驗來自四面八方的激情、誠實和親密關係。在職業上，你的情感力量、信念的眞理必須受到尊重。

在天蠍座我們見到自我被隱藏與未被表達的層面、以及我們控制和引導的負面衝動，因此，太陽在天蠍座的你，任務是去召喚心理的力量，用以壓抑你的衝動並且爲不喜歡的感受創造空間。你有感情上的能力去包容這些衝動，並且擁有正直的特質，誠信眞實的行事；因此，你可能會覺得受到吸引，在困境中與人共事、處理危機或幫助他人轉型。你天生的才能是在情感困境與失去中召喚內心的力量，這意味著你不怕承認感情的現實、哀悼已經逝去的情感或是悲傷不可能的事；你在情感上的坦承具有治療和轉化的作用，療癒他人、使他們繼續走過黑暗。你有一個強大的天賦，能夠面對最艱難的眞相，並感受人性中最坦然無愧的那一面。因此，你可能會覺得受到召喚，在你的職業中運用這些特質，無論是成爲醫者、治療師、輔導員或其他所有讓你可以將愛的情結與畢生工作中的正直結合起來的職業。

正直是你的美德，這使你能夠痛苦的誠實面對你所愛的人、曝露自己的弱點、並且面對已經發生的事實。你在情感上勇於面對失望和他人的憤怒，但你也有信任自己的能力，知道當別人讓你失望時，你可以原諒他們。正是這種正直，讓你知道親密關係中的深刻感受和愛的力量，你也知道如何值得被信賴，所以能夠包容他人的恐懼和脆弱。你的正直激發他人的誠實和開放，因此，經由這種公開交流，建立起彼此的信任，到最後你的正直成爲使你可以控制自我和問心無愧的關鍵。當你爲誠實、信任和眞相而努力時，運用你的直覺和足智多謀的才能，可以使你感覺更接近於自我的召喚。

太陽射手座

在射手座我們遇見人類信仰的美德，鼓勵每一個靈魂走過最黑暗的時刻去理解生活的持續性。太陽在射手座的你很幸運擁有這份天賦，你積極進取的精神可以撫慰困頓的靈魂、天生智慧可以引導疲憊的旅客。你在黃道上的使者是一個弓箭手，他箭在弦上，準備向銀河的中心射去，這支弓箭說明你的感知能力，使你能夠看穿問題的核心。太陽在射手座的你是一個實證主義者，渴望盡可能的以最高價值觀和原則行事，你的不斷質疑是爲了教化自己那個被困在渾噩生活中的無知面向，你將你的箭對準一個寧可是未知的遙遠目標，想要避免一切的徒勞無功。無論這個目標是在國外的某個地方或是某種哲學理想，你所追求的是去熟悉並參與這個外來事物，藉以擴大你的生活視野。

宗教和哲學的本能、精神發展以及原始教化的衝動召喚你走向各種不同的文化、信仰、思想和地方，你的任務是去發現這個世界的意義，因此，你追尋形上學問題的解答。天生具有遠見的你，內／外的視野也遠遠超出肉眼所見；直覺取向的你，最好以直覺和感受行事，即便是受到質疑和在統計數據面前，試著去信任你內在感知。因爲信仰的支持，你在積極思考和精神洞察力的力量之中充滿信心，在許多肯定的庇蔭下，即使在最黑暗的時刻，你也永遠是樂觀的。你能夠構想一個更有價值的生活，知道更偉大的存在，爲了想要在生活中尋找更高目標，你需要勇敢的精神和開放的態度。你需要跨越文化去探索並且放下熟悉的安全感去旅行，因此，你深受未知的冒險的鼓勵，無論是親身旅行、發現智慧或教育機會。在職業上，你很適合能夠提供你教育、管理、公開發表或激勵他人的所有領域。

什麼是道德與權利是非常重要的，你活在一套道德標準之下，這激發你去做尊貴、非歧視性、可敬和公正的事。你試圖節制、適度和平衡，以便尋得中庸之道、辨別是非。對於你來說，正確的行爲不是依靠外在道德準則的強制，而是自發性的來自於內在對所有生命的尊重，當你的行爲符合倫理道德，你感覺更接近神聖，因此也更接近你的人生目標。尋找意義和建立自我信仰的能力，使你不至於產生偏見或一味跟從他人的意見，這就是你的使命。但是，你最大的啓蒙之一，是在生命的過程中擁有信仰經驗，當你捍衛某種理由時，你可以面對任何事情。想要找到你的活力和精神並且充滿熱情，你需要努力的追求正義和節制，並對世界保持熱情和樂觀態度，當你與理想、道德和積極的本性爲伴，你會對生活感到滿意。

太陽摩羯座

你可能很早便感覺負有責任感，不只是爲自己，而是爲了你周圍的人和環境。太陽摩羯座的你對於事情的對錯具有強烈意識，就像山羊的目光是在高山，你的巓峰代表著最高的卓越，而一直努力達到自我的最高點。你如此敏銳地意識到什麼應該去做、什麼是錯的，總是努力去做正確的事。雖然你可能會覺得不足或還不夠成功，但事實絕對不是如你所想，隨著時間的發展，你的成功是透過努力工作、奉獻和承諾展現，而時間就是你的盟友。

大部分現在對於摩羯座的描述認爲他們總是按規矩行事，這在某種程度上是事實；然而，最終你想堅持的卻是你自己的規則，但是最後的結果往往是一個差勁的權威人物將整個組織帶到一個不可能成功的方向。你的生命藍圖的主題之一是由笨拙或無能的權威人物如：教師、老闆和經理，甚至是付費的專業人員組合。在大部分的情況下，你都比你的老闆或服務商更了解工作內容而更顯出你的熟練，如果是這樣，你的挑戰就是要成爲自己的老闆，努力追求卓越，而沒有來自共同價值體系的障礙，不過，這需要時間去慢慢摸索。

時間、品質、精益求精、榮譽是你的性格特徵，你保存並包容的價值與責任是你的美德，這說明了你的反應力或是響應能力。換句話說，你需要從內在眞實去支持自我，成爲自己人生劇本的主角或作者，而不是活出別人的人生。摩羯座是智慧老人但也具有青春活力，因爲它有自己的成長時間。

你值得尊敬的特質如承諾、奉獻與毅力能夠幫助你從受限的體系中獲得自主權。無論是對於你自己的事或任何與你共事的人，你天生具有強烈的工作倫理和責任感，因此，你永遠無法從體制中掙脫，但是希望你能夠走出不再支持或認可你的體系。自立對你來說是重要的，但也不僅僅是這樣，因爲你需要對某些事物負責，它可以是一個計畫、一個任務，一個嬰兒，或是一本書，因此，你經常擔任公司的總經理、高爾夫俱樂部的主席、學校的校長或體系中的最高層，但是，你的滿足並非來自於成爲別人的上司，而是做自己的老闆。在了解你的內在權威與個人責任之後，你可以大大的獲得解放，感覺在體系中得到認可。承諾、可靠和尊重傳統是幫助你在職業中大放異彩的特質，你的工作效率、務實和職業道德是引導你的明燈。

太陽水瓶座

在當代占星學中，由於天王星的發現——這顆超越古代七顆行星之外，第一顆被看見的行星，水瓶座的形象已經從古代的對應物之中轉變。由於天王星加入土星成爲水瓶座的現代守護星，它爲黃道水瓶座的領域帶來相等、慷慨、共識和社會平等的集體價值。太陽在水瓶座的你，意識到改革的風向，並希望跟隨所有自由平等的新精神而行，水瓶座的原型本質提醒我們世界和平與機會平等不僅僅是理想，並且是透過人道主義精神可以被實現的人類價值。

水瓶座自由的品德不僅僅是渴望外在環境的整體，也包括獨立的內在經驗，這激勵你去爭取他人的權利和自由，而就是這種精神上的自由，更使你從人群中解放出來做自己的選擇、創造一種非傳統的生活方式、獨立考量狀況、自由評價以及政治上的不正確，所有這些都是你的生活方式和職業上不可或缺的特質。

你被減輕極沉痛、改善生活條件、在危機和災難中即時伸出援手的人道主義吸引；你讚揚建造可信賴的社會及社會責任組織的公共精神，當你擁抱每個人的個別性時，不會在社會建設的過程中減損其獨立性是非常重要的。就是在此社會中你遇到精神上的兄弟姐妹——他們是你的朋友、盟友和同事，這些志趣相投的人們與你分享共同的自由、個性和人類價值的內在精神。對於共同激情和熱情的自由表達是你與朋友和同事的連結，友誼和被接受的經驗，使你擁有如回家的舒適感以及分享生命精神的享受。你需要去體驗屬於一個大家庭的感覺，並且使你的個性在更大的集體中被認可。

你的任務是學習內在自由的價值，不再被驅使去追求別人已經擁有的事物，或感覺需要和別人一樣；你渴望被視爲是團體中一個平等的個人，然而平等並不是擁有和其他人一樣的東西或像其他人一樣，而是去擁抱你個人需求、渴望和品味。獨立於人群之外的自由、拓展你的觀念和欣賞自己的獨特性就是你的使命，在盡一切努力做到公平、心胸寬闊、友好和原創性中，使你擁有更接近正確道路的感覺，就讓你的人道主義成爲你的引導脈搏。

太陽雙魚座

由於雙魚座與精神特質相符，使它擁有各種優點：你所熟悉如憐憫、同情和感恩這些如天使般的特質。雖然你可能因被剝削而生氣，但你還是接受它原本的樣貌，正如聖雄甘地（Mahatma Gandhi）所說的：「寬恕是強者而非弱者的特質」，寬恕是你許多靈魂的體驗之一，所以難怪你受到神祕主義者、治療師和預言家的吸引。

在個人的方式中，你的想像力是可以讓你接觸靈魂並且賦予生活意義的方式。當你缺乏想像力的空間，一切神祕或未知的事都會投射到外界，並開始發生在你的周圍使你產生困惑和混亂；想像它可以讓你的靈魂呼吸，帶你反身去發現自己的神祕和無意識過程，使你重獲生活的意義。你精通於想像的語言，它透過圖像、夢、象徵符號、標示、預兆、神諭、預感和感覺的回應訴說，也可能以精神領域爲媒介獲得。

潛意識境界就是千變萬化的風景，其顏色、色調和感官體驗就是生動的意義，就如同你所知的創造力和靈性的境界，你可能是在畫布、歌曲、行動或在十四行詩中表現的藝術家，或者你可能是一個幫忙照顧、醫治、指導和庇護他人的人。透過創造一種印象和有意義的氛圍，你可以從自我鞭策的平庸人生中解脫去感受、並且被更偉大的事物擁抱，你的想像力就是將你帶到更高境界的齒輪。

失去想像力，你只是一條離開水的魚，生活變得缺乏靈性、沉悶且毫無意義。你必須以同情或創造力去重建生活能力，無論你是透過幫助他人、在本地醫院當志工、在黑暗中跳舞或紀錄你每天的夢境去表達靈魂的韻律，對你來說，非常需要積極的去運用想像力。你極大的天賦是能夠激發你的想像力去掀開幻想的面紗，讓服務他人的慈悲心正當的展露出來。在你的職涯中，憐憫、寬恕、同情和理解的特質有助於你整體性的感受。

月亮：靈魂照顧

月亮是照顧和滋養的原型，而靈魂的關照需要我們注意日常所需，因此，月亮在職業中扮演重要的角色，因爲所謂的成功不僅取決於世俗成就及物質生活，而是我們如何照顧個人的需求及內在生活。

從普遍的角度來看，爲了使我們安於自己的職業感，月亮揭示出什麼需求是很重要的，而月亮星座有助於確定哪些是必要的基本要求，才能夠讓人在工作中滿足靈魂的需求。由於月亮特質是反射性的，它也可以幫助我們考量職業的動力和野心，行星是多層面的，它們也可以象徵某些特定行業，而月亮往往與關懷和培育的職業相關。如果一個人被這些專業吸引，月亮星座則有助於區分什麼樣的照顧專業適合個人的性情，當原型衝動透過職業尋求表現時，行星星座的作用就如同是它的過濾網。

以下是月亮星座在你人生中的一些思考方式：

月亮牡羊座

你需要在職業中獨立與冒險，刺激和挑戰是最基本的要求，因爲有足夠的自由才能做出自己的決定。因此，在靈魂的滿足上，你需要找到自己的信念，勇敢的去追隨自己的道路，保持活躍和身體力行也很重要，因爲努力和動能使你感覺更有活力。你在本能上反應迅速，行動敏捷果斷，能夠掌握關鍵時刻，因此，你很適合在緊急或危險的情況下工作。這些靈巧反應可能使你擅長各種機械、技術和與電有關的行業，如果不是這樣，它們也會支持你自發性地回應所有人生的阻礙或挑戰。

你需要帶動激昂的情緒，因此體力工作或需要神經、腎上腺素、耐力和勇氣的工作非常適合你英雄式投入的需要。職業、包含運動和商業活動，其中的目標、期限以及風險因素，也可以激勵你的駕御精神。然而，在一天結束之後，重要的是你的靈魂能在工作中得到滿足，這需要不斷追求熱情、成爲先鋒，寧爲雞首不爲牛後。如果沒有這種刺激，你可能會覺得無聊，坐立難安、渴望興奮和可能是危險的刺激。

月亮金牛座

在日常生活中，你希望有一個穩定環境讓你能夠處理一切，不會被催促或發生意外狀況。知道什麼是必須要做的事，這點非常重要，有一份工作說明書也很重要，因此對你來說，在工作中有必要滿足這些結構性的需求。無論是一份日常的或重複性的工作，你需要受到重視的感覺，瞭解你正在透過工作提供重要的服務。收入是一個重要的考慮因素，因爲它提供一種必要感受——不只是工作受到肯定，並且可以得到經濟上足夠的安全感，因此，當你覺得該加薪或晉升時，就必須說出來。由於你有長遠規劃，在職場中你需要一步一腳印，你需要有具體的工作成果，並且能夠監控自己的發展。

從小你就本能地受到大自然和被自然美景包圍的滿足吸引，爲了在日常生活中滿足你的靈魂，你需要在所做的事情中確保安全、安於所在、並且包括感官生活。你需要透過職業培養自己，如果你沒有在日常生活中找到安全和快樂，你會發現自己以食物、花錢或其他的樂趣做爲補償。

月亮雙子座

在職業方面，移動性和多樣性都很重要，你很自然地經常同時參與許多工作，並且擁有不可思議的能力應付所有的人，而不會失去動力。快速和靈活的特質使你很容易建立聯繫，當你在移動中或介於兩地之間時，思維最爲靈敏，例如正在過馬路、接聽手機或入睡前，可能就是你最有靈感的時候。因此，能夠靈活彈性的管理時間以及自由溝通對於你的職業是非常重要的。你天生喜歡一連串的工作，在本質上你是一個天生想法豐富的溝通者和信使。

從小你就好奇的到處跑來跑去，樂於探索周圍鄰居的信息，你好奇又愛打聽，總喜歡回家報告你看到了什麼，你具有記者的本能，也可能考慮過成爲新聞工作者、作家、講師、教師或翻譯。雖然你的人生道路可能散漫曲折，但你的靈魂總是需要溝通和交流，你喜歡以自己的方式去學習和理出頭緒，透過你的手可以展現靈魂，讓你天生就是書法、繪畫、彈吉他或鋼琴好手，或可以利用雙手從事醫療。雖然你並不容易表達自己的感情，但是在職業上，你可以透過文字與意象表達出來。

月亮巨蟹座

就如同月亮一樣，你可以意識到自己充滿感情然後又放棄聯繫的這種不斷變化的階段，尤其當你處在一個緊密連結的團體中時，你對於感覺生活的敏銳本質和微妙之處非常敏感。你在環境中回應他人，當他們毫無反應或孤僻內向時，便容易覺得自己受到傷害，因此在你每日工作和例行公事中，情緒上的安全感和穩定是非常重要的。你喜歡的工作環境就像是一個大家庭，並且本能上也可能會嘗試去重建一個家庭環境，意識到自己安全感方面的需求並努力使它能夠得到滿足，或當你在工作中感到不安全時能夠自我保護都是很重要的。在職業方面，同時建立情感與經濟上的安全感非常重要。

早在你意識到自己溫暖的觸覺時，可能會想像自己是一名護士、獸醫、照護者或老師，雖然你的人生可能已經偏離了童年的想像，你仍然需要感覺參與並依附在你的行事中。你的照顧需求大部分可以透過家庭和養育子女得到滿足；但是，如果你沒有選擇這條路，那麼你可能會發現自己受到強調關護的專業吸引。然而，爲了滿足靈魂，你首先需要感覺受到親密朋友的支持，並爲自己提供一個安全窩。

月亮獅子座

你和你所做的事交織在一起，因此，關鍵是要確定你在做什麼。你所從事的事情需要具有創造性，因此你可能會發現自己受到讓你能夠表現、創新，或者產品是出自於你的設計、想法或創意的職業吸引。月亮在獅子座的你有一種天生的存在和激烈與你溫暖的性格相結合，你當然可以照亮一整個房間，提升他人的自我感覺。你充滿熱情與幽默，因此，你的職業重點是需要有足夠的空間讓你展現個性。

當你年紀小時，你渴望表現並且給人正確的印象，在你的心中，你可能就是一個名人，因為你的靈魂被歡慶的生活吸引，為了滿足靈魂，你需要正面和樂觀的心情。辨識和運用個人才華和創意是非常重要的，這在你的職涯中有必要佔有重要的一席之地，即使你是在幫助或服務他人，你的創造力需要透過工作得到認同與驗證。

月亮處女座

你的感受和情緒激發你想要了解健康和幸福的本質，為了滿足靈魂的需要，你需要提供足夠的架構和連貫性，去包容生命中自然的混亂和失序。缺乏秩序或一致性會讓你容易焦慮，擔心會發生什麼事情，你很強烈地意識到什麼可能出錯，你的身體往往承載著這種壓力，必須透過工作和健康養生建立穩定性。這樣的特質召喚你從事於解析生活複雜性的職業，你天生勤勞、工作努力，紀律和精確的特質可以運用在職業上。

年輕時，你渴望去參與他人，去培養、準備並改善現狀。你本能的透過解決問題去服務他人，無論是你的職涯使你進入服務或技術方面，例如治療、修復、勞動或改善的職業，你極需要自己是富有生產力及有助益的，而工作及勞動是讓你感覺充滿效益與意義的方式。

月亮天秤座

爲了能夠在工作場所中有安全感，你的環境必須是平和、整潔有序的，污穢髒亂的環境會影響你的心情和感覺良好的能力。你天生很有禮貌、熱情而親切，但如果是在一個不愉快的氣氛中，你可能會產生粗魯和疏離的反應。因此，爲了滿足靈魂，可以將自己置身於愉悅與平靜的事物中，需要美化並且將東西和諧擺設可能是你的職業特點，無論你實際的選擇成爲一名室內設計師、風水師、專業藝術家、美容師或舞台設計師，你會將你的天生衝動和諧融入你所選擇的職涯中。

你總能辨別差異，是否這就是兩性或他人的行爲方式之間的微妙平衡。你天生傾向去判斷他人，讓你知道自己喜歡什麼，或者不喜歡什麼，這種高度的判斷和衡量情況的本能，在被要求下判斷時，使你有天生能力做出詳細且深思熟慮的評估。但是如果牽涉到情感的因素，要做出選擇卻是不容易的，因此，當與他人密切合作而情緒高漲時，你需要能夠保持距離。對他人有敏銳意識及連結渴望的你，關係自然成爲職涯中的一部分。首先，你自己的個人關係是很重要的，這使你感到安全並且得到認可。這種渴望以夥伴關係或與他人緊密合作的工作方式，可能會反映在緊密的業務合作或是以一對一的方式與客戶合作的關係中。

月亮天蠍座

你需要深刻而非廣泛的連結，你充滿了深刻、強烈和激情的感覺，但往往寧願壓抑感情而不是表達出來。你經常感到自己的情緒過於激烈或以破壞性的方式表達，在多數時候，你更喜歡隱密。然而，當你願意分享你的感受時，它們經常會得到轉化和解放，在這種情況下，你見證了誠實的力量。深刻感覺是自然的，使你敏銳的意識到人類強烈的情感，例如：悲痛和失落；因爲你想要深入問題的衝動，命運往往賦予以關鍵的情況，使你體驗到心靈的轉化力量。

當你還年輕時，你沒有足夠能力充分了解自己的激烈與力量，但是當你需要隱私，透過寫日記、所有隱藏及神祕的興趣、性好奇或親密友誼，可能讓你有此體驗。然而，當你成熟之後，你已經認知到此一需求，信任、正直和誠實是最重要的，使你能夠開放的與他人親近，而個人隱私也是很重要的，這凸顯你需要去信任你的同事與上司。在你的職涯中，權力終究是你會遇到的議題，因爲你的激烈與正直可能會對他人造成威脅。然而，你無法因爲別人的不安全感而克制自己，你需要向下挖掘，即使是與他人產生衝突。你的職涯特性需要情感的眞實與強烈。

月亮射手座

即便你天生就是一個學生，教室卻讓你感到無聊和不安，但在生活大學中，你可以了解其他文化、語言以及激勵你的其它面向，因此，旅行、甚至花一些時間在國外生活以尋求解答都是很自然的。月亮反映出你的家庭，當它落在射手座時，意味著你對於家的定義超越了家族的界線，爲了滿足靈魂，你需要到更遠的地方去冒險和尋找意義。你熱愛自由，無論是處在大自然中、一個寬廣的視野、開放的空間或旅行，參與其他文化或大自然都有助於你培養性情。旅行和學習對你很重要，如果沒有探索，你就無法將知識與經驗結合，徒留下枯燥的理論和觀點取代了智慧。

你可能總是想像去遙遠及富有異國情調的地方旅行，無論是在身體或智力上，你都會感覺渴望冒險的騷動。人類價值、倫理、道德和理想很重要，你需要投入去追求你的信仰，並且推薦給他人。你積極樂觀的天性可以激發他人，並使你走向社會教育及改革之路。

月亮摩羯座

你本能地能夠接受和回應規章制度，因爲你強烈需要認可；因此，至始至終都要做正確的事是你的天生反應。但是，你如何定義什麼是正確的？在成長過程中你所接收到愛與支持的多寡，對於你的安全感有著重要的影響，如果沒有足夠的支持、指導和培育，你可能會被迫需要有強烈的責任感。做正確的事是希望能夠得到從小就不曾得到過的認同，因此，爲了滿足靈魂，定下自己的規則、成爲你需要的權威、滿足自己的野心是很重要的，而不是那些他人替你做的規劃。你必須辛勤工作，因此，生產力是幸福的關鍵。

從小你便可能感覺責任沉重，覺得你的雜務與責任妨礙了你遊戲玩耍，你可能會覺得你已經錯過童年，不過好消息是，當你更爲成熟時，責任便不再那般沉重。可以掌控一切的感覺很重要，因此你能夠在管理及家長的職位中成爲一位指導者而成長茁壯；但是當你缺乏安全感時，可能會產生需要控制他人的反應，因此你的靈魂傾向是需要創造結構與自主性，以支持你的需要。

月亮水瓶座

雖然你天生就是一個人道主義者，你可能經常會在個人及非個人關係的差異中掙扎，寧願保持超然，不願投入情感。你感覺未來比過去更安全，因此對於進步和社會發展具有相當敏銳的理解，你需要參與未來創造，常常被科學、技術或有助於創造時代來臨的選擇吸引，這可能很難讓你產生連繫感或是與情緒、情感或傳統方式產生關係，因爲你的靈魂是在明天而不是昨天。你是獨一無二的，需要在你的所做所爲中展現你的個性。在職業上，獨立、不刻板及沒有等級制度是很重要的，這可能會使你去尋找屬於自己的激進族群，能夠以更加平等和自我肯定的方式工作。

當你年輕時，你可能會因爲與他人不同而顯得突出，你的午餐盒中有不同的食物或是喜歡不同風格而使你在團體中被邊緣化；最終，你能找到自己的朋友，他可能也是一個獨特的人。當你成熟之後，你需要表現出個性與差異，因爲這是你的性格的一個重要特徵，你對於獨特與新時代的才能需要受到認可，個人主義加上社會互動及智力刺激是很重要的，爲了滿足靈魂，你需要被人類的精神打動並且爲理想而奮鬥，這就是你本身的一部分。你無疑需要一個漸進的、創造性和前瞻性的職業，在其過程中創造未來的計畫。

月亮雙魚座

你天生能與周圍環境融合在一起，因此，你的心情強烈的受到周圍氣氛影響。一方面，你擁有敏感、切合環境、直覺，甚至是預言的天賦；但另一方面，你可能會爲了劃出適當界線而感到掙扎，很難放下感情上的不滿足或是對於自己的需求難以啓齒。你可能很難清楚界定，因爲你的情緒跟隨外在而轉變，爲了滿足靈魂，你需要意識到成爲他人媒介的此一傾向，去選擇你要何時及如何展現這個天賦。服務的渴望是很重要的，因此，你可能會覺得有必要爲某一種服務或事業去奉獻自我，而你需要確認這是你自己而非他人需要你做的事。

小時候你的周遭便充滿驚奇，你從小便已經知道自己想像、創造、夢想及想像的能力。當你成熟之後，想要辨別想像與幻覺的細微差別還是充滿挑戰，但爲了滋養靈魂，你仍然需要連結另一個夢想與想像的世界。在職業上，這意味著你能夠吸取、然後給予工作靈感及內容的東西遠遠超過於你自己；在日常生活中，你需要的是去連結重視想像力及人類理想的夢想世界。希望你的創意、直覺、藝術氣質可以透過職業找到出口，如果沒有的話，你需要找到一個可以接觸想像力的地方。

上升：靈魂舵手

做爲星盤四個軸點之一的上升，在一個人的生命過程與方向中扮演相當重要的角色。上升面對世界，最先被外界看見，它被認爲是呼吸、生命、出生與精神，以及引領我們回到生命力量開端的所有稱呼。在星盤中，出生通常等於上升，因爲東方地平線就是行星升起眞正被看見的地方，雖然生命早在出生之前便已存在，但出生則標示著生命的開始。出生確認我們的分離、獨立和個性，它標示著神聖與世俗世界之間的過渡。同樣的，**上升承載著個人的自我面向，我們迎向生命和引導靈魂能量的方式，它代表我們搭乘的車輛特性，通常是別人看到我們的第一個外在特質**。因此，個人行星與我們的上升有接觸的人，通常會立即回應我們。

上升的星座、星座守護星和軸點行星傳達了出生時的氣氛，包含當時的家庭狀況。在占星學上，上升可以揭示許多事物，包括出生前後的狀況，以及我們如何本能的面對世界。

在地平線上的行星，特別是合相上升的行星不僅象徵出生時的狀況，而是在每一次的轉變或新的開始如何重新喚回這股能量。經由上升引導而注入第一宮的生命力，說明我們早期的環境和能夠被引導、專注發展的能量以及逐漸發展的個性。我們第一個環境就是我們的身體，它傳達、表現自我，上升代表生命活力如何被引導以及身體如何引導能量。

霍華・薩司波塔斯（Howard Sasportas）認爲出生及早期家庭

經驗與上升有關，他形容上升是我們如何「孵化」[18]，換句話說，就是我們如何打開自己的殼，融入世界。上升的行星可能會告訴你出生故事或家庭故事[19]，但是它也是在每一個生命的轉折時，被喚起的主題，因為當我們與外界接觸時，是經由這個原型鏡頭不斷地向外看。因此，知道我們出生的故事，圍繞著它的感情、報告、意象和軼事是非常具有啓發性的，它往往揭示我們早期個性的樣子，以及我們往後的生活方式。

上升星座象徵著外在性格，它的養成往往是做為一種隱藏自我的方式，它是你投射到外界的樣子，給別人的最初印象。在古典占星學中，往往以上升星座描述身體外形。然而這個星座更是代表幫助個人走入生命的特質，而與上升產生相位的行星同時也調整著個人的表現。比喻來說，**我們可將太陽當成故事的主角、本質的自我；月亮則是生命與靈魂的內心感受；然後上升可以比喻為該角色一生所選擇的重要過程**。

對於古代占星師來說，上升守護星是星盤中最重要的行星之一，在占星學的職業分析中也肯定其重要性，因為它賦予個人目的與方向。它也代表引導生命過程的事物，並且幫助駕馭其行動方向。上升守護星描述一個督導職業生涯的重要性格，它的星座則描述這股能量的特質，它的宮位設下主題與議題，而它的相位則將調整這個原型。

---

18 霍華・薩司波塔斯（Howard Sasportas）：*The Stages of Childhood, from The Development of the Personality* by Liz Greene and Howard Sasportas, Samuel Weiser, Inc. (York Beach, ME: 1987), 32

19 例如：冥王星可能是分娩時生死攸關的感覺或家庭中周產期的死亡與出生同時發生；海王星可能象徵著分娩時的不確定性及併發症，以及即將出生時感覺失去的迷惘與困惑；天王星揭示了即將出生時意外的切斷分離，或是一種突然的進入及分離感。土星上升可能暗示一個時間長而困難的分娩，而凱龍星在地平線上則表示著陌生感、出生的創傷或是與母親的分離。

我們會在後面的章節再次檢視上升，以下讓我們先討論七顆傳統的上升守護星以及它們賦予職業生涯的特質。每顆守護星對於每個人來說都是獨一無二的，因爲它落在不同星座與宮位並且有不同的相位，但其潛在的本質是一樣的。以下是七顆傳統上升星座守護星或是傳統占星學上所謂的盤主星。

太陽（上升獅子座）

當太陽是上升守護星時，個性、活力、自信和自信的神態是幫助職業發展的重要特徵。太陽以樂觀態度以及創意和表演天賦，引導個人走向展現自我及獨創性的職業生涯。

月亮（上升巨蟹座）

月亮上升者的個性對其周遭的氛圍以及如何與環境互動具有高度敏感性，月亮處於掌舵的位置，描述了保護本能如何用來掩飾個性；然而，它也同時指出滋養、維護和照顧的本能將會在職涯中脫穎而出。

水星（上升雙子座及處女座）

當水星守護上升時，變動的天性掌控其控制面板，多樣性、好奇心、靈巧機敏和可變性是人生道路上的標誌。當上升是雙子座，水星引導個人更傾向於指導、思想傳播或溝通的方向。做爲處女座的守護星，水星更爲謹慎，而其職業生涯可能更傾向於紀錄、服務和分析或包含細節和精確的技術。

金星（上升金牛座及天秤座）

金星與價值相關，並且以可以提供價值感與自尊的職業爲目標，無論在身體、經濟或心理上。當金星主導上升，無論是在感官或精神上，它引導我們的個性朝價值的方向發展，上升金牛座可能傾向於身體及樸實之美的欣賞；而做爲天秤座的守護星則傾向於聖潔思想和精緻藝術的美化。

火星（上升牡羊座及天蠍座）

當火星駕馭上升時，生命歷程指向一條創新與獨立之路，在職業的探索上，當個人想要花精力去辨別分明時，難免會產生衝突和挑戰。上升牡羊座的職涯具有魄力和開拓性；上升天蠍座的火星則更傾向於調查和神祕，也就是表面之下的事物。

木星（上升雙魚座及射手座）

木星傾向於理解和智慧，當它掌管上升時，透過教育、旅行、文化意識、哲理、精神或其他形式的擴張，、領導個人走上一條寬廣的道路。木星的道路超越了熟悉的地平線，朝向教育、知識、旅行和文化的新發現延伸。做爲雙魚座的守護星，職業生涯展露出個人的創造力、精神和悲憫。

土星（上升水瓶座及摩羯座）

土星做爲上升的引導，它的影響力使個人性格更穩定的關注人生方向。土星賦予個性傳統、時機、能力和職業道德的意識，這些可以經由生活歷練發展，盡可能創造一個令人滿意的職業。當上升落在摩羯座時，可靠、組織、自治和完善的特質，可以成爲職業生涯幫手；當水瓶座落在東方的地平線，用來改革解放和發展的先進技能成爲有益的資產。

福點：生命的財富與幸運
——太陽、月亮、上升的鍊金術

在占星學上，太陽、月亮和上升的位置可組合爲一點，稱之爲「福點」（Part of Fortune），儘管「福」意味著金錢與財富，同時也是指機會或運氣，而這個詞也是命運或宿命的代名詞，將所有這些想法加總在一起，其中蘊含著個人財富特質與分享的線索。

最早的占星學權威之一托勒密（Ptolemy）認爲，福點起初是校對財運狀況，他只認可了其中一種計算方式，但其他古希臘和中世紀的占星師則認爲根據個人是在白天或晚上出生而有不同算法，日夜的區分對於古代占星師是有意義的，他們根據日間或夜間出生而將行星加以區分。

雖然福點在現代的慣例中被視爲是星盤中一個數學的衍生點，在古代，它普遍被認爲是一個幾何概念。古人會測量太陽到月球順時針的距離，然後再從上升按順時針方向以相等的距離找到福

點，而不是運用公式計算，其數學公式是：上升 + 月亮 - 太陽。對於一個夜晚出生的人，古人會測量月亮到太陽順時針的距離，然後從上升按順時針方向以相等距離找到福點，其數學公式是上升 + 太陽 - 月亮。就像日之尊是太陽升起，而夜之尊是與月亮一起升起。

由於月相或日／月的距離是從上升測量，福點落在星盤上的宮位是根據個人出生時的月相而定，因此福點與月相的緊密關聯具體如下：

月相	日／月的分距	福點約略宮位 日間出生	福點約略宮位 夜間出生
新月	0°－45°	第 1 宮或第 2 宮	第 11 宮或第 12 宮
盈月	45°－90°	第 2 宮或第 3 宮	第 10 宮或第 11 宮
上弦月	90°－135°	第 4 宮或第 5 宮	第 8 宮或第 9 宮
盈凸月	135°－180°	第 5 宮或第 6 宮	第 7 宮或第 8 宮
滿月	180°－225°	第 7 宮或第 8 宮	第 5 宮或第 6 宮
虧凸月	225°－270°	第 8 宮或第 9 宮	第 4 宮或第 5 宮
下弦月	270°－315°	第 10 宮或第 11 宮	第 2 宮或第 3 宮
殘月	315°－0°（360°）	第 11 宮或第 12 宮	第 1 宮或第 2 宮
日生福點公式	上升＋月亮－太陽		
夜生福點公式	上升＋太陽－月亮		

無論是古代還是現代，福點是由星盤上三個最具意義的象徵：太陽、月亮和上升組成，黃道上的這一點代表占星特質的組合，它塑造我們的幸運象徵。福點由兩個發光體與上升構成，是身體、靈魂與精神的象徵組合，難怪古人高度重視星盤上的這一點，它代表著生活中個人獨立意志與行動下偶然得到的幸運和幸福。

由於上升代表你的身體外在、個性特色與活力指數，它是健康與財富方面重要的幸福標竿；太陽代表生命力、健康的心靈與心臟；而月亮象徵的是安全保證的情感、精神面向。由於這三者的神奇力量創造了福點，它後來被當成是幸福、快樂、聯繫、安全以及優勢的形象，且被認爲是興旺、富足之意，這種能力由你周圍環境支持，並能夠獲得它所帶來的豐富資源。

福點也被稱爲「幸運點」（Lot of Fortune），古希臘有許多關於命運的概念，它們是命運或是生活中被支配的一部分；命運的希臘文是「莫伊拉」（moira）而摩伊賴（Moirai）是編織命運的三女神，她們評估、分配和切割一個人的生命絲線。有了這一點，古代占星師認爲，由太陽、月亮和上升三條絲線所一起編織而成的織錦可能是幸運的。

星盤中的福點做爲當代文本中的古代象徵符號，我們可能會將它當成是興盛富足的隱喻，或在那一點我們可能與潛在的幸運結合。然而，幸運不僅與財富也與機會有關，因此我們必須運用並且參考本性中的這一方面，盡量增加生活中的機會，並且選擇正確的神祇或原型模式是必要的。福點的星座位置將增強天生幸運的特質，而其宮位將指出我們專心投入的重要領域，將增加生活遊戲中的機會。孔子聖言：when prosperity comes, not use all of it，也許是在提醒人們，命運之輪不停轉動，而盛衰無常。

福點並不一定是指字面上的財務或財富，而是能夠藉由機會和條件獲得。做爲一種隱喻，這個位置就是你可能會找到幸福、感到慶幸或被祝福甚至是幸運的地方。在某種程度上，福點就像是我們命裡的運氣，讓我們思考要如何才能夠盡量提高中獎機會（象徵性的甚至是字面上的意義）。在職業分析中，這種方式是一個有趣的考量重點。

以下是福點落在每一個宮位的描述，其位置也會受到行星相位的調整以及其他影響，但這是思考福點的一個好開端。如果你是在夜間出生，太陽在地平線之下，從傳統來看，公式會有所不同。藉由你與幸運產生關聯的方式與地方、以及如何以命運之輪編造最大的機會，去反思福點在你星盤中的配置。

第一宮

你的許多財富是來自於個人的努力、獨創性以及特殊性，你的獨特個性帶來回報，你愈是在激烈的人生戰場上擴張自己，生活將回饋於你更多的可能性。你必須投入生活、鼓起勇氣去追求自己的夢想，因爲就是這種探索精神，引導你走向自己的命運。因此，也就是在鮮明性格、個人特色和自給自足的發展過程中，你開創自己的運氣；你的主動性、自決、能夠聽取別人意見但不依賴使你能夠創造機會。

如果你是白天出生，新月週期才剛剛展開，你的自發、積極和自然性是神賦予你的；如果你是在夜間出生的，月相爲殘月，也就是在月相的最後週期，能夠賦予你未來的洞察、直覺和感知的性格。無論你何時出生，月亮都是黑暗的，因此充滿創造性本能的衝動，渴望以個性表現出來。你的運氣具有個人印記，當你覺得能夠自由地追求自己的人生時，運氣會更好，你幸運地成爲這種擁有獨立生活方式、積極生活而有所回饋的人。

第二宮

在金錢方面，你有天生的運氣，但需要注意的是第二宮的基本精神中將金錢等同於價值是非常重要的。有一個重要問題是：「什麼東西對你來說是重要的？」在物質層面上，你善於評價什麼是有價值的、找到物超所值的東西、殺到最好的價錢、提高資產的淨值，估計東西的成本；但在心理層面上，金錢反映你的自尊、你的價值多寡。爲了確保你的幸運，你必須知道你重視和欣賞的是什麼、喜歡的是什麼以及如何支持你的價值感。在某種程度上，你就等同於你所擁有的事物。因此，在花錢之前最好認清你是誰，珍惜的是什麼。你有極大的天生優勢，在金錢方面是幸運的，然而尊重自己的價值，才會增加你的幸運與財富。

第二宮也被稱爲物質宮位，福點在此實質性的爲你的命運畫下一個重點。金錢做爲確保未來、滿足舒適和安全感的需求方面是重要的，當你投資你所重視、欣賞以及你所喜愛的事物，你會發現你的淨值在增長；當你將這種價值和重視感帶入生活重心中，你將幸運地擁有財富。毫無疑問，金錢是你個人努力獲得的，但成功的祕密似乎在於當你改善你的自我價值感和珍惜你的資產時，命運之輪將轉向你這邊。

第三宮

由於第三宮裡擁有各種房間，你的眼前有許多幸運機會，你能夠在家庭中建立連結與聯繫，擴展社交圈有助於建立對你有利的關係。當你規劃、並且展開你的想法和計畫時，你的兄弟姐妹和學校裡的朋友都可能可以在一旁支持你，你的幸運在於追求經濟穩固的過程中、親密朋友、同事或鄰居也可以對你伸出援手。你從親密關係中受益，並在你的周圍環境中積極參與他人。

然而，在你成功的路上最好的資產之一是你能夠考量、獲取與趨勢有關的資訊及訊息，在管理事務時保持清醒的頭腦。多種工作和忙碌是有益的，但是最幸運的是你思慮清晰仔細的本事，你可以在溝通、信息、交通運輸、新聞、教學和輔導領域中成功，例如當你能夠連繫、互動和連結網絡時便能夠游刃有餘。你的命運之輪正與空中的許多球一起轉動，許多計畫正在進行，當你行動、暢所欲言、產生聯繫時，可以增加你的機會。財運上就是保持金錢的流動，因爲這是你爲未來財富播種的方式。

第四宮

由於第四宮代表原生家庭，你的幸運之鑰安置在家庭的根基中，財富可能來自於父母，但不必然是以金錢或物質資產形式，而可能是情感上或心理上的繼承。你對於富裕的態度爲何？這又如何受到父母的財務經驗所影響？是否它強調物質財產、或看重家和家庭的感受經驗、歸屬感以及住家的天賦？你內心的安全感可以是建立財富的平台，這可能是當你在對的地方擁有安居的感覺時，就能夠開始累積你的財富，而家族歷史及深刻的安全感確保運氣之輪的轉向。

當福點位於家庭或家的領域時，它們可能會成爲你的資本之源；然而，你也可能有房地產及土地、物業投資收益的訣竅，或者這可能建議你透過家族企業或家庭投資獲益。這象徵性的指出你的財富與落實安居的感覺交織在一起，使你感覺到自己的根基牢牢地被種植在家鄉的土地上。有了堅實基礎，你的家庭樹可以枝繁葉茂，你的獨特分支可以成功開展。

第五宮

發展你的創意和創造性天賦有助於累積財富，傳統上，這可能被解讀爲是透過孩子、也許是針對兒童需求的計畫或行業而獲益，或者更簡單地說，它可能是指爲人父母或重新體驗童年的歡樂。在情感上，我們可能會認爲這是來自於創意，並開創新想法、計畫和行動的喜悅，透過孩子的眼睛去實現人生，受天眞護佑、受可能性鼓舞都是值得的。雖然挫折是過程的一部分，但你不以失望和幻滅感干擾你的創造力而最終得到勝利。當你睜大眼睛直視生活，並且爲這結果感到愉快時就會得到幸運，就像你第一次打開幸運餅乾而發現裡面的財富一樣，這並非盲目樂觀而是對於正面結果有更深層的認識。許多幸運蘊藏在你的靈感、熱情和創意天賦的內在。

當我們進入第五宮，我們便進入了綜合劇場、遊樂場、運動和休閒中心、賭場或離奇有趣的旅店，也許在這些領域裡面你發現了你的財富，但更可能的是，當你花時間去遊玩或是覺得有趣時你會得到幸運和恩典的感覺。這不是運氣帶給你的財富，而是你堅持正面積極、你的創造投入和你的生活態度賦予的，命運將以創造機會和風險回報你的慷慨寬容。

第六宮

當你能夠以你的工作爲成就，以你的健康感到快樂時，你就是幸運的，因爲福點在此，以上都是主要關注，當這些都被滿足時，你自然會覺得富有。在傳統意義上，這個位置指出收益將來自於工作，或是來自於你所參與的合作計畫，然而努力工作的回報並不全是工資或工作獎金，而是全心全意的專注與投入。你被賦予的就是你的服務，透過你完善和精確的工作能力而得到晉升機會，你最好的資產是自律，能夠遵循計劃和管理生活細節。成功源自你對於細節的注意和日常生活的管理，你在這種一致性和生活的連續性中找到財富。

這個宮位也關注健康和保健，因此，你從適當飲食、運動和放鬆、以照顧自己而獲益。當你身體健康舒適你便覺得自己像是百萬富翁，這說明「健康就是財富」的意義。隨著這個重點，你可能會發現自己被健康、安樂的領域吸引，在此領域所花的時間是非常值得的。第六宮還與服務有關，但在本質上更是服務自己，這一點很重要，當你找到維持健康以及盡可能放鬆壓力的最好方式，你就會找到幸福。你的投資是在日常生活中，因此，你認爲有價值的及重視的事物將爲你謀福利。

第七宮

透過與他人的關係，你能夠找到更多生活的意義和目的，他人有助於你開啓值得展開的計畫，讓你接觸到不同有益的方式與價值觀。傳統上，這個位置說明來自婚姻和夥伴關係的獲益；在本質上，只要是合約協議、口頭承諾或平等交流，你都是處於從關係中獲益的位置。這是你在關係中的潛力，但你需要明智地選擇誰是你命運之輪上的夥伴，當你的夥伴能撐起一片天，你就會得到支持與鼓勵，而可以看到自己的重要性與價值的體現。在隱喻上，你的幸運不是指金錢，而是諸如共享、平等、對話、爭論、同情、關懷和愛的關係過程中，所帶來愉悅和財富。

如果你是白天、也就是剛剛滿月之後出生，這表示他人能夠照亮你前面的道路、與你的目標和抱負合作；如果你是在夜間、也就是即將滿月之前出生，透過你的開放以及對於他人的回應，你能夠開發方法與途徑，成為資源豐富的人。由於他人在你的財富道路上是很關鍵的，因此發展溝通技能、妥協的藝術，以及閱人的能力是非常重要的。此外，知道如何及何時必須站起來為自己的權利及份額發聲也是至關重要的，因為財富來自於平等以及透明、開放的關係，即使這種關係不再存在。在職業上，你有機會從許多與他人合作的行業和職業中獲益，而當你處於平等、忠誠、均衡的合作關係中，你才能夠找到自己的財富。

第八宮

你可能需要深入表面之下去找出方法以解開與財富有關的這條線索。從字面上看，這可能意味著看不見的資源，但由於這裡也是與別人交換金錢的地方，因此是透過誠實與清楚的合約協議、健全的財務管理和可靠的合作夥伴而獲益。從隱喻上來說，財富是你的內在與私人生活中的完整性。這裡是繼承的自然宮位，而一般的繼承說明了事情已經結束或某人已經死亡，當你的幸運點落在此處，並不總是意味著金錢的遺產，但它確實意味著經由他人轉手、遺留或遺贈而獲益。當你瞭解結束意味著重生的隱藏祕密時，你便擁有財富，雖然結局可能是悲傷的，但你透過更新、改造、轉化他人所留給你的東西，絕對可以由中獲益。

第八宮是你與別人交換資源的地方，福點落在此處時，在簡單而值得信賴的合作夥伴關係中，你能夠從中獲益。有了誠實與信任，關係就會就開花結果，即便最後關係結束了，若是以坦誠的方式結束，也會有所收穫。同樣的，它可能不是金錢而是情感上的收獲，透過眞誠和眞實的交流所得到的深層治療，你能夠深刻挖掘出使你感到富足的資源。由於這個宮位代表他人的金錢，最好是反省你需要多少債務才能使你富裕，你透過借貸資金以支持你的事業、家庭或有價值的投資而獲益，但不是獲得金錢，而是心理上的安全感。雖然你可能並不期待，但你將繼承遺贈並從中獲益。

第九宮

這種跨文化的特質說明你對於意義的追求將是充實而值得的，從生活中出走能獲得財富，也就是透過改變人生的旅行、激勵人心的引導或教育性的冒險找到生活的財富；雖然它們可能無法獲利或販售，但卻是充滿熱情的，並在這種充滿深刻情感的生活中找到你的財富。雖然你可能無法在傳統宗教中找到價值，卻可以透過你的靈性而感到富足，你明白馬可福音第 8 章 36 節精心引述的一段話：「一個人獲得全世界卻失去了他的靈魂，又有何益？」你探索外在與內在、通過那些異國風景以及心靈風景的旅程而獲益，延伸你的見解、開拓你的視野以及包容歧見將會帶來財富。

富足就在你的信念中，它愈是嚴格與偏頗，你便愈覺得窮困，因此，你的財富在於豁達理念和態度。從字面上來說，你善於從事具有開拓性的計畫、對外發展、跨文化的任務或是努力跨越熟悉領域和僵固傳統的所有職業。但你最幸運的資產是你相信可能性，並願意追求自己的理想和夢想；你對消極感到沮喪，受到可能性的正面肯定鼓舞。因此，明智的做法是透過擁抱成功的理念和接受富有想像力的任務，去投資自己的視野和潛力。

第十宮

找到你在世上的角色和位置對你大有助益，當你覺得你需要完成一份工作、扮演一個角色或是達成一個目標，你就是幸運的。你從有野心、有計劃，專注於往上爬而獲益，但成功對你而言，並不總是掌握方向，而是在於那些有助於塑造性格的挑戰和責任。獲得生活的自主性和控制感對於你的成就是很重要的，雖然商場上的成功、金錢和聲譽也很重要，而商業本質除了金錢之外還有許多目標，當你能夠對金錢的進帳感到滿意，並對於生活的其他回報有成就感，對你而言就是幸運。

成爲一個領導者也是你成功的要件，無論是在你的事業或個人生活中，當你站在培育和指導他人的角色時，你就處於優勢；當你被授與最高權位，對你來說就是恩典。在生活中你經常扮演一個需要承擔責任的角色，甚至在你年輕時便是如此，因此，你對責任的態度是你成功的關鍵。接受這種運作成爲你生活中幸運的一部分，而不是對你的照顧義務感到憤恨不平，此過程中便自然會帶來機會。你對生活以及其挑戰的態度是成功的要件，因爲成功總是有其回報與責任。

第十一宮

這個象徵指出你已經處於幸運的位置，圍繞著你的是家庭的朋友、同學和隊友、同事和合作對象，他們都可能是打開成功大門的鑰匙，也許你需要更善加利用你所在的位置去收穫。你的網絡、團體和組織，就是適合你去尋求連結的地方，可以幫助你邁向成功的下一步，透過你的同事或朋友，你可能找到一個想參與的新管道或是計畫，因此，在你周圍——你的社群、你的社交圈，你的團體中都有致富的機會。同樣的，這可能並不僅僅是指投資機會、經濟收益或物質的增加，而是你找到一個有歸屬感的社群，以及有家的感覺的地方，有了這種歸屬感，可使你站在幸運感的更有利位置。由於這個配置強調社會層面，你適合於人道主義的計畫，無論你的社會工作是支薪或志工，你的貢獻會以不同方式得到回報，雖然可能不會得到很多金錢，但情感上的收獲以及集體的成就會使你得到幸福感。

第十一宮就是科學實驗室、電腦工程師和科技公司的所在，這個空間充滿冒險、探索性和未來取向，所以當你走進這任何一種領域中，你便可能立於一個更好的位置。機會存在於改革和變化的領域，這個宮位也是民主與需要被傾聽的人民之聲，當你爲人類和動物的權利、平等和自由投入於更大的公共事業中，你會發現自己處於幸運的位置。加入志同道合、更開闊的社交圈，可以分享你的精神、支持你的願景。

第十二宮

你在別人不易看到的那些層面中是幸運的，你的資源來源不那麼明顯可知，但它就在那裡，在靈魂最深處根深蒂固的沉錨，在沉思的安靜或孤獨時刻，當你發現一個支撐並支持著你的內在保留，但也是在這些時刻，你收到啓示和引導，使你步上成功的正軌。你的命運可能是以非傳統的方式去創造財富，以一種精神、創造性或神聖方式，透過祖先的遺產或透過你的奉獻去展現你的深刻信仰。在傳統上這可能說明難以獲得財富，因此，帶來好運的是你對於靈性層次的深刻信仰，你接受命運因而更感到富足。

如果你是在夜間出生，新月週期才剛剛開始，你的自發性、純眞和自然非常有助於激發你的創造力和想像力；如果你是白天出生的，月相是殘月，也就是在月相循環的最後階段，這賦予你對未來的洞察力、直覺和感知。在你出生時，月亮是黑暗的，但也就是在這種黑暗中，你找到寶藏，無論是透過一個夢想、一種強烈感覺或預感。由於你的財富深植於靈魂中，你的眞正價值是無法計量的，就像你如何評估堅定的信念和持久的信仰？

Chapter 5
職業命運

月亮交點

在天文學上，交點是指一個軌道與它的參考平面交錯的兩個點，換言之，就是一個行星軌道平面與黃道交錯的地方。因此，月亮交點是指月亮繞行地球的軌道與太陽黃道路徑的兩個交叉點，稱之爲「交點」（nodes），黃道上的這兩個位置是天地相合點，也就是我們精神目的與俗世職業的交匯處。

所有的行星都有交點，在當代占星學中，月亮交點在了解整體星盤上已經是眾所接受的要素，大多數的占星師都已經將星盤上的交點軸線納爲考量，不過卻有各式各樣眾多的描述。北交點也被稱之爲「龍之頭」或是吠陀占星術（Vedic astrology）中的「羅睺」（Rahu）；南交點稱之爲「龍之尾」或「計都」（Ketu）。交點一詞取自於拉丁文的 nodus，或是「結」，它是一個多層次的象徵，當一個打結的細繩形成一個環，它可以象徵一個圍場、封閉的電力迴路、心理容器或煉金的蒸餾淨化器，這個結透過其捆綁與連接也與魔術有關，這個在天上相交錯的結點、天地融合處，可指出人神之間的複雜交織。

交點也存在著其他定義，在英文中我們發現有趣的分類可以幫助我們了解占星交點的錯綜複雜。每個定義在其複雜含義中閃露不同的光線，例如一個交點對植物是來說是莖上面的接點或是節，是枝葉、芽生長的地方；同樣的，交點軸線上含有新生命的潛力，從體系中冒出，交點軸線指出過去與未來之間可能和解的地方，並且在此處，出現新的生機。

交點是曲線穿過自身的一點，交點是星盤上的一個位置，在這個偉大平面上，精神和物質相交成爲心靈生活的內涵。每個交點或結節都裝載著生命能量：**南交點積累過去經驗的智慧；而北交點蘊含著潛在生長的種子，這兩個交點都與命運緊密相連，是職涯的顯著標記**。交點也意指故事或戲劇的情節，星盤上的交點軸線象徵著人生中逐漸展開的心靈戲劇；在家庭治療中，交點指出家庭生命週期的決定性時刻或關鍵時刻。而月亮交點也畫出重要的 19 年生命循環階段，也就是在 18 到 19 年第一次月亮交點回歸時，個人可能會首次聽見自己的職業召喚。

交點的神聖幾何學

月交點週期是 18 到 19 年之間，或更精確地說是 18.6 年，它的週期循環逆行於黃道，其方向與行星的移動相反，這凸顯出月交點與行星原型截然不同的本質。月交點的循環還有一個有趣的和諧定律，凸顯出我們人生 18-19 年的循環週期：

月交點平均運行黃道一周：18-19 年（交點年）
月交點平均通過一個星座：18-19 月（交點月）
月交點平均逆行黃道一度：18-19 日（交點日）
月交點平均一年逆行黃道：18-19 度

月交點與太陽和月亮密切相關[20]，有趣的是塔羅牌中的月亮和太陽也是編號 18 和 19，每張卡片在愚人的原型之旅中由大阿爾克牌（Major Arcana cards）所描繪的 22 個啓蒙，都代表了一個重要的恢復順序[21]。

在大多數的星歷中，月亮交點以平均交點（Mean Node）或實際交點（True Node）編列，許多星歷表將兩者同時列出。平均交點是平均每日交點的移動，是傳統占星師在電腦精確測量交點位置之前使用，因此，許多老占星師和教科書僅指這個交點位置，平均交點以平均每天 3.2 分規律的逆行於黃道。

實際交點是確實的天文位置，它是在 20 世紀最後的 25 年開始出現在星曆上，實際交點在它逆行的周期中會轉爲順行，並以不規律的方式運行於黃道上。它在每 4-5 個月中的 2-3 個月會達到穩定狀態，去強調黃道上的特別度數，追蹤它在黃道上的軌跡，實際北交點蛇行通過星座，符合其龍的象徵[22]，實際北交點會有 2-3 個月的時間去凸顯交點行運中黃道上的某些度數。

那麼問題是，我應該使用哪一種交點方式？我將它們以此區別：在從圓滿的生命週期觀點來看，當它的移動是在說明交點的循環模式時，我會使用平均交點；但是在解讀星盤或特別行運時，我會用實際交點。在某些情況下，當平均交點在轉換星座時，實際交

20 這些時期也與默冬週期（Metonic cycles）和沙羅週期（Saros cycles）重複。莫頓週期爲 19 年，新月重覆出現；沙羅週期是 18 年又 10-11 天，該週期是用於預測每 18 年又 10-11 天出現同組序列的日蝕。日蝕的沙羅序列一共約有 19 組序列，其中 19 個從北交點生成，19 個從南交點生成，每個週期都涉及太陽、月球和地球與月交點軸線緊密的會合運動，並且含有一種數學的和諧定律。

21 參閱 Brian Clark, The Fool with a Thousand Faces, www.astrosynthesis.com.au/articles.

22 實際交點以曲折的方式通過黃道，它會逆向滑行於黃道約四個月，然後在幾乎相同的度數上達到平穩狀態約 2-3 個月，然後再逆向滑行重複同樣的動作，類似蛇的移動。因此，實際交點比平均交點更凸顯黃道上的某些度數。

點實際上可能是在相鄰的另一個星座。

與龍交會

現代所知的月亮交點受到丹恩・魯依爾（Dane Rudhyar）的極大影響[23]，他提出交點軸線是一種命運和個性化，這表示南交點是過去的工作，北交點是必須完成的工作，這將月交點和職業生涯緊密結合。早期的希臘占星師有提到月亮交點，但他們尚未將它稱之爲龍的首尾，直至西元 4 世紀[24]。

大多數西方神話中都有一個英雄與龍戰鬥的主題，然而，在乳海翻騰（Churning of the Milk-Ocean）的吠陀神話[25]中，詳述其龍蛇瓦蘇奇（Vasuki）如何與被之稱爲羅睺與計都這黃道上的點相關聯。在吠陀占星術中，羅睺和計都受到崇拜一如行星。神話也解釋日蝕現象，根據傳說，羅睺和計都會埋伏在黃道，當太陽和月亮膽敢太過接近時吞下它們，它們對於太陽和月亮感到憤怒，因爲太陽和月亮是其衰敗的禍首[26]。交點並非行星，但它們是在黃道上被發現，羅睺在升交點而計都在降升點，當太陽接近交點軸線上的任何一個極點時，就是的日蝕季節來臨，接著發生日蝕及月蝕。一年至少總會發生兩次日蝕，一個接近羅睺；一個在計都附近。

---

23 魯依爾提出他的概念於：*The Astrology of Personality*, Servire/Wassenaar (Netherlands: 1936), 316 323 and continues in *Person-Centered Astrology*, ASI Publishers, New Your, NY: 1980, 266- 300.

24 根據德梅特拉・喬治（Demetra George）記錄，在西元 4 世紀的波斯文學第一次使用這些術語；請參閱：*Astrology and the Authentic Self*, 164.

25 P. Thomas, *Epics, Myths and Legends of India*, D.B. Taraporevala Sons & Co. Private Ltd., (Bombay: 1961), 91.

26 神話意象認爲日蝕的循環是太陽和月亮接近月亮交點。

羅睺是龍之頭，在這裡意味著命運透過神的介入而被吸引，就像太陽的欲望是要積極並且與倒退的衝動戰鬥；而計都是龍之尾，軸線上的南極點就像月亮一樣，在那裡累積過去的本能知識。月交點的逆行以及在黃道上的來回移動代表在那裡有一道精神縫隙，一個精神世界和世俗之間的開口。

月交點在星盤上的逆行也說明了強迫我們參與神聖面向的生活體驗；因此，它們每隔 4-5 年行運至星盤的四個軸點，這對於職業方面是有意義的。羅睺和計都是神聖的、屬於同一體系，就如同行星有其自己獨特的方式，雖然交點的蛇行與日月不一致，但是它們對於每一張星盤來說都是共同的。因此，交點呈現給我們的是理解的功課，龍代表我們什麼，就如同它是我們整體的一部分。

詩人萊納・瑪利亞・里爾克（Rainer Maria Rilke）說：「在我們生活中所有的龍都是公主，只等著看見我們曾經的美麗與勇敢。也許一切災難在其最深處是脆弱的，需要我們的幫助。」[27]。里爾克提醒我們與龍爭鬥的原型本質，牠的巨大恐怖可能是一種脆弱，是我們木質中未被表達的面向。而深埋在每張星盤之下與龍戰鬥的原型形象，正如神話所揭示的，主人公在其人生道路上遇見了龍，與龍的相遇是一種寓言，象徵著與自己的黑暗面戰鬥的本性。

榮格學派將與龍爭鬥稱之爲「陰影」，弗洛伊德學派稱之爲「本我」（id），無論如何命名，與龍鬥爭是一種心理現實，一個古人總是在其神話史詩中照本宣歌的故事。很久以前，聖喬治（St. George）殺死龍，或是俠義騎士從怪物的口中救出受危難的女子，

27 萊納・瑪利亞・里爾克：*Letters to a Young Poet*, translated by R. Snell, Sidgwick and Jackson, 1945, 39.

這個幻影似主題已經深埋在大多數文化的神話底層中。古人的智慧知道，每個人成爲英雄的那一面在各自人生旅途的關鍵時刻都曾與龍相遇。

在心理層面上，與龍戰鬥是我們與呑噬自我力量與動機的逆行力量之間的衝突。爲了戰勝龍，英雄必須與其破壞力和解並從中汲取力量。沿著月交點軸線我們與這種象徵的龍相遇，龍之尾是將我們拉回陰影的力量，而龍之頭是努力想要獲得力量與前進的自我。

在考慮這條軸線時，我們可以設想北交點或龍之頭是一種成爲英雄的邀請，讓我們去發展在世上的某種身分並追尋自己的使命，北交點是指：重視和培育我們的天生才能而可以發展的事物；而南交點或龍之尾是從過去累積而來、未被開發及消化的天賦、技能和才能的總匯，如果沒有自我的認知或自覺，這些能力將停滯不前，無法有利的運用。英雄行爲是有自覺的，它驅動、分配南交點的能量，使它產生用處，在釋放並運行這種能量的同時，北交點的潛力得以成熟。當我們關注南交點時，命運被打開了，而職業之路更爲明朗，南交點是一支關鍵的鑰匙，能夠打開裝著未開發的才能與潛力的百寶箱，使人能夠專注地邁向北交點。

命運之軸

月亮交點軸線的北交點通常與太陽相同，因爲它傾向於推動職業的自覺，在此點上，對未來的努力和行動引來欲望和命運。就像頭部，它是意識所在及大腦的容器，北交點是理性的極點，朝向天的那一面。然而，它的神話形象是一顆從身體斷開的頭，象徵它與大地及化身的解離。在較低層次的顯示上，那是蛇的大腦，一顆沒有心或缺乏沉穩智慧的頭，它是一個納入與吞噬的極點，然而它卻與身體分離而無法消化及保存。因此，北交點的工作需警惕和自覺，因爲北交點的經驗具有啓發性與覺醒，但是如果缺乏自覺的意圖、良師益友和神的恩典是難以發展的。如果沒有持續發展北交點的意識及意願，個人可能會退回南交點天生舒適的位置。

軸線上的這個南方極點能夠自動平衡，我們在南交點能夠恢復穩定，它是一種抗衡，防止我在人生旅途上翻覆，是我們維持平衡的壓載物。因此交點軸線感覺就像是蛇與梯子的遊戲，因爲一旦我們經歷了北交點的啓示，我們會滑回南交點的熟悉領域。

軸線的南極點可以比喻爲月亮與過去，在這一點上，從我們累積過去經歷的理解而體驗到直覺認知。南交點是一個釋放點，任何與之合相的行星是爲了自我的目的而想要釋放的主題，它低層次表達了過去的不堪重負，因爲這裡是人們退回到無意識經驗的地底世界。然而，在這家族的遺產中留有讓我們邁向成功命運必要的紀念品與稟賦。

就像尾巴一樣，南交點是一種本能的遺留，常常被認爲是沒有什麼用處，但卻諷刺的充滿智慧。從身體被切斷的龍之尾帶著過去已經被消化的事物，但是，爲了使它有用處，它的內容物必須被吐出來或發酵變得有毒。在本質上，南交點是一種順勢療法之謎，因爲其內容物是潛在有益的，但同時又可能是有毒的，它需要一個英雄的行徑去轉移其內容並且運用於個性化的發展過程中，難怪英雄從龍的肚子裡冒出來，是神話敘述的一個共同主題。

我們也可以反思的將北交點當成是人生旅途中參與和合作的召喚，北交點就是努力學習需要發展和自覺的事物。對於職業的目的，我們可以將北交點當成是在社會上需要被固定和指導的象徵，它不像南交點的本能，因此它需要在被應用之前得到認可。

南交點是北交點對面的星座，兩者都是先天的特質，需要去向外擴張並自由的運用在我們追求的命運中，這是一種天命，從過去繼承，可以做爲未來資源的特質，它象徵著爲了努力去成就一個人的目的所必須自覺運用的事物。南交點做爲一個擴張點，是爲了在北交點所意識到的事物，在某種程度上，南交點讓人想起了需要將這種能量貢獻給家庭和社會領域，也就是普羅大眾。由於這種能量是本能，它不一定總是受到自覺性的引導或目的性地運用。

在職業分析中，月亮交點是很重要的考量，因爲星盤上的這兩極性代表了命運的軸線。月交點軸線所蘊含的議題尋求自覺的表達與和解，它與人生有密切的關聯。因此，此兩極性的本質往往捲入圓滿職業的追求中，由南北交點所擁抱的兩極星座描述了我們生活中職業表述的重要特質。

交點的宮位說明了塑造和影響我們命運的環境因素，北交點的位置指引我們自覺的參與生活的這個領域，在此處，內在與外在的世界與我們的命運相互結合。由於在北交點我們隨時可能體驗到自我的超越性和精神性，而它的宮位畫出這些經驗可能發生的地方，北交點不具有累積效應，換句話說，在這個地方的經驗並非是連續性的，而是更爲隨意的。由於北交點的主觀性以及與精神矛盾的糾結，它所產生的啓示似乎是不尋常的，其宮位位置指出我們可能與精神性自我相遇的地方。

北交點對面南交點的宮位描述了一個熟悉的地方、安全的區域、舒適圈，它提供了一種穩固性。然而，也是在哪個地方，我們可能走不出自滿的安逸領域，它也指出一個爲了發展和探索人生所必須離開的領域。交點軸線就像是一條電車線，這是另一個可以用來定義它的比喻：北交點是電車開往目的地的終點站；而南交點就像是我們上車的出發站，就像是一條軌道，陳舊的凹痕總是在南交點附近。

結合星座和宮位兩個因素，以建立更爲個人、需要被認可與發展的本質輪廓，實現個人的潛在道路。以下是月亮交點的宮位和星座一覽表，可以幫助你思考自己的職業生涯。當落在自然宮位的兩極點與星座產生關係時，雖然星座軸線上的交點會有類似的表現，一定要記住這些星座所指出的特質深植於個性中，因此，交點的星座位置將與個人命運的重要部分產生對話。交點的宮位說明影響人生的環境因素，這些因素可能是依照字面解釋的環境，或在身體、情感面或是透過心理狀態遇到。結合星座和宮位兩個因素，以建立更爲個人、需要被認可與發展的本質輪廓，實現個人的職業生涯。

例如北交點在牡羊座指出需要有意識地培養自身的獨立和創業能力，就如同其天生就蘊含著對於他人的關注，這一方面由南交點的天秤座夥伴顯示，而交點的宮位指出此任務體驗的領域。例如北交點在第六宮，這說明獨立自主、積極和開拓的工作方式與就業，將支持個人發展；而在第十二宮的南交點意味著已經成熟發展出對於他人的同情關懷，能夠深入洞察人的狀況，但重點必須放在滿足日常生活的獨立發展，否則個人將被攪入混亂以及他人未說出的期待中。

在我們考量月亮交點落在個人星盤上的星座與宮位的主題之前，以一種想像、隱喻或是關鍵去思考交點，以及它們透過本命盤的配置可能揭示的事物都是有幫助的。在考量龍之頭時，我們可能首先將北交點設想是英雄的召喚，能夠掌握和吸收過去後退和破壞性力量，以發展自我力量和身分；而在南交點需要發展的則是天賦、也就是需要加以利用的才能。首先，將軸線的北極點當成是一種吸引，而南極點是一種天賦，極點星座將有助於兩者的呈現，以下是十二個極性的簡短摘要以及兩極點星座的討論。

月亮交點：吸引與天賦

北交點：龍頭、需要被發展的事物、吸引	**南交點：龍尾、需要被擴張的才能、天賦**
牡羊座：冒險、追求成功的冒險和主動性，因此你被吸引而成爲勇敢和有膽量的人。英雄的戰鬥是去擊退想要息事寧人並取悅他人的後退本能。	**天秤座**：已經具備成熟的關係技能和調解專長，天生容易與他人產生關係，但是更以自我爲中心將增進你職業上的成功和個人關係。
金牛座：可以依靠自己的資產和技能是必要的感覺，吸引你的是發展自我的價值、重要性與資產，依賴他人的安全感與資產將引發與龍的戰鬥。	**天蠍座**：你理解情感的動機和他人的欲望，並且在夥伴與共享關係方面是成功的。但是當你覺得有價值並能以他人的資源提升自己的才能時，便可以實現你最大的潛能。

雙子座：你被吸引去擴大你的網絡，經由溝通傳播你的知識，由於透過學習和運用資訊，你戰勝本能而得到理解。	**射手座**：你具有廣泛理解和直覺的天賦，你自然知道什麼是正確的，做爲一個天生的教育家和導師，將所知應用在自己的計畫中是重要的。
巨蟹座：一個成功的職業包含與那些你愛和保護的人相互依存，爲了得到滿足，你被吸引到離家近一些，以擺脫龍所需要的外在認可和贊同。	**摩羯座**：你天生具有建構、打造並對自己與他人負責的能力，你繼承了深厚傳統，引介他人進入宗派團體，你的天賦是領導和負責的能力。
獅子座：吸引你的是能夠引起你內在小孩的興趣，它利用玩樂、自發性的表達、創新和創造力尋求表現。	**水瓶座**：本質上，你的天賦在於知道如何成爲團隊的一員，支持並鼓勵他人，你個人的創意將具有生產力並對整體有益。
處女座：你被吸引去建立每天的例行公事以增進幸福感，你與無私的龍戰鬥，但是爲了成爲英雄，你必須確定你的服務是被認可的，你的工作有所回報。	**雙魚座**：你很自然的便知道別人的感受，並盡力滿足他們的渴望。但是，你的任務是遵循自己的渴望，藉由工作去開展你的創造力、想像力和創意天賦。

天秤座：吸引你的是要銘記反面觀點，戰士需要溫和的性格，改革者需要外交，你與龍之戰是對抗將你拉回獨立和個人主義觀點的引力。	**牡羊座**：你繼承了一個火熱與獨立的意志，知道自己想要什麼，以及如何得到它，但是有自知之明意味著你需要建立關係以及平等合作的精神，同時也需要爲他人而戰。
天蠍座：吸引你的是要相信無論你獨立或與他人合作都會做出正確的事情。你與龍之爭是去戰勝渴望控制你的情緒與資源、變得佔有及操控的衝動。	**金牛座**：你天生有一種價值感是經由你的慷慨而表現出來的精神，付出等於回饋的精神法則，在情感和世俗面上絕對都適用於你
射手座：你被召喚透過教育和指導使資訊變得有意義並能夠鼓舞人心，運用你的直覺、遠見和感知產生影響力，你與事實和統計數據的龍戰鬥。	**雙子座**：你已經積累大量的資訊、事實和數據，你不僅僅是一個見習生和學習者，因爲你的命運會促使你成爲一個教育家及具有遠見的人。
摩羯座：吸引你的是在領導他人時要負責任並成爲權威，你可能想要回到被照顧的日子，但命運注定換你坐在駕駛座上扮演父母的角色。	**巨蟹座**：你具有支持的才能，無論這是來自於大家庭、一群同事或朋友圈。你的職涯可能使你離家，但你的歸屬感能夠留下來去追尋你的命運。

水瓶座：你被召喚去發展你的人道主義，從個人轉向公共的創造與追求，可能為你的才華與創造性發展和成熟提供了最好的領域。	**獅子座**：正如眾人所言，你是一個具有原創性、優秀的人。諷刺的是，當你專注於群體的需求時，你會成為秀場明星，你會發現經由公眾之光的照亮、不只是自我的發光發熱，你發現了你的欲望。
雙魚座：吸引你的是放掉所有細節，顯現更大的藍圖，在你關注於服務的召喚時，可能與完美主義和自我批評的龍交戰。	**處女座**：你有專注細節的技巧，但很容易沉迷於完美，直到意識到你是一個更大藍圖的一部分，並且為更大使命而服務。

北交點在牡羊座

你有避免爭吵或衝突情況的傾向，可能會犧牲自己的欲望，這使你感到憤怒、不滿足，難以把自己放在第一位的這一點，卻在工作場所中引起和他人之間的緊張關係。有此意識很重要，因此，重要的是要知道，同事欣賞的是清楚果斷決斷的你。諷刺的是當你成為領導時，會受到讚許支持，因為你周圍的人知道他們可以仰賴你做正確的事情。

南交點的天秤座提醒我們星座的審判傾向，在心理上，這是一條教人與他人比較而找出如何去珍惜與欣賞的方式。在職業上，這種判斷本能可以運用在重視仲裁、敏銳感知和清晰思維的行業上。天秤座也有解決衝突、談判、建立關係與溝通的能力，這些都適合於人才招聘、裁定、顧問、諮商及判決等相關行業。當你可以調停、化解尷尬狀況或引介適合人選到合適的工作時，你便會感覺滿足；正是這種諮商顧問和調解的本能，需要在你的職業中以創業和積極的方式加以運用。雖然你喜歡配合別人，你也需要去確定你個人想法和意見，這是職業追求中自相矛盾的一部分，爲了獨立自主，你需要去面對得罪他人的不愉快。

北交點在天秤座

你繼承的精神是需要自由的採取行動，不必顧及權威或是受到規則制度的約束。這種獨立的需求包括極需要自己做決定，因此，你在鼓勵進取個性的職業中成長茁壯，當你相信自己的誠信正直和動機時，你的創業精神成爲每個人的福祉。在職業上，這種獨立精神可以做爲他人的行船，當你與別人合作，你幫助夥伴和同事成功與滿足。經典的故事情節可能是你的夥伴被公認是成功了，但不要弄錯，是你扮演主導的角色。能夠在世上獨立行動是最重要的，但命運是你必須學會在關係中調整這種感覺，因此，當你眞心關注另一個人的利益時，你便是非常的成功了。

無論是何種職業生涯，你都需要重視自我形象和個人身分，因爲你具有自我激勵的能力，來自別人的競爭和挑戰能夠引發你的動能，因此當你有平等的競爭對手，你會做得很好。當你利用天生的開拓精神，會發現自己展開幫助別人的計畫，你善於擔任管理職務，因爲你的眼光和動機能夠激勵他人。生活可能會指引你一條路，其中建立關係的傾向使你走向輔導諮商的專業，你可以發展傾聽別人的能力，這是你在做諮商和訓練時非常有用的技能，你也可以發展反思的能力，使他人可以自我跳脫並幫助他們得到想要的東西。

北交點在金牛座

在職業上，有必要專注在關鍵和重要的事物上，感覺到可以抓住任務的核心，找出並揭露需要改變的事物。你繼承了能夠做危機處理和修復已經生病或損壞的技巧，你也可能善於使別人深入挖掘自己、找出負面模式，在療癒和治療方面相當精明。現在，需要彙集這些天生技能，而最好的方式之一就是實際動手去做，你的感官本質需要被運用在職業上，無論是透過建築、園藝、唱歌或按摩，與身體領域的緊密連結將會被充分表現出來。

你需要能夠信任與你共事和你爲之工作的人，因此，你可能會退縮，生怕被誤判和誤解。雖然你知道你能夠與夥伴完成一些無法自己獨立完成的事，但是你的命運說明了最重要的是要建立自己的力量和安全感，一旦你積累自己的資源和資產，你將處於更有利的位置，去滿足你希望的強度和親密程度。培養耐心、實質性和誠實正直的重心可以幫助你感覺成功，財富在於你能爲他人提供深刻的靈魂和親密關係。

北交點在天蠍座

你與生俱來的耐心和毅力可以預見計畫的完成，這種能力在你的職業上是很重要的，因爲吸引你的工作可能是有一個強烈關注的重點或是仰賴關鍵性的判斷。因爲天生了解身體和心靈之間的關係，你可能會被療癒專業吸引。而其他投入的職涯方向可能是危機管理、維修和翻修或任何重建及改造舊物爲重點的職業。對於開始／結束這種週期性的理解提高了危機工作、瀕死經驗以及恐怖困難救援或調查的能力。

雖然你的防衛或謹慎使你無法發展眞正想要的一種深刻而親密的分享，但是你與生俱來的價值感可以透過慷慨和分享被發現。你有一種天生的豐富資源、金錢和資產，當你需要它們時，它們就在那裡，但是往往是在當你放下所有，你才會發現它們以另一種方式回饋於你。執著於不再有用或有價值的事物將阻礙職業發展，你永遠不會失去眞正擁有的，知道何時需要放下過去、繼續前進，這一點很重要。

北交點在雙子座

你天生就是一個學者，但諷刺的是學校教育可能過於制式或平淡而從未讓你有所發揮，也就是在透過自己的研究、探險和旅行，你超越了教育的界線。透過自己的親身經歷和訓練，你已經積累一座大型的圖書館資源，在你的職業生涯中，你將需要借鑒這些。你天生就是一個老師、教育家和教練，你的使命是去激勵他人，而不是以你的信念去說服他們。

吸引你的是成爲一個具有宏觀理念的資訊傳播者，因爲你具有一種天生本能，能夠看見更大格局以及眼前局勢的深層意義，你受到召喚向大眾去傳授這些概念，而成爲一個實際的夢想家、日常的哲學家。溝通是你的職業的必要部分，表現創意的方式遠不如清楚說明你的學術和創意那般重要，任何能夠提供交換思想、想法和訊息場域的媒體，在你的職業內容上是至關重要的。靈活性和自由溝通是最重要的，你具有教育和知識的本能，可以結合事實、數據和訊息；這開啓了與電信、網路、銷售、專業資料、地圖、地圖導覽、書籍、雜誌、新聞、記錄和統計相關的職業。然而，可能就在你移動、過渡期或是詢問人生深刻問題的時候，你的職業找上了你。

北交點在射手座

讓你走向的命運是你對於意義的追求，深切渴望更全面地了解生活，爲了找到你在世上的道路，你需要行動的自由和許多可轉換的機會，以啓動你的人生之旅。無論你選擇什麼樣的職業生涯，都需要培養成長、進步和學習的機會以及直覺與戰略的能力，你需要知道你有無限的可能性，行動自由，廣闊空間，以及職業探索中無限美好的前景。

雖然你可能覺得待在家族環境中是舒適的，但是你的命運是在家庭之外，與其過著舒適的生活，你被吸引成爲更有願景與遠見的人，你受到遠方的召喚，展開跨文化學習，以拓展你對生活的理解。由於你的理想主義和社會教育改革的興趣，在你的職業中可能需要包含一定程度的社會參與。然而，同時也需要運用哲學和人道主義觀點，然後一種激發與鼓勵他人的熱情能量便會出現。你天生適合與知識分配、銷售、動機以及鼓勵他人超越自己的極限有關的職業，重要的是你需要自由並且需要充分表達自我，才能公開而眞誠的追求自己的目標。

北交點在巨蟹座

無論是你做爲孩子的父母、客戶的諮商師或幫助需要幫助的人，你已經繼承了悠久傳統，啓發他人的歸屬感。在職業上，當工作環境是安全的，你的任務便會得到支持，更好的是你負責掌管的工作。因爲母親和家庭原型的強烈吸引，北交點在巨蟹座被吸引去從事與家庭和撫育有關的職業，這可以體現在許多方面，最明顯的是全職父母。然而，這也可以透過關懷與幫助的職業展現，例如：與兒童或老人有關的工作，或是透過生產的產品創造舒適和安全感，只要你能夠透過工作找到抒發敏銳情感的出口，你便會覺得有成就感。

在你的職業中建立情感與經濟上的安全是非常重要的，而這兩者相互關聯，當你與你的職業有更多情感連結，你會感覺更有經濟保障。雖然你可能會擔心你的經濟來源，但是這是永遠存在的擔憂，你天生有一種供給並管理自己的財務的能力，因此，重要的是透過工作建立情緒的安全感，當你的個人生活變得安定，你的職業生活就會變得更加令人滿足。你的家是重要的象徵之一，在隱喻上，這是你所有層面的安全感，並在那裡你會體驗到金錢的獲得和情感的穩固。

北交點在摩羯座

關懷、同情和同理心這些無條件的特質是你的第二天性，在職業上，需要尊崇過去與傳統，但不至於阻礙必須產生的新秩序。在你的職涯中，組織、結構、界限和紀律是必要的，有訓練和資歷爲背景的專業也是非常重要的。即使你可能天生稱職能幹，但你需要知道投資時間和精力去發展職涯的重要性，定下一個在合理時間內、切實可行的目標有助於滿足你的完美主義以及過於要求自己的傾向。你與龍的戰鬥是戰勝必須關照整體的感覺，因為這會防礙你將事情做好的能力。

進步的可能性、奉獻的回饋、辛勤工作及工作時感覺有自己的一席之地對你來說是你重要的。身分的確認、負責自己的領域、有一個頭銜、認可和回饋、定期的審視和指導，都有助於你找到職涯上的安全感。如果在你年輕的肩膀上承受過重的成功壓力，你可能才會發現你所選擇走向社會的道路是來自於他人的需要與期待，而不是你自己的。吸引你的是在你所做的事情中去發展自己的自主性和權威，知道你會在正確的方向上支持和培養自己。

北交點在獅子座

你的成就和創作得到認可、回饋和掌聲是非常令你滿足的事，使你在職業道路上走得更遠。如果你願意，你堅實的朋友圈、同事和熟識的人都將隨時給予你認同，這是非常重要的，因為你需要別人來慶賀你的創作、欣賞你的表演。自我表達和自我提升是你職涯的本質，而且你很可能會發現自我探索和自我認識都是來自於創造性的職業，為你所做的事感到驕傲是重要的，因為你的自尊和自信都與工作有關。

雖然你本能地知道如何成為一個朋友，透過你的職業發展自己的身分認同是很重要的，做為同事和朋友，你能傾聽他人，但卻是你自己的創造力需要被辨識和認證。所以，無論是製作自己的表演、設計自己的標籤，或管理自己的企業，不同的是，你的名字附加在創意的結果上，並且得到其他人的認可。具體來說，你在促銷、教師、演藝人員、輔導員、激勵他人、作家和演員類的職業中成長茁壯，在其中，你運用創作技巧和表現才能與他人進行交流。你需要創造性的努力獲得回應的感覺，社會也反映出你的貢獻是有價值的，在過去你是他人的朋友及擁護者，現在你正在學習成爲自己最大的支持者。

北交點在水瓶座

你的個性基礎是被愛的自信，但爲了深切證明這個事實，你的職業引領你走入人群。無論是何種職業，人道主義的理想都是重要的面向，你的職業理想，可能會使你去投入人道主義的追求或組織，並與慈善、生態或動物保育產生共鳴。雖然你的職業非常重視個人主義，但是你的工作還是需要社會互動、智力刺激和個人交流。爲了在工作中表達個性，無論做什麼事都需要有獨特和獨立感是最重要的，因此，特別、甚至是冷門的職業會引起你的注意，因爲你有天生的自信，不怕被邊緣化。如果你的工作氣氛太過僵硬、權威或充滿情緒性要求，你會出其不意的反抗、展開行動或者乾脆離開，你需要在你的職業中感覺不受限制，最好是在一個民主架構而不是等級制度中工作。

你需要社會參與才會有成就感，但這並不意味著你需要依附在你所做的事情上，事實上，當你抽離時可能會更樂在工作中。在工作環境中，你認同社交的必要，但不一定要發展成親密的情感關係，在職場上擁有愈多空間，你便會愈成功，而缺乏空間的工作，可能會讓你感到瘋狂和窒息。當你利用自信和信念的天賦，你便能在你的職涯中創造機會。

北交點在處女座

你深切的同情與同理心，使你渴望爲他人服務，然而這將需要實際專注投入於事業，否則你可能會一直幻想而不是眞正去實現可能會發生的事。意識到你自我改革和自我理解的衝動，使你可以打開大門接觸到更廣泛的服務業，包括：醫療保健、心理學、獸醫、社會服務、整體治療等領域。你可以在服務業脫穎而出，因爲你有一種與生俱來的創造力，爲工作帶來慈悲和創造性，雖然你有各種可能的選擇，但你的職業都明顯的需要接觸自然界。

你需要發展辨識能力，這不是避免混亂，而是爲了承載你的想像力，你的目標是學習將整體拆解成爲各種不同的部分使之發揮更好的作用，因此，無論這種解構是來自於剖析、編輯或批評，你的目標得到改善。爲了增加一致性的感覺，例行公事和儀式都是非常必要的，否則職場上的混亂將會令人不安。你有一種看穿、非常直覺和感知的內在能力，但你的任務是組織和安排所有這些可能性，連貫成爲一輩子的工作。

北交點在雙魚座

北交點在雙魚座的你可能會面臨困惑和混亂；然而，當你意識到自己具有系統分類的本能，混亂的恐懼就會消失，你會變得比較輕鬆，集中和組織化可以幫助你爲你的創造性和精神追求建構必要界限。你的事業需要結合創意和精神層面，不過這往往很難在每天的日常工作中實現，因此，你的創意工作可能是在幕後進行，並會適時展現出來。要做到這一點，你需要戰勝自我批評的龍，你具有秩序、集中、抑制的那一面，而你的吹毛求疵損害了這些資源，小心謹愼、偶爾的一絲不苟可以在社會上支持你具有魅力和精神性的努力。

無論何種職業你都需要高度隱私，因爲你需要時間迷失在你的創造中，如果沒有經常開發你內在精神的泉源，你可能會被生活所需弄到筋疲力盡、對你的工作感到困惑並失去方向感、對於世界沒有回應你的同情心而感到失望。因此，當你空閒下來單純與時間爲伍時，你能夠再一次感受到渴望追求永恆的可能性，吸引你的是將界限和控制運用在你創造和精神性職業的服務上。

月亮交點：起點與終點

前面我們討論交點落在各個宮位時，我使用電車軌道的比喻，南交點的陳舊凹槽落入的宮位就是起點的宮位，而北交點的目的地就是我們正前進的宮位。在我詳述它們在星盤上的宮位之前，以下是我對於交點位置的簡要說明：

北交點	目的地／終點	南交點	出發／起點
第一宮	專注於自我、增加生命力和個性發展。	第七宮	以兄弟姐妹、合作夥伴和朋友的需要和願望爲優先。

第二宮	重視自我、尊重和發展技能，建立和維護自己的資源。	**第八宮**	他人的情感、心理及金錢支持，債務和情緒控制。
第三宮	闡述觀念、態度和思想，積極參與社會活動和建立關係。	**第九宮**	直覺、舊式信仰，天生的理解力和不斷追尋解答。
第四宮	家是心之所在，朝向熟悉與安全之旅。	**第十宮**	無論你走到哪裡，心中都有世界。
第五宮	自我的冒險，遊樂場和娛樂中心是自我表現和創造力的舞台。	**第十一宮**	朋友、同事和社會的支援與支持，他們期待你的成功。
第六宮	日常或每天工作的例行公事提供連續性、一致性和福祉。	**第十二宮**	需要放下一肩承擔、全力配合他人的混亂，創造性地過每一天的生活。
第七宮	你選擇的方向是平等的人際關係和夥伴關係。	**第一宮**	單身生活、只關注自己的需要、獨立和個性。
第八宮	深入理解並能夠與他人一起投入更偉大的事。	**第二宮**	你依賴財產和資產，並且需要自力更生。
第九宮	以旅行、文學、學習或精神做跨文化的探索。	**第三宮**	思想的複雜性、細節的意義和不斷需要刺激鼓舞。

第十宮	你的職業是你的意圖，以及爲了堅定企圖而值得追求的目標。	**第四宮**	在離家的過程中，滿足你俗世的命運，在許多方面，你的內在本質是親密而安全的關係。
第十一宮	社會團體、朋友圈和公司同事。	**第五宮**	單獨表演、獨白、孤獨的表演者以及需要成爲舞台上的主角。
第十二宮	創意和精神生活，一種富有想像力和同情心的生活方式。	**第六宮**	混亂和複雜的恐懼，需要秩序以及對環境的控制。

北交點在第一宮

這個軸線說明全心專注於自己或與他人之間的微妙平衡，雖然你可能會很安於犧牲自己去取悅別人，但是這卻無助於你的最佳利益。由於你的星盤顯示這個天平可能會本能地傾向他人，但是你的任務是要瞭解自己的內心，並清楚的知道你想要什麼。有必要去建立自己的遊戲規則，拓展你的獨立性，並且知道不管你做什麼決定，你的生活伴侶自然會支持你。

在一種非常個人的基礎上，你發現眞正的自己，個人發展是至關重要的，感覺你正在實現你的人生目標。你運用天生對於他人的了解、以及社交場合上的游刃有餘，專注於自己的目標，這將有助於你以更新、更充實的方式去重建關係。在職業上，你需要自己主動出擊，知道那些對你有意義的人，尤其是你的合作夥伴、朋友和兄弟姐妹都支持你。諷刺的是你愈表現自己、表達你的觀點，你愈是在夥伴關係和人際關係方面獲益。

北交點在第七宮

注重自我和他人是你的職業基本特色，雖然你的星盤顯示，你可能會更傾向於滿足自己的渴望而不是爲了他人而妥協，但是你的生活任務是專注在關係中，無論是私人關係或事業夥伴。因此，覺得你是一個獨立的靈魂並不需要與他人有關，是一種不滿的欺騙。當然你有堅強不屈的精神以及成熟的獨立傾向，但是要滿足這個，你現在需要走向人際關係。

投資別人就是投資自己，因爲以他人爲重會展現出更多眞實的自我，與他人建立關係和交流就會令人滿足。因此，在你的職業追求中，你的夥伴、合夥人、同行和同事扮演重要的角色。你喜歡競爭，而現在面臨的挑戰是要掌握關係，即使是面對你的對手，你的挑戰是以傾向和解的策略去找到平衡點，這意味著你很適合管理和領導的角色，因爲你具有能夠承擔風險和面對困難的天賦，並且需要發展你的關係技巧。你需要盡量以他人爲重，當你做到這點，結合你的創業技能和熱情，有助於成爲領域中的領導者，獨立、自由和冒險是你賦予職業的天生本質。

北交點在第二宮

這個軸線說明了在你清楚界定自己的資產之前，容易與他人的資產產生牽連，在世俗的層面上，這可能只是說明你善於處理他人的資金和投資，但需要更明白如何去累積自己的財富和資本。在情感層面上，這可能指出與他人建立更深厚的關係，然而，因爲治療和強烈意識到他人的需求，可能會耗盡自己的情感。在專業上，這說明你的天賦與他人的需求深切相關，你復原的本能並且能夠成功的累積他人資產的能力，必須同時符合自己的需求。在職業上，這暗示了在治療、研究、財務或投資領域上一個豐富的職業生涯。

我的價值是什麼？是你啓蒙之路的一個重要問題，這個交點軸線邀請你去尋找這個問題的解答，並且發展你的自尊和自我價值，你的任務是開發自己的資源、技術和必要資金。依靠他人的情感、財力和物力可能很有誘惑力，卻沒有安全感。安全感反而是取決於擁有自己的財產和所有權，以及在尋找自身價值的過程。有了成熟的自尊和價值感，你更能夠在其中找到分享自我而非被犧牲掉的親密關係。然而，你可能的風險是依賴那些不善於建立感情和經濟上平等關係的人，直到你發展這種自我價值感。因此，明智的做法是在你知道你可以依靠和信任自己之前，不要輕易的信任或指望別人，你的人生旅程呼應了信任、安全感和自我價值的主題，學習去尊重你與生俱來的價值和價值感，一旦你學會管理自己的力量和能力，你會發現別人想投入你的資源。

北交點在第八宮

你可能會發現自力更生和獨立是容易的，但是在財富和資源方面並沒有與他人一樣平等，也許你可以因爲你的感情和銀行帳戶而相信自己，但不是很確定同樣可以信任其他人。你的挑戰是要非常信任自我的感覺，才能夠開放的親近和信任他人，這個的任務是要將你的技能、資源和隱藏的那一面與另一個人結合，才能感覺更加完整。在第八宮等著我們的挑戰是信任、忠誠和正直，這些是透過深厚的情感連結，讓我們面對自己的脆弱而遇到的挑戰。北交點邀請我們去面對它，而不是以慷慨、給予和資源豐富的資產保障解決。但是你的善良仁慈和慷慨可能是你對抗脆弱的防線，爲了得到愛的機會，你可能需要承擔失去的風險。

在職業上，你的資產最好是投資在與他人合作和建立深厚、值得信賴的關係上。你有一種能夠辨別什麼是有價值的本能，當你與他人分享這個天賦，你會發現你變得更好。你可以說它是運氣或命運的眷顧，但天命賜與你天生的智慧是爲了去幫助別人得到安全感，你的職業生涯與他人的精神、情緒和資金的需求有關。

北交點在第三宮

這一個軸線所提出的任務之一，是如何彙整訊息以便有效地傳達給他人的議題。你需要知道你周圍的世界並非雜亂無章，你不追求無意義的關係或繞沒用的遠路。這意味著你需要知道你的周圍環境和它的界線，在你有足夠的信心前進之前，你會先加以探索。你可以利用你的好奇心和興趣來幫助自己擴大領域和突破界限，但重要的是不要被不可能實現的計畫、模糊的哲理或吸引人的理想牽制。在體系中找到自己的位置是非常重要的，這原本可能發生在你的兄弟姐妹或朋友之中，但是在職業上，了解你在公司、合作夥伴及同事中的位置是很重要的。職場文化是重要的考慮因素，因此，你可能需要一些時間去確定每天的例行公事。你早期工作經驗廣泛，因此，可能必須歷盡千山萬水，才能夠建立專業的自己。

你天生擁有世俗的智慧，本能的知道文化和哲學的複雜性，並且安於更大格局。你可能會覺得自己是世界公民，而並不只是局限於你的出生地，在職業上你可能會面臨的挑戰是表達和傳播這種體會，無論是藉由書寫或語言交流，藝術創作或其他類型的傳播或宣導。你的職業發展任務是挑戰自己去清楚表達你的知識，就像一個記者，你可能會發現自己傳達人性的複雜給那些不如你的理解程度和遠見的人。你的北交點邀請你以一種簡潔的日常用語去表達的你的廣博見識，你被吸引到神祕和抽象的領域，但是你的命運是去落實你的想像力。

北交點在第九宮

在此交點的二元對立中，將思想、訊息／意義、想像力劃分成鮮明對比的領域。雖然你具有綜合敘述、證據、圖表數字，統計數據和資訊的本能，在你的職業上，你被要求賦予這些事實意義。北交點在第九宮的受到召喚去擴張領域、走出熟悉環境、開闊你的眼界，想要以職業方式去發展更廣泛的議題、更寬的社會參數和跨文化態度。因此，你可能會投入旅遊和不尋常的冒險，發現自己受到不同宗教及文化研究的吸引，藉以了解其他人的生活理念。或者你可能面臨的挑戰是去學習人的價值和理想，在人類渴望的永恆傳統之下接受教育。你的靈魂催促你搭上飛機去尋找意義及追求更高的價值，要做到這一點，你需要去開發某種視野，而不是被困於小格局的細節中。

你安於詳細資訊和觀念的領域，而不是去探索廣闊的視野，但是，你的職業可能要求你離開你周圍的安全區以及所有的熟悉事物。在職業上，你可能會面臨的挑戰是離開你的同學、朋友和家族領域去尋找感覺缺少的事物，你需要追尋的事物是在家庭和文化的安全區域之外。雖然你的職涯可能會使進入科技或概念的世界，你的命運卻是將意義和想像力注入於這個領域，教育和喚醒其他人去追尋更大的意義。你的交點邀請你要成爲一個教育工作者，激勵他人成爲更眞實的自己。你的天賦裡有一種本能和直覺，能夠以別人可以理解的語言去表達此種概念，你的策略能力是提供他人人生旅程的地圖。

北交點在第四宮

第四宮／第十宮的軸線使私人領域和公眾生活成爲關注的焦點，它將內在和外在世界相互對照，邀請你來平衡兩者差異，你的天生傾向使你可能會發現自己更適應外界、公開領域、投入職涯軌道。然而，占星敘述強調了內在和私人世界的重要性，因此，職涯的主題可能是外在世界的壓力、以及足夠的時間和空間投入內在需求兩者之間的持續衝突。實際上，這可能是事業和家庭、外在成就和內心平靜，或是成就感與被安排好的感覺之間的拉鋸戰。

你的命運指出在走入職場之前需要有意識地建立一個強大和安全的基礎，知道你的基石所在是很重要的，因爲你需要一顆堅固的基石做爲後盾，從而建立你的事業。有趣的是，努力的穩定自己、深入你的情感和維持一個穩固的家庭生活，可以使你的職業更加發展。諷刺的是，當你努力發展你的內在本性時，外在世界卻是對你張開雙臂。從字面上看，這也可能意味著成功發展與家庭有關的事業，例如：家族企業、在家工作或銷售家庭產品或價值的工作。另外與此有關的事業可能是房地產、家居用品甚至是照顧養育的職業。然而，命運在編織它的藍圖時，事業和家庭的兩條線是最爲優先的選擇，以你的情況來說，重要的是了解你天生便可以成功的與世界產生聯繫，以及當你專心的建築你的窩和家庭生活時，它必須提供你什麼事物。

北交點在第十宮

這一組軸線做爲占星學上的對立關係中，內在和外在世界形成鮮明的對比，使你一生中都在尋找兩者之間有意義的平衡。你的天生傾向可能會發現待在家庭裡、私生活和參與你的家庭是容易的。然而，這組占星敘述凸顯你在外界所扮演的角色的重要性，並鼓勵你專注於你的職業生涯，因爲你將在家庭之外而不是從家庭中找到意義。

你需要努力去發展自己的職業生涯，即使你可能發現它令人望而生畏或不舒服，但是，如果你反思一下，會發現你天生便具有安全與踏實感，所以現在是時候讓你的自我感走向外面的世界。諷刺的是，當你實現這個任務時，你會得到認可和讚譽，如果沒有挑戰自己去找出一條職業道路，你將承擔無法在社會上發揮潛力的風險。你的野心很大，沒有成就感不會令你滿足，尙未實現的生活在公共領域中等待著你，但你要知道這並不會影響你所需要的隱私，因爲你天生能夠走向社會而無需犧牲你的完整性或私密性。雖然你可能安於自己在家庭中的角色，但是也必須找到自己的社會責任；或者你可能知道自己在家裡的位置，而現在是時候去了解你的社會地位。從占星學來看，職業是你的生活、以及一個可以提供穩定和完整性的重點，風險是在那裡沒錯，但是你會得到大眾的支持。

北交點在第五宮

第五宮的北交點與在第十一宮南交點軸線中，個人想像力和自我表達／團體參與和公共創造力形成強烈對比。你的星盤指出，代表集體性的那一極點可能天生比個人表達和創意更爲舒適，因此，你的職業可能會帶你到一個十字路口，驅使你去提升自己的創作和創新，而不是將你的創造力用於公共領域。命運支持你的獨特、創意的發展，並且當你找到自我激勵的勇氣時，社會的聲音也將會鼓勵及激發你。

因此，你的職業生涯強調的是個人的自我表達和創造性，鼓勵你學習新的藝術創造形式和技巧。當你從別人的想法或感覺中解脫，就會展現你的遊藝性格，有人稱之爲內在小孩，或稱之爲自發性，無論是什麼，它所描述的氛圍是：你可以在遊樂場上探索並投入你的想像力和創造性。命運提供了觀眾，你需要以你的自發性、創造力和樂觀精神面對，無論是專注於戲劇、藝術創作、作品、娛樂、運動或兒童，你可以成爲焦點，這可能會令人感覺不舒服，但仍然是你需要前進的方向。如果你吸取自己小時候的經歷，想想身爲一個孩子的感覺是什麼，甚至只有自己的脆弱，你都將會有所啓發。因此，你的職業將因爲創新和新奇的想法而變得多采多姿，受到這些鼓勵，你會找到社群的支持。譬如：你像一個藝術家向有興趣的群眾展示你的藝術，訣竅是從自我意識走向自我表現。

北交點在第十一宮

雖然你可能更安於投入於自己的創造，但是也必須更加結合社會的關注，你的道路傾向於投入團體計畫和事業，因此，你需要努力將你的創造力與社會環境結合起來。諷刺的是，雖然你對於自己的想法和信念充滿熱情，但是你的職業生涯將帶領你進入政治領域，去傾聽並支持人民與社會的聲音。你具有爲大眾發聲的能力，因此重要的是要知道，別人也會尊重你的意見和信仰。

值得一提的是當你回應召喚，更投入於組織和團體的工作時，你將會深受大眾的歡迎與讚賞，將注意力從需要得到認可和掌聲、轉而去滿足強烈人道主義的衝動，將對你和你的職涯有益。你需要參與合作計畫去做思想和資訊的交流，並將你獨特的進取心帶入公共領域，你的創造才能同時具有獨特和原創性，透過志同道合的團體尋找你的同事和靈魂伴侶，而這些團體往往是邊緣或非主流的。你可能會藉由公共行爲的參與而找到一個更遠大的目的和方向，而他人會毫無疑問的認可你的社會角色。因此，考慮他人的邀請去公開談論你的創造力、成爲社會的決策者或以某種方式代表團體是重要的。在職業上，你的創意表達最終與工匠、治療師、夢想家和企業家的廣泛社群有緊密的關係，你的發聲使你的創造性努力得到更多認可和尊重。

北交點在第六宮

秩序與混亂是這個軸線的主題，它說明條理分明、分類整理、辨識區別和集中焦點都是日常經驗的重要主題。由於工作是每天的層面之一，你將會在職業中遇到這些問題，因此，職業的首要考量之一是能夠支持你的連貫性、方向和生產力的需求。你不適合沒有預算及目標、開放性工作類型或不明確的工作流程，你需要知道你在做什麼，處在當下是重要的，注意你正在進行的工作並且確定你所運用的技術和架構是有幫助的。如果沒有這樣，你可能會感覺被到拉回混亂的撕裂中，或充滿迷惑使你無法致力於有用的成果，而就在這個節骨眼，壓力便開始積累了。

聰明工作的你適合那些需要你的注意力、細節的工作，讓你投入於當下和可以管理的例程中。你天生了解健康和幸福，甚至可能被這些專業吸引，你同時也有撥亂反正的技巧，因此，可能會被檢修、改良、甚至是追求完美的工作吸引。你內心深處知道自己有豐富的想像力和深刻的理解力，但你被邀請用這些去解決混亂、疾病的複雜性和不善管理的謎題，發展你的管理和業務技巧將會有用處。你具有內在洞察力和深刻感受的天賦，現在你被邀請透過社會上的工作，以務實和建設性的方式去運用它們。

北交點在第十二宮

古希臘人對於「混沌」的概念與當代有所不同，混沌是虛無、而且無生萬物，因此宇宙學尊崇它為開創的時刻。從這觀點來看，你的十二宮的北交點說明，面對自己的創造潛力是非常重要的，因為它們似乎有無限可能，它邀請你努力去了解自己的心靈，也就是你深邃神祕如海洋般的靈魂。你受到召喚去學習如何在你內心深處浮游與航行，還好你有很好的識別本能，重要的是找到勇氣去了解自己的局限，它阻礙你深入去探索創造性可能的內在寶藏。

在職業上，你可能會被豐富的想像世界吸引，想要以它來表達自己的藝術才華，而你的治療能力就是你的創意。你可能會陷入自我批判和懷疑中，或是太在意細節和程序而放棄自己的獨創性，在此關頭，深刻的悲傷或失落感會讓你去探索內心和恐懼。你不一定知道自己的職業是什麼，但它是可能的，它存在於傳統結構和限制之外，事實上，當你走出你的常規，你會更容易知道你的目的。當你休假時，可以冒險一下，放下你的例行公事或嘗試一些不同的東西，你可能會聽到召喚你去了解自己奧祕的聲音，那聲音就是職業的召喚。

與交點產生相位

我們需要關注與交點軸線產生相位的行星，特別是如果它們與軸點之一產生合相。當某一顆行星合相北交點時，它的原型能量會拉著我們走向我們的命運，它邀請我們自覺的運用這一原型去實現人生目標。而在南交點的行星可能會在生活模式中未被發揮或低估了它的力量，在南交點上的行星，需要非常認眞努力的將它運用在自己身上，藉由擴展蘊含在此行星中的能量，可以更明顯找到人生的方向。

與交點軸線產生四分相的行星，說明需要將這種能量納入我們的命運中。長久以來這個四分相被認爲是當人生方向的改變發生在循環週期的時刻，這顆行星就位在其轉彎處。從傳統的觀點來看，位在轉彎處的行星提出人生轉變的關鍵議題，位在交點轉彎處的行星標示著情緒的轉折、依附的改變、家庭和親密關係的過渡。但是從龍的觀點來看，它們是英雄必須遇到的典型挑戰，這些行星是理解慣性行爲、本能反應和強迫模式至關重要的關鍵，並且召喚我們深刻挖掘自己而尋得寶藏。因此，就職業生涯而言，這顆行星的原型代表著一個挑戰，需要有意識地整合與認知。這顆在交點循環轉彎處的行星需要被認可、整合並專注用於人生方向的實現上，它是改變人生命運的關鍵。

以下敘述本命盤上的月亮交點與行星產生相位、這個強而有力的占星配置。

太陽合相北交點

專業是你的身分不可或缺的一部分，無論你的激情觀、領導、創意成果、甚至印在設計師標籤上的名字是否被認同，你的職業的重點就是你自己、你的創造性和想法，你的想像力就是你的商標。你的太陽接近交點軸線，你在日蝕季節出生，這凸顯出與交點、日蝕有關的循環週期——這個每隔 18-19 年發生一次的週期的敏感性，因此，明智的做法是要注意你人生中的這種模式。在主題上，你的人生歷程鼓勵你成爲勇敢的人，並且有勇氣在世上爲你的精神和創造力奮鬥，成爲職業舞台上的主角。

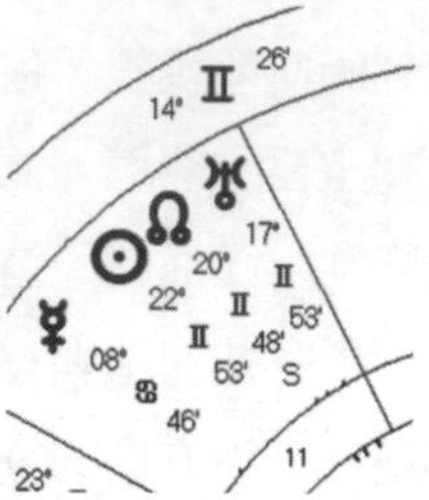	唐納·約翰·川普（Donald Trump）的太陽在第十一宮合相北交點，滿月幾個小時之前出生。太陽在北交點意味著這是一個日／月蝕的季節，而川普出生在月蝕、月亮在第五宮合相南交點。月亮在第五宮的南交點是一種強烈形象，說明他天生的推測能力以及在房地產市場上的冒險，但卻是在北交點的太陽使他的動力被清楚看見，創造性和生命的肯定力量因而揚名。

太陽合相南交點

你強烈意識到自己的能力與潛力，本能地具有信心和勇氣，毫不畏懼外在的競爭與批評。你有獨特天賦，你的任務就是要表達它，你可能對自己的創造力信心滿滿，如果沒有努力成爲有表現力和自信的人，可以會迷失在夢想一切可能的白日夢中。這種配置意味著你已經有一個內在的、成熟的創造力，你需要向外散播，以便使它充分表現；當你全心全意的向外投射創造性自我，可以打開意想不到的門。

你生於日蝕季節，凸顯你對於每 18-19 年交點與日蝕循環的敏感度。你繼承了極致表現的豐富生命力，而你的挑戰是要全然相信自己的才華和創造力，持續發掘其無限潛力，你不需害怕失去你的創造力，唯一可能的是你從未將它表現出來。

太陽四分相交點軸線

你的挑戰是持續不斷的意識到需要被認可的需求，身爲一個年輕人，這可能是由於缺乏父母的掌聲或鼓勵，而加劇這種需要被看見的需求。而命運的挑戰是你如何看待受到認可這件事，因爲最終是你的創造性成就與能力在尋求認同，而不是你自己，因此，最能夠保證這一點的方法就是尊重你自己的天賦和培養自己的創造力。

在你的職業生涯中，你可能會感到被忽視或未得到認可，但這是成功的催化劑，如果你只是反映別人想要的東西，最終是很難找到自己的方式。因此，你可能需要冒險從聚光燈下離開去找到你眞正的職業。在你的職業生涯中整合你的創造力和明顯特徵是一種挑戰，然而，不要讓他人的崇拜或奉承使你走岔了路也同樣重要。

月亮合相北交點

月亮的脆弱性和敏感性在外在世界中不一定都令人感到舒適，因此，你需要在安全的地方去建立自己的窩，在那裏你能夠安於追求自己所需要的成功，而不是別人的價值或需求。

你受到召喚去發展可以與工作結合的慈悲、憐憫和培育能力，你可能會被關照他人、療癒、個人發展和成長、教育或諮商輔導等相關職業吸引，這些都是情感需求的專業，因此，需要知道這是你正確的方向，雖然這可能不是一個容易的決定，但是可以開放的去嘗試。你需要表現出關懷他人，透過志工、愛好、當然做爲父母、教練或老師可以得到滿足，最重要的是，找到讓你感覺與工作、同事和上司情感相繫的地方。

月亮合相南交點

這可能說明在職業上你天生關心別人、具有同情和同理心，並且能夠提供他人發展和成長的培育環境。重要的是必須了解這些能力是與生俱來的，因此你可能會低估了它們的價值，這些都是可以運用在職業的才能，發揮這些特質會使你感到滿足。

你能夠理解感受和情感本質的複雜性，可以運用在兒童及家庭發展、教育、諮商和治療相關的努力上。雖然在字面的意義上，它可以表現在兒童照護、食物、健康和家庭有關的職業中，但是對於人類處境與生俱來的關注是你一項優點，能夠去管理及建立健康的工作場所。

你對於安全的理解本能，說明你將能夠以治療和實踐的方式運用它。雖然同情、深刻感覺、理解安全問題和家的重要性、住所和家庭對你而言都是很自然的，但是必須在你的職業中使用這些技巧和洞察力，因為它們是讓你滿足的關鍵。事實上，你會驚訝地發現當你冒險、支持和培育他人時，是多麼美好的感覺。

威爾斯（Wales）王妃戴安娜（Diana）的月亮在水瓶座合相南交點，戴安娜也是羅馬月亮女神的名字。她的北交點在第八宮合相天王星、火星和冥王星。戴安娜水瓶座的南交點／月亮反映了她的尊稱——紅心女王（Queen of Hearts），因爲她的人道關懷和關注，特別是針對非主流如：愛滋病和地雷的傷害而賦予她的稱號。由於天王星守護南交點並且合相她的北交點，她在王室傳統的控制內，冒著地位和安全的風險，努力以她自己的方式行事。

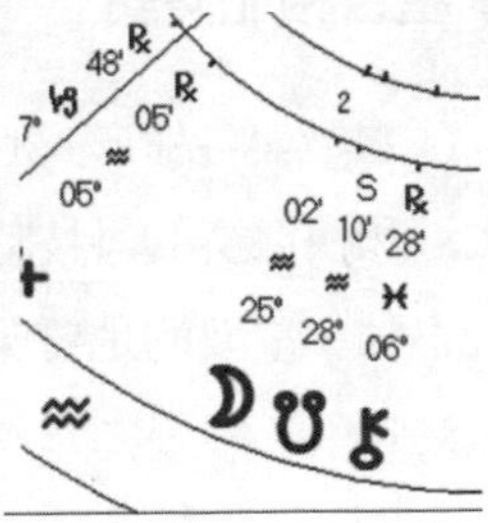

月亮四分相交點軸線

你的職業生涯主要挑戰之一是工作上的安全感，因此這個相位所提出的問題是：在工作變化的本質中，我如何找到安全感？最終，你是從職業的依附以及滿足你的事物中得到安全感，而不是來自於地點、或什麼工作這些外在條件。你的職涯本來就包含了成長與改變，雖然這可能使你感到不穩定，但是這確實有助於你發現自己眞正的去處，藉由工作不斷變化的風景，你找到工作的內在安全感。因此，重要的是去思考你的工作方向是否提供你眞正需要的庇護，或者你是否被卡在例行公事中？如果你被困在他人的需求中，可能會使你走上貶損你職業價值的方向。

水星合相北交點

水星與各種形式的溝通、訊息和資訊交流有關，此原型在你的生活和快節奏的科技時代中都扮演一個繁忙的角色。由於你無法長久不動，重要的是要保持移動狀態，因此，你被可移動和具彈性的職業吸引。

重要的是要不斷從工作中學習，否則你會感到厭倦和煩躁不安，你可能會發現自己想要比周圍的人速度更快，或探索沒有人感興趣的想法，重要的是，你必須明白你與眾不同的熱情並且將它表現出來。你的命運是去表達你熱衷的思想、言論、故事和資訊，找到勇氣去表達想法和交流資訊對你有利。你需要發展你的流暢性，無論是透過寫作、演講或溝通的清楚表達。因此，你適於發展溝通能力、表達你的想法並勝任電腦和資訊資源的工作。最終，連結、資訊共享、宣導觀念或散播消息的渴望都需要找到其表達媒介。

水星合相南交點

你可以運用一種內建的本能，直覺知道改變方向、結合適當的人及狀況的正確時機，重要的是要知道，改變的智慧以及連結所有不同經驗的能力是你的固定模式。這可以使你領先別人一步、適應各種不同的情況，並且在移動中讓思慮清晰。不過關鍵是要活化這個遺傳，要做到這一點，你需要移動和強烈的求知慾。

這說明你的溝通才能是天生的，因爲如此，可能會使你忽視自己的才華，因此，在職業上運用你溝通、寫作、指導和分享資訊及事實的能力是很重要的。無論你用你的表達能力去推銷自己、提升他人、銷售產品、傳播資訊、收集資料或運送物品，你需要自由的運用你善變的本性才能讓你感到滿足。至關重要的是，在工作中你能夠自由地談論、移動和思考，當你移動或談論你的想法時，你的道路將變得更加清晰

水星四分相交點軸線

我們在十字路口、門檻和轉換區遇見水星，它裝扮成守門員或是邊界守衛，在離開和到達目的之間的機場休息室和巴士總站，總可以感覺到它的存在。它的存在指出你的職業必須移動和旅行，以及表現這個可能性不同的方式和機會。你可能會被要求兼顧各種任務或角色、管理各種人或計畫、因爲職務而成爲中間人或定期旅行。雖然這些可能會與你的本質傾向、或者做起來比較舒服、自在的事產生衝突，但是爲了你的滿足感，它們是必要的。魔術元素是職業命運的一個重要面向，在重要關頭，你將受到挑戰，朝你認爲不可能的方向去，同時要小心自我欺騙而誤入歧途。因此，仔細檢查、反思並提出問題，有助於確定這是否是你正確之路。

由於水星也挑戰我們去闡明和表達自己的想法，這並不奇怪，因爲很多作家包括蕭伯納（George Bernard Shaw）、詹姆斯·喬伊斯（James Joyce）、格特魯德·斯泰因（Gertrude Stein）、艾略特（T.S. Eliot）、羅伯特·路易斯·史蒂文森（Robert Louis Stevenson）、埃德娜·聖文森特·米萊（Edna St. Vincent Millay）、托馬斯·曼（Thomas Mann）和丁尼生爵士（Lord Alfred Tennyson）都有這個相位。

金星合相北交點

思考如何與他人合作：透過夥伴關係、身邊的同事或者平輩、或擔任諮詢者、顧問或領隊。金星要求你發展與他人一起朝共同目標和宗旨努力的能力，在這一過程中你將發現合作、或者做爲調解人、關係顧問或提供服務的潛力。同時這也象徵社交技能的培養，因此，就業機會和方向可能在飯店、旅館、餐飲或其他社會行業。

金星做爲美的愛好者，渴望成爲一個創意和藝術家，能夠吸引它們的領域包括設計、裝飾、色彩、時尚、娛樂和藝術，這些面向可能藉由美容治療到室內設計、博物館管理一系列的行業來表現。金星的感官本質可以應用到花園或食物、音樂會或戲劇作品的創意中；而在實體上，它善於按摩和裝修的行業。正如你所看到的，金星有許多表現管道，但有一件事是肯定的：想要創造美的作品的衝動透過你的生命以任何形式表達。

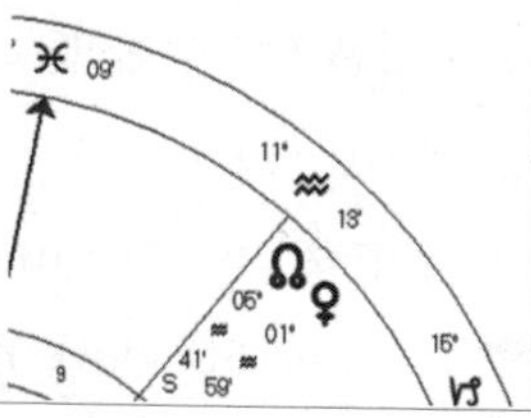

瑞奇・馬丁的金星在水瓶座、第八宮合他的北交點，適當提示了藝術才華、人格魅力和創造力在他的職涯中等待被引導與聚焦。然而，這也是他的人道主義工作和私人的愛情生活的一個顯著象徵。馬丁忠於這個不符合規範的象徵符號，他出櫃並且僱用代理孕母而成爲一對雙胞胎的父親。

金星合相南交點

金星對於愛、美、對稱、欲望和價值的廣泛理解既多元也博大精深，當它位在交點軸線南極點的旁邊，可以讓你運用它的資源。金星資源最好以社會或藝術方式運用在職業上，你繼承了文化和藝術的偉大禮讚，可以透過多種管道散播，無論是藝術收藏、藝術史或藉由美化方式。你本身具有成熟的品味，知道東西的價值，以及它們如何能以最好方式展現出來。

設計和配置是與生俱來的，環境中的對稱與和諧、點亮氛圍的訣竅也同樣是天生的。由於金星擅長社交、協議、接待、禮儀和時尙，文化和美的這些線會編織你整個職業藍圖。你本能了解人際交往與合作關係的複雜性，這是你可以在職業發展中應用的另一項特質。

金星四分相交點軸線

金星位在交點軸的轉彎處努力追求連結、接受和價值，因爲它們有時會在你所在的路上產生分歧，因此，知道自我價值和重要性、需要被承認是很重要的。爲了要在工作中受到賞識和重視，你需要知道自己的優點，雖然你可能很難賦予自己價值，但是在市場上這是必要的。同時，因爲你可能難以將社交技能和美學素養整合到你的職業中，當你將它們運用於工作中時會面臨到挑戰。最終，在職場上你會發現你的創造才能和社交技能，不過也正是在這條路上，你將可能經歷事業與愛情之間的拔河。

火星合相北交點

你可能會被獨立而危險的道路吸引，同時感到難以開啓你的生命冒險，火星在北交點挑戰你在職業生涯中成爲勇敢和愛冒險的人。

你強烈渴望在職業中成爲獨立的人，因此，你需要堅持你的觀點和目標，不受限於瑣碎的規則和無意義的傳統。你有一種開拓進取的精神，需要冒險進入未知去找到什麼可行或什麼不可行。無聊就是你要打敗、也是耗盡你的精力和挫敗你的銳氣的那條龍，當你對工作或職業失去熱情，你的意志與動力也會減弱。因此，你需要設定目標、承擔風險、接受職業生涯的挑戰，讓你的職業充滿活力和具有挑戰性，並且以你想要完成的目標激勵自己是非常重要的。

藍斯．阿姆斯壯（Lance Armstrong）出生於 1971 年 9 月 18 日德州普萊諾（Plano），出生時間未知，但火星當日都合相於北交點。火星的正面是：在其能力可行之下充滿野心的想成爲最好的，非常積極，並且是一個勝利者。身爲國家鐵人三項的冠軍，他被診斷出患有一種潛在致命轉移性睾丸癌。克服癌症之後，他繼續贏得七連冠環法自行車賽冠軍。但是，在長期服用興奮劑醜聞之後，他被剝奪這些頭銜，火星在其負面下，也可能是充滿謀略和不甚光彩的。

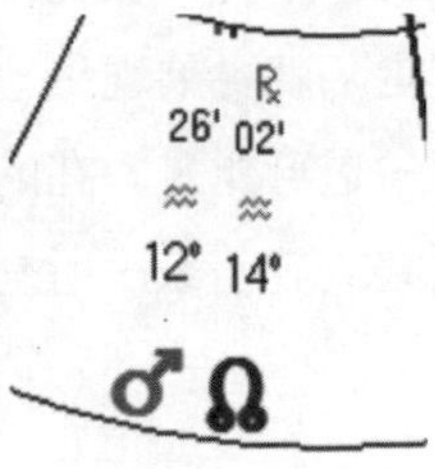

火星合相南交點

你的內心深處具有探索和從事刺激活動的本能，然而在此同時，你對於開始任何新的事物可能還是充滿矛盾。由於此戰士原型位於南交點上，最好要知道或許唯一的選擇就是行動，豐富的能量可以在職業路上幫助你，並且在你準備行動和決心爭取時隨時湧現。行動和職業是具有挑戰性的，需要你充滿活力並且努力去塑造你的命運。

找到你可以競爭、承擔風險並冒險的管道是必須的，健身房、運動場和市場這些象徵性的練習場，可以讓你去學習表現和專注於自我的力量。你繼承了冒險的渴望，所以當你將生活塑造成一種探索時，你變得更有力量。毫無疑問的，一旦你督促自己往前走，就會展現出一種強烈性格，引導你展開在世界上的冒險旅程。這可能是內在的創造者、精明的投資人、運動冠軍、開拓探險家或發明家、所有的隱喻或許還包括你的社會角色上的面具人格。

馬克・施皮茨（Mark Spitz）的火星合相南交點在天秤座第二宮，火星守護在牡羊座的北交點。做為一個職業的指標，火星符合競爭和冒險性的事業如運動。馬克・施皮茨是奧運中少數在個人和團體競賽中贏得九面金牌的選手，對於施皮茨而言，在第二宮的火星／南交點是一種強大的內在資源和驅動力。1972 年慕尼黑奧運會，當施皮茨贏得六面金牌時，發生以色列運動員的大屠殺（這是一種混合戰爭／運動與火星的原型相連結的古老意象）。

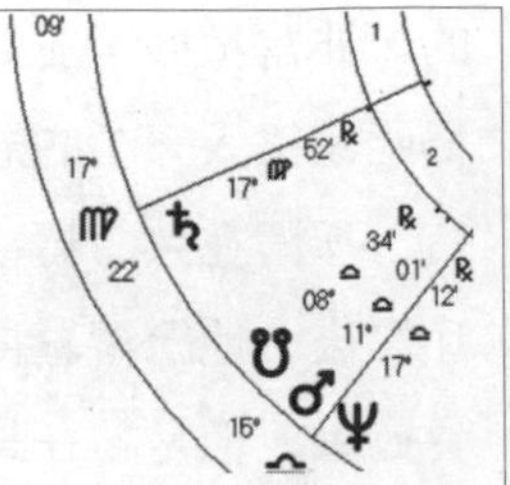

火星四分相交點軸線

獨立行動並且不受權威規範和指揮是你人生路上的一個重大挑戰，由於火星與衝突有關，謹慎的做法是當你感覺受限時去了解自己的反應，你面臨的挑戰是尊重傳統和權威，以及過程中不犧牲自己完整性之間的微妙平衡。

如何將你的競爭本能建設性地整合到你的職業中，這是一個重要的考慮因素。爲了有一個願景、目標以及努力爭取的事物，這使你付諸行動，了解這個意義意味著你可以主動而非被動，挑戰自己、利用你的權力並且專注於你的野心。拒絕承認你的競爭欲望會使你感到無力和憤怒，並且將它投射到他人對於你的時間和能量的限制中，命運賦予你的挑戰是需要進取、更加獨立和自我激勵。去接受過程中的挑戰，因爲它們提供了一種可以幫助你成功的張力，但要注意不要被無法解決的衝突或無法實現的欲望分散注意力。

木星合相北交點

從小你可能便已經知道自己想要探索觀念和信念的嚮往，並且想要去發現生命中更大問題的意義。你渴望追求更遠大的事物並且脫離平凡生活的瑣碎和沉悶。你所追求的事物超越你的出身文化和原生家庭，你的命運可能也超出故鄉的邊界或遠離你所熟悉及與生俱來的東西，召喚你的是超越你已知的事物。

你有一種想要與他人分享視野的衝動，因此像是教練、指導和教學技能正在等待被開發。你也能以你的熱情去激勵他人，並且引導那些尚未走過你的歷程的人，因此教育和旅遊、所有形式的學習都最讓你感興趣。無論你是投入外語、研究古代歷史、奉獻於不同宗教觀點或到世界各地旅行，你注定要塑造一種多元文化的生活。在你面前有無限寬廣的可能性，不論你選擇哪一個都可以，只要你所選擇的道路能讓你不受限制及向外擴展。畢竟木星是一顆社會行星，你注定該做的事都將貢獻於你周遭的社會。

木星合相南交點

你從內心看見一個大格局，由於你能夠理解人類經驗的複雜性，因此可以在混亂的生活中找到意義和秩序。你天生能夠觸及更深沉的智慧，這些塑造你的人生哲學，正是這種理解和認知，需要你透過工作去散播。如果不運用這種豐富精神，你可能會覺得沒有成就感，而在物質世界裡尋求滿足，而容易產生過度與膨脹。你的解答並不是去獲得更多、也不是積累更多的知識，激勵他人並且與他人分享你對生活的本能理解，這才是重要關鍵。

你在生活歷練中的信仰可以鼓勵其他人去了解自己和周遭世界，你是一個眞正能激勵他人的老師、指導以及精神諮商者。你擁有教育和知識傳播的天賦，並且可能發現自己被高等教育、寫作或出版業吸引，你的遠見也使你接觸其他文化和生存方式，並且能夠將此融入你所選擇的職業中。你具有先天的正義感，並且被要求去評斷某些情況，爲之帶來洞察力和智慧。無論你在生命的何處找到自己，你會想要在那裡引起希望、信心和意義，從你被要求的事物中尋求更大的目的。

木星四分相交點軸線

木星的特質說明你的挑戰是從未自我設限，想像所有正當的夢想都是可能的，並且繼續追求直到你感到滿意爲止。你被要求去挑戰你日常世界中的設想，建立重要事物的自我信念，並且超越熟悉的事物。

一種焦慮感使你在你熟知的世界之外去探索，在職業上，你被要求去整合更多跨文化的方法、接受更多社會和政治議題的教育，雖然這並不總是必要的，但是可以讓它變成是一種正式教育，關鍵是要不斷地學習和成長，因爲如果沒有這種持續的發展意識，你會失去興趣並且感覺缺乏挑戰性。理解其他宗教的過程、國外旅行或是對文學的熱愛都是職業織錦的重要線程，雖然其他人可能可以指導你如何在你選擇的職業中接受教育，但是如何成爲明智的人還是得靠自己。

土星合相北交點

土星訂定標準，它是那遙遠的卓越目標，當它與北交點的命運軸線如此接近時，旨在邀請你在人生方向中成爲有決心的人、能夠意識到自己的目標、並且了解你的抱負本質。你追求職業，這鼓勵你需要追求卓越和精確度，然而適當的維持你的野心也同樣重要，因爲這種卓越需求可能會掌管你的人生歷程。

當你面對未來，責任和義務是職業的挑戰時，這說明了你需要結構化以及敏銳的意識他人的期望。在職業上，可以擁有自主性和權威感是重要的，因爲你的命運就是在一個組織內步步高昇，因此，層級結構、規則、標準和界限的認知是非常重要的。但體系並不總是如你所願那麼有效、可靠，體系中的前輩也不如你所想的那麼誠實或能幹，諷刺的是，這卻可以幫助你看到自己的專業水準和能力，當你能夠承認自己的這些特質時，別人也會認可你。你極有可能被要求保護、領導和指揮其他人，成爲管理團隊的一員。

土星合相南交點

一種與生俱來的專業、完善，並且天生能夠劃分界限，你內在了解品質與卓越，你天生爲自己和他人負責，當然知道如何挑起領導的責任和組織工作以達到最好的結果，因此，這些特質可以支持你的職業目標。

你天生想要追求卓越的驅動力可以引導你面對行動的計畫和方向，在其中你可以成爲出色的人。工作和繁忙是必不可少的，不要太在意工作性質，因爲你會藉由參與你所做的事而被導入正確的方向。一旦你全心全意、努力工作，就會得到回報。而當機會來時，你的管理、規劃、建設和組織天賦，可以在許多方面引導你。重要的是不要受限在尋求他人的認同中，因爲無論你怎麼努力可能都沒有用。

土星四分相交點軸線

你的主要挑戰之一是去找到你的自主性和權威性。因爲土星，你會面對常規和體制，但最終的關鍵是你如何找到自己的一套規則。在某種程度上，土星需要專業化，但你需要掌握的專長就是你自己。

這說明你會敏銳地意識到許多不同形式的規則制度，以及對於它們的反應，雖然你可能很需要指導顧問，你的經驗往往是完全不同的，你意識到並不是所有的管理者都有能力、並非所有的體系統都有效率、也不是所有的結構都很牢靠，因此，你經常覺得你的正直和價值觀與組織不一致。你最強的盟友就是時間，隨著時間的推移，你開始承認和尊重你的正直和勤奮，忠於自己的價值觀和標準是成功的必備條件，因此，你的挑戰是要珍惜自己的時間和精力。

凱龍星合相北交點

你受到召喚去從事療癒的工作，這一方面可能是藉由自己的創傷，無論是能量、身體、精神或情緒上的。凱龍的配置指出你受到吸引、想要了解療癒的複雜性，並能發展解讀症狀和診斷不滿情緒的能力。

一個重病或困難的癒後往往變成一種聲音，引導我們走向一條更有意義的路，重要的是要知道你被召喚走上療癒之路是因爲自己需要了解。在職業上，思考你如何將教育、福祉和自我認識與你的職涯整合是非常重要的，有必要結合傳統和互補的方法，因爲這個原型將本能與培養連結在一起。凱龍是原型力量，啓發我們去理解和接受自己殘缺和邊緣的層面，也就是透過我們自身被剝奪之處，而找到自己的使命。

歐普拉．溫芙蕾（Oprah Winfrey）的凱龍合相北交點在摩羯座，而天王星合相南交點在巨蟹座。她天生渴望他人的關心，而她找到一種獨特的方式來滿足自己。在她的許多榮耀中，時代雜誌將她列爲全球百大影響力人物之一，當然，她的影響力帶來療癒的公開議題，無論是同性戀的認同、相互依存或是性虐待或藥物濫用。歐普拉的自我召喚帶領她以充滿活力的個性，展現凱龍的療癒及接受力量。

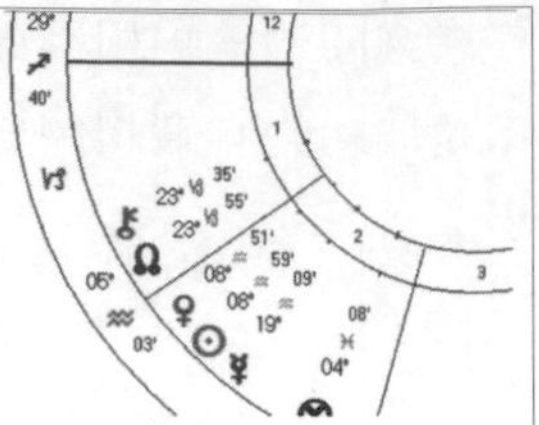

凱龍星合相南交點

在你的內心深處可能會感覺與祖先的智慧產生連結，許多祖先的脈絡可能已被切斷，所以沒有辦法確認，除了你自己去感受。這可能就是你的邊緣感的來源，你這輩子的疏離感也源自於你了解自己的職場不是在公司、企業或傳統的世界中，而是在這世界的邊緣。

這種配置意味著你可能有一種理解疾病和傷害來源的本能，因此，在你的職業生涯中尊重和培養這種本能是很重要的。雖然你強烈被要求朝向療癒和治療專業發展，但是因爲自己的創傷和失調，你可能會反抗這樣的召喚。然而，自古以來，治療師已經理解到，就是因爲他們自身的創傷，才能使他們成爲專業，就是因爲接受了自己的煩惱，你才找到勇氣去幫助別人。無論這個過程如何演變，因爲你自己的緣故，你都能夠理解人類苦難的深度。

凱龍星四分相交點軸線

你的職業轉折點發生在當你發現自己處於邊緣或者變成你工作體系中的局外人時，正是在這種塑造自己命運的關鍵時刻，你理解到處在職業邊緣而非核心時，能讓你感到更爲舒適。

這個相位說明，你的召喚包括將更多主觀和無形的事物做整合、融入你的職業中，你的挑戰是擁抱已被放棄的事物並與體系結合。你倡導非機械、經濟及理性基礎的方法，因此，這極有可能將你引領你到一種替代性的訓練、一種爲大眾接受的補充方法，如非傳統的療癒或治療、特殊教育或另類哲學的領域。你的挑戰是將這些與你所選擇的專業做整合，而不會感覺自己是局外人的羞恥。

天王星合相北交點

你熟悉不尋常和非傳統的吸引力，而被邀請踏上人煙稀少的路，雖然它可能不是最容易或最爲人所知的路，但是它合乎你的召喚。想像你的職涯就像一條快速移動的傳送帶，你永遠無法確定它會在何時、何地停止，但是當它眞的停止時，將會是一個顚簸和意外。因此，運用策略去計劃你的下一份工作不一定是明智的，因爲生命之輪蘊含著許多驚喜。

你的職業永遠不會一成不變，而是不斷的成長和變化，正如一個未來的代言人，你可能會參與改造世界的新觀念、帶你超越過去世代所設限的那些新科技，無論你選擇什麼樣的路，你都投入自己的個性和獨特性。雖然你最好是獨立工作，但你會在志同道合的改革者中尋找你的族群，天王星的邀請是走出封閉去向外探索，因爲你會在慣例之外聽到召喚。做爲一個有遠見的人，你受到召喚以你的創新、發明和原始創意，使你的世界走向現代化。

天王星合相南交點

你知道你不能接受虛假的規則，或是不公平的界限，然而，你具有正直、務實和改革的精神，天生引領潮流、代表未來之聲，正是這種精神爲政治所需。你本質上是民主、平等主義者、爲弱勢群體的困境而感動，因此，在你的職業中，你無法容忍爲了規範所訂定的規則，疾呼反對職場上的任何不正義和不公平，如此一來，你變得極度關心政治。而你也很獨立，在任何職業上都需要大量的自由和空間做自己的事。

在職業上，你被要求去幫助建立自由的工作場合，但首先你必須擁有足夠的自由，在從事政治活動時，不受羈絆或限制。你有天賦能夠在共生社會中做自己的事，因此，你可能是獨立顧問、自由資訊科技專家、聰明的科學家、創意作家或非傳統的搖滾明星。當你找到能夠自由的表達你的思想和信仰的地方，你會發現自己與眾不同，你越是能夠在你的職業中獨立，你越覺得自己有所貢獻。

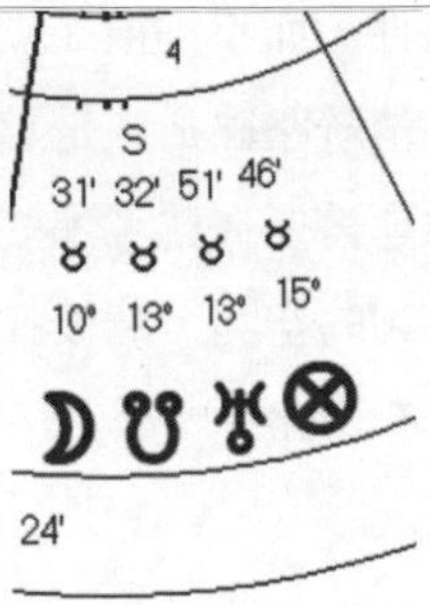

吉曼・基爾（Germaine Greer）的天王星／月亮合相金牛座的南交點，因此，她的北交點落在天蠍座第十宮。基爾天生便了解女性權利和自由，從小，她就強迫性的書寫及談論這些問題。第一次土星回歸時，她完成開創性巨著《女太監》（The Female Eunuch）；而在第二次土星回歸時，她著作《完整的女人》（The Whole Woman）做爲上一個土星循環突破力作的續集。整個成年時期，基爾一直強力爲女性發聲，但是從個人的角度來看，她描述自己最大的悲哀是無法成爲一個母親。雖然她的月亮／天王星／南交點的能力已經捕捉到女人的自由精神，但是這個配置仍然代表著切斷、無法連結的象徵，以及由她所表現出來的矛盾心理。

天王星四分相交點軸線

改變對天王星來說是很白然的，它的改變經常出人意料及突然，但這仍然是此原型的一個重要面向，因此，在你的職涯軌道中可能因爲急轉彎、意外的繞路或突然加速而受到挑戰。此外，你的職業之路永遠不會令人感到沉悶，當然這也未必會令人感到舒適，這一安排的主題是你能夠跟隨不可預知、承擔風險、獨立行事的召喚。你的考驗就是擁抱職業生涯的獨特性，而不怕被孤立排擠，在關鍵時刻，你將面臨一個選擇：是跟隨傳統路線？或是選擇人少的路？你的挑戰是為了迎接不可預知，命運需要你為了那些特別、尖端和改革的事物，在你的生命中創造足夠的空間，然後在你職業道路上的意外轉彎才會真正變成人煙稀少的道路。

海王星合相北交點

吸引你的是讓你的內心世界成為職業的一部分，在一個缺乏精神性的世界中，這是不容易的，但這是一種重視無形價值與彰顯精緻事物的努力。因此，需要強大的精神力量去追求你的藝術性和脆弱性，而在全然的工作壓力之下不會崩潰。

但也有很多方式可以展現你的創意，例如：音樂、詩歌、攝影、文學的想像藝術或參與慈悲性的活動，你的任務是人行合一，因此有時你可能會感到失落和不確定。你的目標永遠是不清楚的並且不斷在轉變，但是你比任何人都知道你想在工作中找到意義和靈魂，你已經準備好奉獻自己，只看生命之河要將你帶到何方。無論你選擇什麼路，你都有一種深切渴望想要與你的同情心和創造力產生連結，這不是一條簡單的道路，因為這個世界並沒有為此原型提供太多可以具體承認的途徑。

海王星合相南交點

無論你是否有有意識，你與精神世界都有深刻連結，當你被誤解時，可能會放棄或退縮，然而，吸引你的是去邀請別人了解你的感受和內在想像。雖然你需要時間冥想與安靜，但重要的是這並不會削弱你的創作能力，你的挑戰是要展現你對於他人的同情，傳達你的創意潛能，並表現自己的精神性。

你有許多擴展天賦的途徑：照護、社會工作、牧師及其他精神性的職業，志工、直覺性的職業如先知、心理及精神治療師、夢及圖像治療師；詩歌、音樂、攝影和照相工作、影視、舞蹈、時尚、繪畫和設計也是海王星先天的創新力，可以找到融入世界的方式。這些職業都不是目標，而是一個過程，幫助你找到深刻想要連結的事物。

海王星四分相交點軸線

這個配置說明：爲了對你所做的事感到滿足，你將受到挑戰不斷的重新想像你的職業，雖然可能難以將某些創造力或精神性融入你的工作中，但有必要的將它們投入於你的生活，否則你會有種無目的感的困擾。這些能夠以多種方式來完成，許多可能性例如：做爲窮人和弱勢群體的志工、繪畫或設計課程、演奏音樂、解夢或塔羅牌、或是藉由各種奉獻投入靈魂。當你在生活的這方面覺得有成就感，你就更懂得將意義和靈魂注入你的工作，一旦能夠引發你的創造精神，你就能夠在生活中轉個彎，朝向更眞實、滿意的感覺。抒發創造性的想像力是非常重要的，因爲如果沒有將它加以組織建構，你會發現你錯過了你的職業。

冥王星合相北交點

你對於表面之下的事物感到好奇，探究生命本質的解答，或是被生命的奧祕吸引，並且敏銳地意識到你的深切情感。雖然你可能比較傾向於退縮到自己的沉思中，或是渴望在自我的世界中找到庇護。但在職業上，你被邀請去將你對於神祕和計謀的熱情與職業之路結合，你可能會驚訝有太多不同的職業可能吸引你的注意。

你的職業在隱喻上就像是一個考古學家，可以挖掘尋找寶藏，或是一個礦工發現嵌在岩石中的礦產。在心理上，你的領域是無意識，因此可以發展如心理學、醫學、研究或此主題其他延伸領域的極大興趣，調查性的職業、醫學研究、農業、生態、資源回收都非常適合這個原型。冥王星還指出影響群眾以及轉變輿論的力量，因此，對人類生存條件產生影響的領域也可能使你感興趣。自始自終，最重要的考慮因素是你忠於自我的召喚，而從不逃避眞相。

冥王星合相南交點

你繼承深刻鑽研的強大能力，運用這種能力去塑造你的職業是很重要的，學會相信自己的直覺並且誠實對待你的動機也同等重要，當你眞誠並且坦率對待你的意圖，前面的道路便會少些混亂。你強烈的被過去吸引，當你總是認同過去的情感，便可能無法融入你的職業。

你需要專心致志於你所做的事、必須去檢視表面之下的事物，並且致力於尋找眞理，將你的熱情奉獻給你所做的事。因爲你專心致力於眞理，當他人的動機是不誠實或不單純時，會使你感覺受到威脅或恐嚇，因爲你清楚自己的動機，在職場上你也可能會感覺到他人對於你的嫉妒，這沒有辦法，因爲這是出自於無意識的感覺，你只能忠於你自己的正直。因此，承認你天生會引起陰影、虛僞和祕密是有幫助的。

冥王星四分相交點軸線

冥王星挑戰你去放掉對於職業的過時想法，你需要放棄已經過期的事物，才可以用新的東西取代。這意味著你將面臨的挑戰是想盡一切辦法，透過研究、深刻挖掘以及推翻路上的阻礙去找到新的路線，並走出自己的職業之道。你需要運用你的調查與自我探究的面向，無論你從事什麼，你都能意識到自己向下挖掘、揭開眞相、探索神祕或破解密碼的渴望。對於研究者、調查人員、科學家、考古學家、心理諮商師，以及所有那些知道表面之下蘊含更多事物的人來說，此驅動力將會派上用場。拒絕向下探索的召喚，使你的職業領域蒙上陰影，然而，遵崇這種向下挖掘的衝動，你將會發現無價之寶。因此，明智的做法是傾聽這種未知的召喚，你愈傾向此種召喚，你變得更愈堅強。如此一來，深入了解自己與你的職業交織密切，而明智的做法則是不去逃避看似艱鉅而棘手的事物。

Chapter 6
職業方向

星盤上的四個軸角及合軸星

生命的四個軸角

從出生那一刻、呼吸第一口氣開始，我們的個人星盤就已然存在，在經歷一段漫長而艱辛的「搬家」過程後，孩子甦醒進入自己的人生，吸入新世界的靈魂。古希臘人認爲有三位女神負責守護人們出生的一刻，她們會紡織、量度及剪斷紗線，編織屬於這個人的布匹，這三位神祇被稱爲命運三女神，克洛托（Clotho）負責紡線，拉刻西斯（Lachesis）評估它們的長度，最後阿特羅波斯（Atropos）會把線剪斷，讓靈魂脫離人生道路，這些人生的縷線深嵌於靈魂之中，星盤也反映出命運三女神的設計如何在出生一刻爲孩子的靈魂帶來影響。

占星學的傳統認爲你的誕生是一張人生地圖，我們將出現在星盤的這些輪廓視爲人生旅程的模板，它也可以是一張充滿活力、多層次、關於性格、潛能及信念的藍圖，星盤將人們在地上及天上的誕生合二爲一。然而，雖然孩子本身因誕生而在現實世界中被體現了，星盤卻並非如此，它反映的是可能性而非白紙黑字，雖然星盤也給予我們線索，但其實個人才是爲自己編織人生的人。

透過被稱之爲「星盤軸角」的四個方向，出生一刻說明了你的人生方向，地平線及子午線所劃分的兩個平面會與行星軌道或黃道交錯，從而建立那扣緊人生之輪的四個方向：地平線就像是一根鋼索，它把肉眼所見與不被看見的東西分開，這條橫向軸線連接了上升點／下降點這兩個軸點，我們上方是視野可見的天空，而底下則是隱藏的事物。在東方地平線的一方，上升星座決定了由性格體現的特質；另一方面，在地平線的西方，對面的星座正在落下，讓我們瞥見自己那些從別人身上反射的內在特質。

子午線是一條將個人與他人分開的縱線，但這條線同時也將靈魂帶入內在深處。子午線與黃道的最高點交匯，位於最高點的星座描繪出自我在世上的模樣，對面位於黃道最低點的星座則象徵了人生的基石，它象徵了一個私密的、屬於家庭的領域。就像指南針一樣，這四個角落各自標示了人生方向，職業與方向總是相互交織，而在占星學上，星盤的四個角落是我們人生旅程上的路標。

星盤中的四個軸角形成了兩種經驗面向，第一個平面是個人與世界互動的傾向，它詳述了個人性格、對人生天生所抱持的展望、生命力、以及對伴侶關係所抱持的傾向及定位。這是上升點的軸點，由出生那一刻正在上升的黃道度數所標示，它比喻個人對人生的積極性，因此也暗喻可以被帶入職業中的個人特色。其另一端是下降點，這個在西方地平線落下的黃道度數正是阿特羅波斯（Atropos）截斷繩索的地方。占星師也許會把這些模式解讀爲人際關係的潛在可能性。然而，在職業分析上，這軸線的重要性在於它所反映的個人積極性、與他人合作的能力、以及如何在職業旅程中掌握個人性格航向前去。

第二個經驗面是遺傳而來的世界觀，由祖先及家族脈絡所塑造，在這組軸線上，我們經歷原生家庭的影響、家庭期望以及這些期望所帶來的影響。祖先的模式也深嵌在這軸線之中，並塑造了我們事業上的方向及選擇，天底揭示了早期家庭生活與家庭的環境條件；另一端的天頂則暗示了個人在世上的命運，這命運受到父母及社會期望的強烈影響。天頂／天底軸線自然與上升／下降軸線垂直，這暗示了你遺傳而來的世界觀並不總是符合你的個性，兩條軸線交匯的地方位於星盤正中央，在那裡可能會形成第三種觀點，也可能會結合兩條軸線的觀點，這對個人來說或許會比較有眞實性，也正是在這裡我們會找到自己人生中的某種平衡感；但由於這些軸點天生就彼此不合，所以這也會是畢生的課題。

上升／下降軸線：自我與他人

在星盤中，無論是字面意義還是意象上，「出生」都落在上升點，因爲東方地平線正是行星在地平線下經過夜晚旅程後初次上升並被看見之處，雖然生命遠於出生之前就已經存在，但出生的一刻卻標示了生命被看見的開始。出生使我們認知自己的分離感、獨立及個性，它紀錄了從神性到世俗世界之間的過渡。同樣地，**上升點指出了可以被覺察的人格，以及我們看待生命及運用靈魂生命力的方式，這正是別人從我們身上首先看到的特質**。

上升星座、與上升點合相的行星、以及其守護星傳遞了關於出生那一刻的氛圍，當中包含當時的家庭狀況。在占星學上，上升點可以揭示非常多關於出生前後的狀況，也揭露了我們本能上如何面對世界。出生同時也暗喻著天生模式，這些模式記載了我們如何步入世界、如何在這過渡期中行進。位於地平線、尤其那些與上升點合相的行星，它們不但象徵了出生那一刻的狀況，更象徵了每當新的開始或過渡展開之際，這種能量會如何被喚起。因此，上升點在我們職業中扮演了關鍵角色，因爲它正是我們開始伸手接觸世界、建構人格及大步向前的地方。

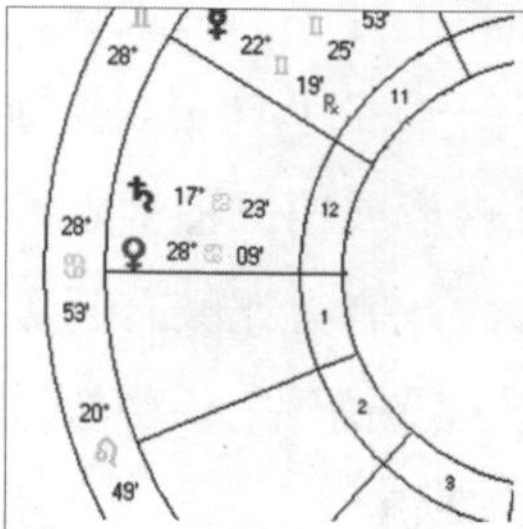

安潔莉娜·裘莉（Angelina Jolie）的上升點位於巨蟹座，雖然傳統上這是一股內斂的能量，這個人的性格充滿溫暖及感受，但當金星落於上升點，這個人的性格有可能會受到此原型的魅力及吸引力特質所祝福。做爲上升點守護星的月亮與天頂合相，讓這誘人的性格與她關懷他人的特質被帶到公眾領域之中。

做爲天底守護星的金星暗示了家庭價值及理想是她性格中固有的特質，加上魔羯座在下降點，她將透過互動及伴侶關係發現自己性格中更加務實、更富責任感的一面。

如果我們接觸生命的方式是由上升點賦予的話，那麼，我們在人生中吸引而來的則位於上升點的另一端，也就是建立人際關係的大門——下降點。與上升點對視的這一點往往帶來無聲、陰影或外來的經歷。下降點代表了「他人」，這一般意指在合約或承諾中與我們平等的另一人。然而，這個「他人」也可以意指內在自我中不足以被覺察的部分、那些一直想要被意識到的特質。由於我們比較傾向認同上升點的特質，由另一端的下降點所描述的特質則會漂流在這世上，這些特質會在那些吸引我們或拉我們過去的人身上尋求避風港。**下降點象徵了他人身上吸引我們的、卻可能存在於我們自身卻仍未被意識到的一些特質。**

在職業上，我們必須留意上升星座、其守護星，還有任何位於地平線與上升點合相或對分的行星，這些都是職業分析中的關鍵因素。

天頂／天底軸線：私人及公衆領域

不同於上升／下降軸線形成的平面，天頂／天底軸線是縱立的，它爲星盤建立了一個具支撐力的脊柱。底部是天底所在，它植根於本能性自我以及家庭基因庫之中；頂部則是天頂，那是對整個世界敞開大門的地方。從人生最早期開始，這裡就已經是父母軸線，那是神話中象徵兩極的一對，他們支持、鞏固、塑造自我，並讓我們與世界交流。

水平的上升／下降軸線暗示了「結伴在旁」，這暗示了自己與他人所組成的平等關係，而本質縱向的天頂／天底軸線則暗示了頂部及底部，因此也提示階級和權威，這軸線存在著力量的差異，天底是私人空間，天頂則是公眾領域。天底是大本營，理想的話，它會是一個充分防衛的基地，在那裡我們可以看到山頂，也可以通往那裡去，天底讓自我停泊於內在私人世界，好讓天頂那通往外在公眾世界大門的鏈子能被好好的扣上。對於發展內在力量及支持來說，天底的守護星既是嚮導也是資源，至於天底的行星則是一些會影響我們安全感及內在聖域的原型力量，當外行星落在天底，來自家庭影響及個人影響以外的力量會左右我們的防衛系統。

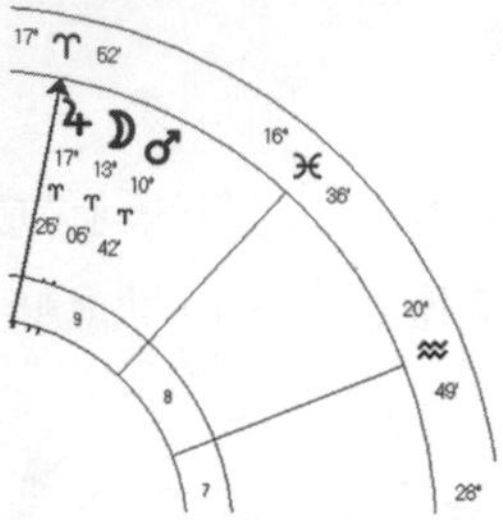

安潔莉娜．裘莉（Angelina Jolie）的天頂位於牡羊座，那是一條具創業精神、愛冒險、獨立、自我推動的人生道路，它的守護星火星落在第九宮並位於自己的星座，這支持了那些具創舉性、推動性的衝動，這些衝動在世上尋求創意表達，落在天頂的木星打開了跨文化交流的可能性，守護角宮星群的火星同時也守護天頂，暗示了她一個動感、有力靈魂的存在。

天底是天秤座，其守護星金星同時合相上升點，這肯定了她的個性及對家庭的愛會幫助她安定自己的內在生活，並加強她的私隱、安全感及防衛。

如果天底是我們幸福的試金石，天頂則是人生的著陸點，它是世俗領域中成就與表現的象徵。我經常把天頂想像成延伸到世上的道路，這是我們的事業，它不單指字面上的就業領域，更是一個穿越歷史的過程。天頂讓我們看到人生的路如何鋪展，我喜歡把它想像成「專業的」或我們自稱內行的主題，這是靈魂向世界所立的誓言，這誓言會由天底去下錨固定。占星學的智慧幫助我們透過理解這裡所描述的主題而將這軸線的潛能最大化，即使還是孩童的時候，我們已經擁有「長大後要成爲什麼」的畫面，這不是字面上的畫面，而是一種靈魂的衝動，要我們在自己的世界中盡可能的變得有創意及豐富。

讓自己熟悉星盤每一軸角的影響能夠豐富你對職業的認知，上升點標示了出生的位置，並象徵天生性格類型及外在形象，它也描述了我們天生接觸世界的方式及人格特質，事實上，這是我們初次遇到的人、我們轉向面對世界的一面。

然而，個人需要有意識的尋找一個方式去處理工作，由於職業宮位的宮首，也就是第二宮、第六宮及第十宮的宮首元素一般會與上升點不相一致，所以這永遠不輕鬆也不直接。當一個較爲整合的自我開始出現，我們會更加意識到自己在世上所做的事情往往會與自我認知或自我形象產生衝突，讓自己的性格適應職業是人類的一個挑戰。以下是對上升／下降軸線星座的描述，這讓我們理解個人需要適應職業不同的需求及能量。

關於天頂星座將在第十章詳述，任何落在天頂／天底軸線的行星都會在職業之中扮演重要角色，每一顆軸角行星都可以被視爲一股渴望透過職業尋求表達的引導力量、一個精靈（daimon）或一股靈性力量。如果有多於一顆軸角行星的話，它們各自會有不同需求，而且可能會互相矛盾或者衝突，關鍵是尋找一個能夠盡可能同時表達所有行星的正確時間及管道。

上升與下降星座

以下是關於上升點及下降點所指向的位置，或稱爲上升星座及下降星座的一些想法。一如以往，這些都是籠統的內容，我們需要以整張星盤做背景去看待它們。不過這的確是其中一種方法，讓我們思考自己如何伸手接觸人生，以及我們在旅程中可能會吸引到什麼主題。

職業上，重要的是要考量上升星座與物質宮位或與職業相關宮位之間的關係。在自然星盤中，第二宮與上升點形成半六分相，因此它們的元素是不一樣的；同樣地，在自然星盤中，第六宮與上升點形成十二分之五相位，第十宮則與上升點四分相。這種佈局暗示了上升點顯示的人格個性往往會在職涯中受到挑戰，無論那些挑戰是來自面試、工作日程、同事、老闆、升遷還是事業的其他面向。因此，雖然個性是職業追求上的珍貴資產，它同時也會在職涯中遇上分歧、調整及挑戰。

上升牡羊座、下降天秤座

牡羊座賦予你英雄特質的人格，這種性格註定是喜歡冒險及探索，你的自發性及熱忱正是帶領你前往下一個青草地的特質。雖然你的靈魂熱愛遊歷、永不言累，又或是說你是一個肩負任務或使命的騎士或女英雄，但當涉及工作時，你也許會面對完全不一樣的情節。工作領域讓你更加察覺到自己更穩定、更仔細、更傳統的面向，當涉及職業時，你可能需要馴服一下自己的熱情並把它導向一個更加確實的結果。然而，你的性格實在太暴烈以致無法單憑規則及規矩去管理，因此，重要的是要選擇一條容許自決及自由的道路，讓它能夠容納你那不安定的、具競爭力的本質。

下降點的星座是天秤座，它關注的是平等、公平及人際關係，矛盾的是，你獨立自主的靈魂及對自由的渴望會在人際關係中面臨最大的挑戰。人際關係讓你知道，當你嘗試討好別人的時候，你那獨立暴烈的精神就會面臨危機；因此，關鍵是在所有情境下你都要做自己，你那偉大的職業挑戰其中一部分任務是要取得平衡。在表面上你看似是一個獨立的靈魂，對人際關係及交流抱持開放態度，但透過工作及人生，你會找到一個更加保守的靈魂，而這靈魂會透過人際關係在情緒上被觸動。

上升金牛座、下降天蠍座

在你眼中的完美世界裡，任何事物都不會改變，而萬一眞的需要改變的話，它也會慢慢地、爲了某種目的而刻意地發生。你是一個重視物質的個體，享受自然的美及世上的逸樂，尋求機會與身邊那些熱情的人分享人生，你需要時間去適應任何的新事物，也需要時間去讓事情安定，對你來說，重要的是步步爲營地前進，一步一步的進行，好讓自己能夠把事情想透徹。然而，你在社會上的工作卻可能非常不一樣，它會挑戰你去一心多用，變得擅於互動及具有視野，這就好像當你對於緩慢的華爾滋感到舒服的時候有人叫你跳快步一樣。雖然你的性格可能並不安於或並不熟悉承擔太多事情，但是你的工作會發掘你的潛能，讓你發現各種即興隨心的方式，你的性格需要穩定及結構，因此，重要的是你的事業選擇有助於讓你在節奏快速的工作中感到安心及穩定。

天蠍座位於下降點的你會受到別人身上坦白、忠誠及激烈的特質吸引，並會尋求一些能夠深刻及激情地與你建立關係的伴侶。雖然你想要建立深刻的關係，然而你並不想被支配，對你來說，探索自己信仰、激情及學問的自由及獨立性尤關重要。但矛盾的是，你可能需要透過建立關係的過程中所燃起的激烈情緒才能發現這些主題，你內心深處信守承諾而且會熱烈地參與付出，但在表面上卻是對這廣闊世界的好奇心及迫不及待，而職業正好給予你這個探索的機會。

上升雙子座、下降射手座

也許從出生開始你就已經一直保持活躍，在還不知道要去哪裡之前你就已經想動身了。富有好奇心與求知精神的你也許會問很多問題而且迫不及待想知道答案，因爲對你來說答案總是來得太慢，所以你總想要自己找到答案。基因可能會賦予你一雙長腿讓你盡可能的到處走動，又或是給予你一個能量強大的神經系統讓你能夠一次處理所有事情，又或是一個能記住所有資料的腦袋。就像雙子座這個星座一樣，你的性格是變動、可變的，而且可以同時出現在兩個地方，你是一個天生想要分享想法的信差。

然而矛盾的是，爲了在畢生的職涯中得到滿足感，你將會被拉進一個充滿情感及情結的世界，身陷其中的你會找不到出路，在你想要改變方向時也未能如願。在職業上，你需要依附於自己所做的事情，投入其中並且得到情緒上的安全感。因此，你可能需要花一段時間去消耗自己的不安定感，好讓自己能夠在某個職涯中安定下來。最終你將會知道該何去何從、想成爲怎樣的人，因此，無論你的職涯內容有多麼形形色色，它其實都正朝著你的目標迂迴前進。你對於職涯的投入也許會比你習慣付出的多，因此，重要的是你要確定自己擁有興趣及嗜好，讓自己有方法離開工作所帶來的情緒需求。

下降點的射手座暗示你會被他人的狂熱吸引，尤其是他們的獨立性、對人生的熱情及對眞理和意義的追尋，你會在人生中遇到相當多聰慧的人以及那些無所不知的人們。但是，除非你走進其中的陰影，否則你將找不到任何眞理，人際關係教會你要找到屬於自己的眞理以及相信自己，最終你會成爲權威並會被賦予許多不同的責任。讓人好奇的是，做爲一個看似那麼逍遙自在、無拘無束的人，你的職涯卻幫助你發現自己比較依附、比較有責任感的一面。矛盾的是，你要透過感受、情感上的參與以及承諾，才會找到成功及滿足感。

上升巨蟹座、下降魔羯座

你也許是以一種躊躇猶豫的態度來到這世界，雖然你可能對於踏出第一步仍然有點遲疑，但你也許已經足夠成熟去找到內在安全感及防衛。對於讓其他人對自己感到安全及安心這件事，你總有一些小祕訣，一旦你有了一個安全的窩巢、一個支持你的團體或一個你稱之爲「家」的地方，你就幾乎可以進行任何事情。但這也正是外界會藉以挑戰你的方式，它要你走出自己的殼，你的工作將會讓你沉浸於創意及自我表達之中。雖然你的性格可能比較喜歡留在家中，但在職業上你會受到召喚並變得具冒險及探索精神。事實上，你所從事的很多工作都會要求你踏出舒適圈、跨過文化的邊界去接觸新的想法、信仰和道德觀。因此你不妨記住一件事，雖然你喜歡穩當行事，或許也不想離開家太遠，人生卻總向你招手，要你前往遠方，離開自己的堡壘及家庭傳承的態度。

在你出生的那一刻落在下降點的是魔羯座，它暗示了你也許會被具權威性及能幹的人所吸引，當你受到他人的某些特質吸引，例如老練的智慧及競爭力，你就會學習如何管理及架構自己的人生，讓它變得更加成功。另一方面，你也許會傾向爲了關照別人，尤其是那些看似能讓世界變得更好的人而犧牲自己對職業的追求，這卻可能會適得其反，因爲這些關於權威及競爭力的主題正是你需要在自己身上發展建立的特質，它們能讓你變得更加獨立。矛盾的是，對於一個渴望傳統、以家庭爲主的人來說，你的職涯也許比你想像中更具原創性、創業的特質，一路上你會幫助他人，協助他們在自身找到更多價值及安全感。

上升獅子座、下降水瓶座

當獅子座在上升點，我們也許可以想像你是在鑼鼓聲及歡呼聲中來到世上的，世界需要記錄你的到來，只要你願意，你可以隨時走進一個房間，單憑個人魅力、神色自若的驚艷全場。具有創意及自我表達能力的你懂得如何掌控他人的注意力，有時你會透過熱情和吸引力做到這一點，有時則是藉著幽默感，但關鍵是你必須要做自己。你的個性無疑讓你天生就懂得結交朋友，也讓你天生就擁有對別人的影響力。矛盾的是，當你去工作面試時，相較於你的個性及魅力，你未來的僱主會對你的努力及紀律更感興趣，於是這裡就會出現一個兩難狀況，雖然你有一個擅於表達的人格面具及生氣勃勃的形象，但在進入工作環境之前你最好先在入口處再自我檢查一下。在職業上，你需要發展你的競爭力及權威，你的確需要一股熱情的火去推動你正在進行的事，但這團火需要比你所想像的更爲穩定。職涯中的滿足感來自於你那值得讚賞的成就、耐性及投入，你那活潑的個性需要支持你的職業探索，而不是阻擋他的路。

下降點水瓶座暗示了你會被他人身上公平及平等的特質所吸引，並會欣賞他們的不同及獨一無二，透過友情及伴侶關係，你學習到如何尊重他人的獨立性、他們不同的意見及觀點，這會對你相當有用。因為你會被要求成為他人的主管、老闆或權威，最終世界會給予你所追求的認同及讚譽，當這發生時，你知道這並不是因為你的魅力或人氣，而是因為你的紀律及投入。

上升處女座、下降雙魚座

上升處女座為人生帶來了一種秩序的態度，當你在職場上冒險之際，重要的是你需要有計畫、程序、清單或地圖，或至少你要知道自己前往的地方。你需要做好準備，一旦你知道自己已經考慮周全之後，你就能夠放鬆然後讓事情發生，除非你感覺自己已經掌握了其中的秩序，以及知道自己處於秩序之中，否則你很難能夠自然地放鬆。雖然別人也許會認為你對細節的關注是多慮，你卻將這視為開始任何事情之前的必備條件。縱使你天生的組織力及建構技巧相當受用，但在職業上你可能需要與別人一起工作，而這些人也許並不像你那樣考究或有秩序，你的工作伙伴也許並不那麼愛整理或像你那麼瞻前顧後，因此，重要的是不要被扯進他人的混亂中。在職業上，你會透過這種方式受邀請去發展社交技巧及謀生，無論這種工作會帶領你到人事、人力資源、飯店業、諮商還是各種以人為本的專業領域，重點是你都需要學會更加的適應他人、更加開放地改變自己的想法、並且不讓工作習慣凌駕於各種可能的選擇。

星盤的下降點位於雙魚座，這暗示了即使在私人生活的人際關係中，你仍然會在他人身上遇到混沌及缺乏清晰的狀況，你的伴侶及好友幫助你去接受「人生並不是按照計劃進行」這件事，也並不像你所喜歡的那麼有秩序。你毫無疑問地能夠感應大自然的節奏及循環，但是挑戰卻來自於你身邊的人，難怪你會覺得相較於人類，自己與動物更加親近。不過這正是你的職業挑戰：你要與他人一起工作，並努力告訴他們改善人生的可能性，而「改善」這主題是你本能便知道如何做到的事。

上升天秤座、下降牡羊座

你出生時落在天秤座的上升點，爲你增添了吸引力及友好的特質，也許你有著燦爛的笑容、閃爍的眼睛或開朗的表情，但關鍵並不是這些物理特徵，而是你友善好學的氛圍吸引著他人。你已經準備好與他人建立關係、傾聽他們的苦惱、分享他們的榮耀及相互陪伴，你盡力維持周遭怡人平和的氣氛，盡可能對每個人和藹親切，即使面對最難搞、最討人厭的人，你也懂得容忍欣賞。你的社交技巧及討好的性格在職業中相當受用，然而在謀生的過程中，你對人際關係的過分理想主義及天眞的想法會帶來挑戰，因爲並不是每個人都像你一樣公平，他們也不一定是正直及仁慈的，當涉及工作時，你可能需要堅強一點，因爲你的好心腸容易被人佔便宜。在職業上，你也許會特別鍾情於需要與他人以非常私密或親密的方式互動的工作，因此你必須建立情感的界線，堅持自己的立場及專業。你的工作也許會帶領你進入一個關鍵激烈的領域，那些領域需要你的情緒力量。你天生的人際技巧及關照他人的態度會成爲強大的資源，但在你的職業之旅上，它們需要你個性中更具辨別性及批判性那一面的配合。

在你出生時位於地平線另一端的是牡羊座，這暗示了你會透過人際關係的建立變得更加獨立，也能夠更加察覺自己的渴望。你會受到他人身上獨立自主的精神及競爭力吸引，並且天生就能夠配合他們的獨立性。你從他人身上瞭解自己的意志及欲望，當有一天你眞的按捺不住脾氣、遇到一個很難下的決定、或於工作中需要站起來對抗找麻煩的人時，那時候你便會領悟這些都是蠻受用的。你性格的形成天生就是爲了建立人際關係，但透過職業，你同時明白他人並不一定擁有你的正義感或價値觀，也不一定有著一樣的好心腸。

上升天蠍座、下降金牛座

上升天蠍座會凸顯性格中權力與莊嚴的態度，也許你極度在意隱私，完全沒時間跟別人閒聊，如果是這樣的話，你也許就有著激烈、難以親近的性格色彩。事實上，你是太小心不讓自己與別人過分親近或太快全心投入，信任是需要隨著時間一步步建立，而當它一旦被建立，你就會既忠心又眞誠。眞摯與誠實對你來說是先決條件，而你天生就懂得如何分辨對方是否虛情假意，因此別人也許會覺得你是威脅，但他們卻又會被你的深度及魅力所吸引。矛盾的是，在職業中，你也許會被要求去分享自己的洞察力及信念，勇於迎接挑戰及自我表達，工作中的滿足感並非來自於隱私及獨處，而是來自於認知自己的身分、以及塑造一個好的認同標準。在職業上，你的挑戰在於在不失去自己靈魂之下，同時在世上變得具有創意及受歡迎。因此，你需要偶爾離開一下，但與其完全離開職場，休假會是一個較好的選擇。

在地平線另一端是金牛座，這讓你知道你需要一個穩定、踏實的伴侶與你相互平衡，因此你會被那些能夠幫助你建立人生、但同時懂得自處、不會干預你的職業的人所吸引。穩定、持久與可靠，這些人格特質會透過伴侶關係在你身上形成。矛盾的是，一旦你找到內心穩定的基石，你就會得到自由去享受各種不同的伴侶關係及友誼。因此，雖然你也許傾向將自己關在衣櫥裡面，你卻需要探索、表達、學習及發展找到你的職業，而當你無所探尋時，讚譽跟認同還是會前來找你。

上升射手座、下降雙子座

樂觀及信念是你的天生特質，它們會融入你的個性中，在某種程度上，你是一個天生的理想主義者，因爲在每一種狀況中，你都總會找到一些正面意義。如果你努力探尋的話，事出皆有因，而你也眞的如此。做爲一個富想像力的思考家，你能夠看到別人看不到的，你懂得在每一種情況中看到某種隱喻，並解讀其中爲人生帶來意義的跡象及預兆。你總會受到熱忱與自我肯定的鼓舞，而別人也會被你的想法、天生的知識、強烈的直觀以及對世界的看法吸引。你的性格相當適合啓發他人、擔任教育工作以及將某種觀念帶入這世界。在職業上，你會被要求建構及紀錄自己的想法，工作也會要求你更有紀律、踏實，也需要更具鑑賞力和分析力。當你結合智慧及努力，你的信念及想法會以一種更加務實的形態呈現，讓你運用及利用。某程度上，你的職場經驗能幫助你將已知的事情引導及表達出來，由於個性上你需要較多的時間去適應例行公事及結構，因此，人生的早期階段也許會充滿了各種遊歷、旅遊、實驗及學習，這些經歷全部來自於你那渴望在世上尋找適當位置的靈魂。

當雙子座在下降點，在人生旅途上你會遇到其他人，他們會爲你找到你的理論所缺乏的部分，他們會借你正確的書藉、教你重要的知識、並爲你引介適合的老師。在跟這些人互動的過程中，你會被他們獨到的用語、想法和故事、以及開朗的態度吸引，在與他們互動的過程中，你更能夠好好的建構自己的想法。有趣的是，你可能會發現自己與那些啓發你的老師成爲同事及朋友，並在充滿思考及知識的世界中平起平坐。你的職涯能夠幫助建立及塑造你直覺性知識、改善表達自我思想的方式，間接地幫助你對於人性有更廣闊的認知。

上升魔羯座、下降巨蟹座

上升魔羯座的人有一種天生的內斂及控制力，從你接觸生命的方式中可以證實架構及傳統對你來說十分重要，常規與律法在你的道路上也是重要指標，你也許會選擇對抗架構及規則，但你對權威的譴責來自於你在接受不可抗拒的事情時的掙扎，但至少你是以自己的方式去抗拒。命運決定要你去擔當較年長、責任感的角色，因此職責和義務會是你人生經驗中的特色。但當涉及職業時，你會被鼓勵變得更敢於冒險、承擔風險、更懂得與人合作以及更具彈性。在人生經驗的背後，你也許一直覺得自己對別人有一種責任，因此，當你事業上只需要專注的爲自己負責時，這對你會是一種再好不過的解脫。你無疑具有天生的管理技巧，你的自主與成熟也會是加分的地方，但在事業道路上，你的挑戰是延伸自我成爲更爲獨立思考的人。你有志於讓自己盡可能的做到最好，而你最大的挑戰在於尋找自己的標準及目標。你對他人給你的期望、指引及理想十分敏感，但你也需要辨別自己適合什麼，而不是他人的想法。

在你出生的那一刻，巨蟹座位於地平線另一端，這讓你被他人的關愛、同情心及敏感特質吸引，你會透過伴侶關係學習到不要對自己太苛刻，也會學習到如何找到有歸屬感的地方。你需要培養出歸屬感與家庭經驗，使你在接觸這世界時能感到安心。人際關係也有助於建立安全感，讓你能夠在這世界上紮根，而你的獨立性和彈性會是邁向成功的關鍵。

上升水瓶座、下降巨蟹座

水瓶座是在不因循舊則之下、同時具備人道主義的星座，因此這些特質從出生那一刻便融入你的個性中。你的出生爲你帶來獨特性以及不同於他人的特質，你不會只爲了應該要去做某些事而去做，而是因爲它們是對的。無論是在環境或性格上，你總是維持獨立及實驗性的特質，這使你能夠有分離、不依附的感覺。你從小就習慣改變，尤其是氛圍及安全感上突然的變化，這使你感覺最好不要太過依附於事情原本的樣貌。但在職業上這也許有點不同，因爲你也許會發現自己渴望投入以及建立深刻連結，無論是透過創意還是同情心。職業上，想要保持距離的想法也許是你需要面對的挑戰，但是與眾不同、獨具一格卻是爲你的成功加分的特質。在你的職涯中，挑戰在於不要讓你的獨立精神及反叛性干擾你全心投入的事，透過獻身於所做的事情，你會找到自己創造的才華。

當水瓶座在上升點，獅子座會位於下降點，這對稱的另一端暗示了你會被他人自信及創造性的特質吸引，伴侶關係有助於讓你與自己的自我表達產生連結，並讓你的獨特才華更加彰顯。重要的是不要讓自己只懂得仰慕他人的才華和技巧，而是讓自己被啓發，去發現自己的才華和技巧。他人會幫助你去挖掘這些特質，讓你找到自己的創造才能，以及想要運用、完善它的衝動。

上升雙魚座、下降處女座

當雙魚座在東方地平線，這暗示了世俗與天國之間只有一紗之隔，使新生兒對他周遭環境極度敏感。這種與環境的同步及接納性暗示你相當容易受別人影響，也容易被別人利用，有時候，你可能很難分辨自己與他人之間的界線，因爲你與他人之間的界線相當容易模糊，並讓你感到混亂迷失。你就像變色龍一樣可以改變形體去適應環境，這有助於讓你躲起來不被看見，但如果你想被看見的話，這特色可能就不太有用。矛盾的是，在你踏入世界的路上將會遇到這些難關，因爲在職業上你會被要求更加直接、自我鮮明及更有意見。職涯中的滿足感不一定來自於適應他人以及對他人敏感，而是來自於變得更具挑戰性、創業精神及冒險精神。你甚至會找到爲自己挺身而出的勇氣，因此，你的挑戰在於如何運用自己的理想主義以及易受影響的特質去爲自己服務。毫無疑問的是，你需要受僱於一個尊重人類境況並對員工需求敏感的環境及職場，當然，你也不希望因爲他人對你的期望而失去自己。

在地平線西方是相對的處女座，它暗示了你能夠透過伴侶關係學習分辨的藝術，以及整理人生的混亂，對於減少壓力及掌握工作進度來說，它同時也暗示了工作伙伴及同事關係的重要性。與別人建立關係及溝通有助於讓你分辨優先次序，你對別人的評論相當敏感，但重要的是要知道這些評論也許並不如你的自我批評那樣嚴苛，也就是透過人際關係上的平等及互相溝通，你才能感受到人際關係的深度。

軸角行星：地平線的行星

當行星合相星盤其中一角，它會像哨兵一樣守護著兩個方向之間的門檻，它也可以扮演所向一方的嚮導或主人。由於該星座的特質會受到原型出現的左右，其影響力會滲透於人生方向中，我們可以想像這個行星原型掌控，並將其力量施加於人生進程中。軸角行星身處於如此戲劇性的位置，可以主導星盤的領域，因爲它們是如此顯而易見，我們也許會想像它們就坐在駕駛座上，像一個強而有力的代蒙精靈一樣影響我們的人生旅程。

上升點的行星塑造個性，並透過該行星的行爲、態度及特色而認知這個人的存在，行星透過個性及身體去表達，而個人做爲行星原型的代理，也會在周圍環境中表達其行星本質。下降點的行星反映其漸漸失去的光芒，透過於他人身上的投射及認同、或是透過反映潛意識的事件去尋求表達。下降點是黃昏，當被延長的影子曝露白天未被看見的事物的時候，下降點的行星帶領我們進入自我那些神祕的、未被看見的特質，這些特質蘊含著想要連結及建立關係、非常情慾的衝動，它們會爲自己找尋進入他人生活的方式。

從職業的角度去看，軸點行星需要優先考量，因爲它們會藉由個人的人生方向尋求公開表達，以下是關於合軸行星的一些想法，然而它們都需要以整張星盤的背景做爲考量，也許參考第二章所討論的行星與事業的關係應該會有幫助，嘗試應用這些想法去思考軸點行星的強大，以及它們會如何加強鞏固人生中的某些方向。

太陽在上升

你在破曉時分出生，太陽正在東方升起，在你身處的位置閃耀當日第一道光芒，是另一天的重生。這是一個強大的過渡時刻，它象徵了青春、活力、魅力及力量，太陽將溫暖及生命力注入個人，並成爲其職業道路上的強大資產，同時也賦予他自我意志及自我肯定的力量。但如果個人缺乏信心或自信，那麼這些特質也許會被用來自我防衛。當太陽落在上升點，你那強大而充滿活力的個性需要被馴服駕馭，並運用在你的創意及熱情上。天生的領導才能及擔任父親角色、照顧他人的技巧可以透過事業慢慢發展，因爲無論你選擇哪個事業方向，你可能都會被要求擔任領導角色。你的自信、樂觀、勇氣及韌性都是你尋找及維持一份稱心職業的關鍵。

太陽在下降

日落時，黃昏帶來了比較安定、安靜的氣氛轉換，你出生的那一刻是太陽正好在西方落下、晝夜交替之時，雖然你可能比較傾向從別人身上看到創意、信心及自信，但是這些特質其實也是你的成熟特質，也許你最好記住，你可能會先從別人身上同時看到正面及負面的特質，然後才在自己身上發現它們。他人顯而易見的創意與自我認同反映了你的自身，對你來說，建立人際關係相當重要，你所認識具創意及活力的人對你帶來非常重要的影響，人際關係與伴侶關係是你在世上感到滿足的關鍵，並在你的職涯中扮演了一個角色。

月亮在上升

當月亮出現於東方地平線，個人感受相當接近地表，你在這一刻來到這世界，並吸取這一刻的靈魂，你難以掩藏不舒服、不安或不快樂的感覺；同樣地，你也無法掩蓋自己的歡喜興奮。你對周遭環境非常敏感，會無意識地背負他人的情緒或環境中的感覺，並且容易受到他人的意見和關注左右，因此，當你的情感生活與那些無法表達自我眞實感受的人糾纏不清時，也許會變得情緒化或容易有情緒反應。你的直覺及本能因爲月亮而凸顯，你也天生能夠解讀他人情緒，因此在擁有足夠的情感保護下，你能夠在任何情況下提供協助及照顧。月亮原型位於你星盤的最前線，這暗示了你的感覺、本能、直覺及反應正是你面對世界時的最佳嚮導。

月亮在下降

月亮在西方地平線下降，這暗示了你會被他人的敏感及溫柔吸引，然而，這卻也可能讓你逐漸陷入他們的依賴當中，使你需要去照顧他們。因此當你容易被那些無意識地依賴你的人們影響而糾纏不清時，你必須思考自己的需求是甚麼、怎樣才能夠盡量自我滿足。你必須滋養自己，其中的部分挑戰在於如何找到存在世上需要爲自己做的事，命運賦予你天生對於他人的敏感關注，但在你前往的路上，你需要找出如何好好運用此項才能。

水星在上升

水星在出生那一刻出現於東方，此時很難看見它，同樣地，你的個性長期之下也難以確定或被看見。你就像這顆行星的本質一樣，天生擁有一種洞察力，知道狀況的冷熱或是當下情況是否危急，你的神經系統感覺這一切，而你也經常感覺被曝露無遺及非常脆弱，但也正是你那緊張能量幫助你去完成大量事情，並使你能夠快速移動去完成你想完成的一切。充滿活力又難以靜下來的你需要持續移動尋找自己需要前往的地方，所以你那易變的性格能夠幫助你輕易找到方向。你的性格強調溝通又有彈性，擅於與人交流、傳遞訊息以及結合人們與想法，這些都是你天生自然的職業特點。這裡的水星像是坐在駕駛座上，所以最好習慣那些透過你個性及身體活動而呈現的快速變化、心思轉換、及突然的興趣。

水星在下降

當你降臨這世上時，水星正懸掛在黃昏的天空，當過渡之神出現在你星盤上的西方門檻，你會藉由人生去經歷一些重要的階段及過渡期，尤其是在人際關係的領域。在人生的岔口，你將能夠幸運的遇到正確的嚮導、伴侶及朋友去協助你的過渡。這也暗示了當他人展開人生新階段時，你擁有不尋常的能力能夠與他們諮商溝通，而你本能的溝通能力也可能能夠被運用在傳授知識、資訊及指引他人。下降水星點會引領新手進入他們的夢想世界，當水星在你的星盤下降點，你天生的想像力、傾聽及諮商能力都會對職業有所助益。

金星在上升

金星上升是神的祝福，但當祝福沒有依照眾神的安排運用的話，可能會變得複雜。與價值及美感有關的金星彰顯在你的個性及人生方向中，因此，美麗、優雅、魅力、公平、平等、公義及交流這些特質會是主要的特色，在人生歷程的形成中扮演重要角色。不妨使用這些來自神的天賦去促進平等、合作、精緻及公平價值，你具有潛力運用熱心的個性去打開許多門，因此你應該明白，當你適當地出現、參與互動的時候，你具有優勢。你的社交技巧可以得到良好發展，它也是你職涯的資產，你的價值顯而易見，所以你要確保將自己想要被認同的特質呈現給他人。

金星在下降

從最早期紀錄開始，在西方地平線出現的金星都被視爲吉兆的象徵，在當代理論中這一點仍然存在，尤其在人際關係的領域中，當金星在下降點，你會比較符合女神的喜好。在某方面來看，這裡屬於金星的軸角，因爲金星關注的是人際關係的領域以及當中的愉悅舒適，對你來說，平等、公平、公義和分享都是重要的，這些價值觀就如人際關係所帶來的享受一樣重要。你的人生之路會挑戰你去珍視人際關係、努力尋求平等並且成為團隊的一部分，透過人際關係的經驗以及你能夠為他人提供的東西，你會從中找到自尊及自我價值。

火星在上升

從最早期的聯想開始，火星一直與戰爭之神有關，在你出生那一刻升起的火星會將此原型帶到公眾領域，這暗示了你的個性強烈受到某種強而有力的能量影響。在心理上，這不一定與戰爭或衝突有關，但競爭、野心及驅動力當然都是火星影響個性的特點，因此，這解釋了為何火星上升會與運動冠軍及英雄之類的人物有關。它的衝動是想要去行動、開始及跟隨怒火，因此你必須將此驅動力及能量導向你渴望的目標上。對你來說，問題可能是如何知道自己的目標以及知道自己想做什麼，最需要面對的問題是「我想做什麼？」冒險、行動及體力消耗有助於集中這些驅動力及能量。在你的人生中，需要行動、接受挑戰及追隨自己想做的事情，直到你的身體鍛鍊、探索和冒險能夠與這個原型以及它在你人生中的表現互相配合。

火星在下降

落在你星盤西方軸角的火星顯示你會透過與他人的經歷遇到這個原型，你會透過人際關係遇到挑戰，知道自己想要什麼、成為獨立及果斷的人。你愈是否定自己的欲望，那種進取心就會更顯現在環境中，所以重要的是要認清你的競爭技巧及野心，無論這些特質存在於你或是他人身上。誰挑戰你或你挑戰誰並不重要，而是你的競爭才是重點，你的任務在於尋找一個健康的競爭方式，你的工作是要釋放自己的驅動力及主動性，賦予你能量去追求自己想要的事情。毫無疑問的你需要得到支持，但是你的獨立性與創業技巧，才是需要被意識及引導的特質。做爲職業的主題，在下降點的火星暗示了在所有的相遇中你都會被挑戰，使你成爲眞誠的人。

木星在上升

木星以擴展著稱，因此當它於東方現身時，會帶來慷慨及有遠見的性格，我們可能想像一個大剌剌的外向個性或是熱心、淵博的內向本質。熱忱、思想開放及樂觀這些特質會融入你的個性，有助於使你對人生抱持積極及信念。你出生的一刻確實暗示了天生對人生的信任及對未來的信念，一切事情都會適得其所的信念，一般證明是對的，這提供你一生的庇護，優雅與幸運也都是你的守衛。別人都會看見你那驚奇的知識及想法，即便有時候會有點膨脹，但那將爲你提供足夠的火焰，讓你朝正確的方向前進。對你而言，那方向會與你的信仰、理想及人文價值產生關連。在職業上，你的樂觀個性及哲學性格會是你職場上的優勢。

木星在下降

朱比特（Jupiter）是羅馬神話中與公義及優越有關的眾神之王，當這行星在下降，這暗示了你也許必須先透過他人去體驗這位神祇，然後才能夠在自己身上找到祂。因此，他人吸引你的特質，包括知識、洞見、覺知、敏銳及靈性面向，某程度上反映了你良好的判斷力。你會面對在人我關係中尋找自己的信念、道德、倫理及原則的挑戰，這挑戰十分重要，因爲你無疑的會被召喚成爲他人的老師及引導。在你的人生路上，最重要的是要尋找自己的信念及信仰，幫助你感覺自己是更大格局的一部分，這些原則會在你的職涯中提供協助。

土星在上升

當土星在上升點，母親的生產過程可能漫長艱辛，你來到這世界的過程是複雜而有所延誤，無論這是指身體、情緒或是心理上。不僅是出生，在你人生中所有的開始都是不慌不忙的，土星守護時間，對你來說，了解事物需要時間，事物的成熟也需要時間，然後在適當的時間呈現，因此，從一開始你便受到耐性及耐力的試煉。命運同時賦予你高度的責任感，這融入了你的人生，你或許會認爲自己先天不足、沒有足夠機會變得獨立與任性；但另一方面，在職業上你比別人優越，你天生擁有成功及成爲權威所需要的特質，結合你的野心及耐力，你便足以讓自己擔任領導角色，而這正是你在這世上的命運。

土星在下降

當土星出現在星盤的西方軸角，你大概會被那些重視架構及原則的成功人士吸引，然而，你也許並未察覺這些特質所需要的時間、控制及奉獻，使你覺得自己總是缺乏足夠時間或專注力。基本上，你的任務是要透過人際關係學習更有架構、自給自足及專業精通。透過人際關係，你會發展出自己的權威及找到自己的競爭力。你懂得與人友好，甚至與上司成為夥伴，因為你會慢慢學習如何區分平等及階級、以及如何成為代表或領導。在職業上，你的管理及人事技巧可以被運用在職涯中，在人生的後半段，領袖及導師的角色會為你帶來更大的滿足感。

凱龍星在上升

當半人馬凱龍星在東方地平線升起，其特立獨行的特質會融入你的個性中，雖然這特質也許會以胎記或出生時的疤痕呈現，但它也會在心理上透過邊緣化、陌生感及分離感而被驗證。被遺棄及被孤立的感覺往往是這符號的面向，例如，你也許會在出生時與母親分離，或是對你出生的家庭及文化體系感到疏離，就像神話英雄一樣，你需要到處漂泊才能找到自我真實的召喚而成為英雄。雖然與自己的族群分離使你感覺痛苦，但你的上升點會帶領你找到接納你的家庭。以職業角度來說，你特立獨行，是弱勢團體的領袖，也是一個受到召喚去療癒他人、讓別人過得更好的智慧靈魂。

凱龍星在下降

當你出生的那一刻凱龍星正在下降，它影響你生命的人際關係領域，此模式之一是透過人際關係療癒情感創傷，你會被那些有情感需求的人吸引，透過這些人際關係，你理解到自己的創傷如何阻礙了情感的親密性。在職業上，你擅長以治療的方式與他人工作、同情上癮者、憐憫喪親者、以及滋養無家可歸的人。當凱龍是合軸星時，你的命運是爲了進行治療而涉入他人的情結。

天王星在上升

難以預料的天王星賦予你的人生獨特的視野及獨立意志，它們渴望透過你的個性尋求表達，你的原創性及創造力、以及獨立的需求都是人生中需要優先考量的。天王星充滿能量的特質會爲身體帶來壓力，因此，重要的是要將緊張感的能量導向實際的目標。爲了有成功感，你需要找到足夠空間去做你自己的事情、能夠自由表達你的激進觀點、以及安於自己的特立獨行。命運爲你鋪設一條人煙稀少的路，因此，你需要以你的冒險精神及獨立靈魂做爲嚮導。

天王星在下降

當充滿革命精神的天王星位在下降點，暗示你也許會被那些獨特、自成一格、複雜、極具原創性的人吸引，因爲你自己也是這種人。這同時指出你的人際關係也會是獨特的，你所遇到的機會以及那些不尋常的人脈會幫助你去發現及探索眞正的自己，也正是這些非一般的際遇爲你的職涯帶來機會。雖然你可能並不認爲自己獨特，但是你眞的擁有很多獨一無二的人際關係，這些關係有助你加深自我的了解，朋友、同事及熟人這些與你平等的人都會協助你去塑造獨特的人生。

海王星在上升

當海王星在上升點，你也許會被形容爲「帶著玫瑰色的眼鏡」，你毫無疑問是一個理想主義、富有想像力的人，但有時候這是對現實的抵抗。在許多層面上，你的樂觀及浪漫是人格中必須而眞實的部分，因此，創作力、敏感度及樂觀是你的第二本質。這同時暗示了在選擇正確的人生道路之前，你也許會遊走在混亂中，但肯定的是你的方向需要提供足夠的精神性、意義及想像力，使你能夠在職業上感到滿足。

海王星在下降

落在星盤西方軸角的海王星暗示了你容易將自己的理想主義及浪漫主義投射到別人身上，並成爲他們的救世主，你在別人身上看到潛能及可能性，並經常犧牲自己的創意潛能去發展他們的才華。當你爲了別人而放棄自己的創意時，你的人生道路就會隱沒在濃霧中，當那些浪漫的投射消褪散去、當你愛的人消失了，你才會恍然大悟。在職業上，你的任務是要駕馭你的創意潛能，並將它引導到創意或幫助他人的方向，你從別人身上看到的靈性其實是你自己的反映，它渴望被導入你的自我發展及可能性中。

冥王星在上升

冥王星做爲生與死的原型，象徵出生時的掙扎，無論是在實際或是意象上，當時都彌漫著死亡的氛圍，出生的影響往往是深遠的，因爲人生的可能性與結束的現實相攜而來。你深刻地意識到轉化，必須割捨才能往前走，也知道爲了往前走哪些事必然要結束。你被賦予感知並能夠穿透人性，可以敏銳地意識到他人是否眞誠，這也許會讓別人感到不舒服，尤其那些無法自我坦誠的人。同時這個配置也激發出信任及忠誠，使你能夠更爲開放與眞實。你的迷人性格可以成爲你職涯上的良伴，因爲它會爲你分辨出適合或不適合你的事物，忠於自我及對自我坦誠，可爲你打開通往權力及影響力的大門。

冥王星在下降

當冥王星在你出生那一刻下降，你會被他人激烈及熱情吸引，你渴望被吸引，也希望被開誠佈公地對待。然而，人際關係卻往往是你開始察覺到自己較黑暗、壓抑的一面，你會在人際關係中遇見信任與背叛、愛與坦誠、性愛與權力這些主題，難怪你有時會覺得人際關係就像治療。與他人的深刻交往讓你能在危機中更加堅強，讓你懂得關注那些悲傷的人，包容困難、負面情緒以及忍受那些不好相處的人。透過人際關係，你會找到情緒上的力量及決心，這些都是職涯上有用的東西。

軸角行星：子午線的行星

軸角行星會影響我們的職業生涯，並且權威而堅持的被運用出來，由於它們會在職涯中尋求表達及實踐機會，因此對事業產生強大的影響。天底的行星位於星盤最底處，它守護人生的根基，而這根基會透過黑暗、本能性的力量與我們溝通，我們會在家庭環境、以及生活的情緒、情感依附中體驗它們。天底的行星是我們人生的穩定力量，在人生之旅中帶來穩定、失去穩定及重新穩固的作用。

太陽合相天頂

你出生在正午時分，太陽走到最高點的時候，你就像閃耀的太陽一樣註定要照亮世界，這暗示你的天命需要透過事業而得到認可。你的天職是透過工作去認識自我，並強烈認同事業和專業的一種召喚，你的事業甚至需要你成為大眾焦點或傑出名人、執行長、董事或監製，你需要在你的事業中發展領導、父親角色、培育、創作、自我表達、信心及勇氣這些屬於太陽的特質。你要明白一件事：就像所有的職業一樣，你也會遇到高低起伏、成功和失敗、以及關鍵的過渡期，命運之輪起起落落，所以你必須留意事業路上烏雲密佈的下降時刻，就如同萬丈光芒的上升時刻，了解這些模式的有助於你在事業中掌握時機。

太陽合相天底

當太陽合相天底，情緒及心理上的防衛是你的試金石，父親的肯定與支持也許會影響你對自己的想法，偏心也許會在家庭中扮演關鍵角色；然而，你也從原生家庭及遺傳中塑造自己獨立的自我認同，它會成為你世俗經歷的基石，對你來說，情緒的穩定性及歸屬感是事業的支援平台。

月亮合相天頂

月亮落在你星盤中的最高點，爲你的職業帶來了強烈的月亮影響，這暗示了你也許會被關懷、保護、培育及滋養的主題吸引。雖然這種關懷主要針對其他人，尤其是小孩或長者，但這可能也同時暗示了你對於動物、植物、古董及手工藝的關心，你感到自己需要爲他人提供關懷或服務。你是天生的歷史學家及收藏家，當你被那些與過去或過往時光有關的紀念品包圍，那也許會是你最快樂的時候，你的職涯挑戰你在世上表達你的敏感、同情心、直覺及想像力。

月亮合相天底

你出生時，月亮正位在星盤的最底部，暗示你對家庭的深刻依附，然而，這占星敘述強烈影響你的安全感及歸屬感，它並未暗示你對於此連結的感受。如果想在職業上成功，你需要滋養關懷的感受，也需要確定自己在工作體系中扮演了重要角色。因此，你也許最適合在家裡工作、參與家族事業、在別人家裡工作或從事房地產，無論你在哪裡找到自己的職業，都需要穩固的基礎。

水星合相天頂

做爲眾神的信使，水星的占星功能是傳遞公告，當水星位於星盤的最高點，明顯地代表它正經過你的職業領域。你天生就是一位溝通能手、好幫手及指導，你從小就有充分的好奇心去探索一些不同的道路及職業機會，你並不自限於單一職業，因爲你將自己多樣興趣帶入你在世上扮演的任何角色中。無論你選擇什麼職業，移動的水星都會挑戰你以不同的溝通及資訊管道去表達想法，這特色暗示一系列的職業：講學、教授、寫作、資訊科技、統計分析、及任何運用文字、規劃及移動的行業。

水星合相天底

當水星在星盤的底部下錨，對家庭經驗而言，移動性及溝通是重要面向，你需要與他人溝通互動而得到安全感，因此，你人生中有一個移動式的錨，使你在改變及多元性中有足夠安全感。你的手足關係、早期同學、鄰居及朋友也許會影響你建立人際關係的風格以及建立友情和表達自我的方式，爲了在世上有安全感，你需要表達你的想法以及說出你的意見，你內在的主動性及深層思考是你職業成功的策略。

金星合相天頂

明亮的金星位於你星盤的尖端，意指美感、愉悅、形式、平衡及比例這些金星價值會被織入你的職業中。在職業上，這暗示在你適合的職業中，設計、裝潢、風格、招待、社交、調解、愉悅、合作關係及諮商可能扮演重要的角色。你對於美化環境、使環境和諧感到興趣，無論你選擇藝術、經濟或是社交的道路去滿足這種渴求，你都會感受到鞏固及改善你周遭環境的召喚。金星做爲性愛及人際關係的原型，這同時暗示了在你的職業之旅中，伴侶關係及事業可能會有些糾纏不清。

金星合相天底

當金星位於你星盤下方軸角，你會受到美感的培養，並需要透過家庭的和諧及共識得到安全感，你的原生家庭強烈影響你的自尊及個人價值，也同時也幫助塑造你的好惡，因此，你需要認同及尊重自己眞正的價值，從而建立一個適意及支持性的根基。家庭塑造你對人際關係的態度，而這些模式可能會再次出現於職場中，受到賞識與重視能使你感覺到自己在世上的價值及創意，但是你的個人價值與自尊必須植根於世俗之路。

火星合相天頂

當火星位在你星盤的最高點，暗示創業的原型在你的職業中受到高度關注，你那獨立、具競爭力的精神需要與你的驅動力及理想一起受到認同及培養。你需要挑戰、方向、目標及艱苦鍛鍊使你專注於你的強烈本能，引導它們至成功的結果。因此，可能你會成爲先鋒、無畏的探索者、或是在你選擇努力的領域中成爲具有挑戰性的聲音。你的職業邀請你去冒險，跟隨它你會找到渴望的刺激，得到完整的活力及滿足感。

火星合相天底

位在星盤天底的是火星，這原型傾向出多於入、獨立多於倚賴、冒險多於安全，因此，當它在天底時可能使人產生矛盾感。你需要努力去自我肯定，使這種肯定的衝動不會向內投射，家庭中強調獨立性與歸屬感之間的交替，而自我肯定的強烈關注也許會融入安全感的發展中，或者會強調自我滿足、爲自己發聲、變得堅強、努力向前這些主題。正面來看的話，你擁有一個相當強大的基地，讓你走向充滿競爭力的世界，然而壓抑憤怒、競爭、欲望及沮喪的模式也許也會讓你懷著處世的惶恐。身爲成人，重要的是要知道你需要安於複雜及負面的情緒，因爲它們是人類經驗的一部分，並不是被愛、被接受與否的威脅。

木星合相天頂

木星是哲學、意識形態及信仰的原型，當它位於星盤的頂端，這暗示命運已經將它們置於你人生的顯要位置上。你天生懂得教育他人並具有遠見，也渴望傳播思想，因爲這有助你培養理解力及擴展性，對眞理及意義的追求是你研究的第一要務，帶領你走上跨文化探索及學習之路。做爲一名朝聖者及教授，你可以凝聚及傳播智慧，協助擴展人類的知識，無論你是教師、探險家、嚮導或是出版商，樂觀、信念及願景都是職業上不可或缺的品德。

木星合相天底

木星位於星盤底部，暗示了此原型爲你的人生帶來熟悉與陌生、家庭與外界、感覺與概念、本能與文化的二元性。家庭環境塑造想要探索及質疑的衝動，宗教及文化的信念、學術及革新的教育、人文價値、對未來的希望及樂觀都在你的安全感中扮演重要角色，如何在家庭中完成這些主題將影響你在外界的安全感。身爲成人，你個人的信念、意見、道德及倫理扮演了重要角色，讓你有足夠的穩定感去做自己、爲自己所相信的事而努力，你的信仰及信念正是你人生的穩定力量。

土星合相天頂

你的星盤強調土星追求完美及卓越的傾向，因爲在你出生時，它在最高點附近，要求品質、責任感、自主性及準確度的專業可以引導此能量。然而，你必須考量自己對於卓越的標準，不要因爲想要彌補不夠完美而要求過高。將你的批判能力放在工作而不是自己身上，將個人的志願與他人爲你設下的目標分開，命運賦予你長者的角色，並且召喚你成爲他人仿傚的權威及模範。土星的原型關注時間，這也是你人生追求的原則，因此，你必須知道發展過程需要時間，你的職業是從聚集過程中建立，從小規模展開，最終會成爲大體系。

土星合相天底

當土星位在你星盤中最底的部分，原生家庭也許充滿了各種規則及規範，在此環境下，也許你一直都很難知道自己眞正想要或需要什麼。因此，你可能必須離開家庭、移走在城市之間、移民國外，離開成長環境中的期望及傳統，才能聽到自己眞正的召喚。無論你的家庭環境是嚴肅拘謹還是寬鬆自在，你都繼承深刻的責任感及責任，你的人生任務是要確保這不會變成需要對他人的負責，或感覺被責任捆綁，而是一種內在的責任感以及爲自己負責任。你的任務是要在成年時建立足夠穩健的基礎及界線，以支持你的職業，最終，你將不止是自己最嚴厲的批判者，同時也是最佳的顧問。

凱龍星合相天頂

位在你星盤最高點天頂的凱龍星暗示你將成爲一個特立獨行的人，命運會將創傷及療癒的主題織入你的職業領域中，你可能會被當代醫學、非傳統治療或非正統教育中的某種職業吸引。你受到召喚想要在追尋稱心職業的過程中成爲英雄，重要的是必須明白你也許是體系的邊緣人或是外來者，但你仍然可以做出重大貢獻並從中找到滿足和自由，你也可能會受到召喚去從事與弱勢團體、殘疾人士、被社會遺棄的人或孤兒相關的工作，這也同時象徵你會受到召喚去協助他人的療癒過程。

凱龍星合相天底

當半人馬凱龍星合相你的天底，它會透過你早期家庭及家族經驗在你的人生中展現其原型特質，這往往暗示家庭中可能存在某種分裂、領養、繼父母關係、單親、或是失去父母其中一方。無論命運如何安排，當中的共通元素是你可能會在原生家庭或國家中感覺自己是外來者或被疏離。家庭的某種創傷點燃療癒的危機，而透過你的被剝奪感，你終於能夠深入同理他人的苦難。你身分認同的核心是遺傳而來的療癒與指導能力，你以外來者的身份，去鞏固建立而不是損壞你的畢生事業。

天王星合相天頂

當象徵意外改變原型的天王星位在你星盤的最高點，這暗示了命運會在你的職業道路上埋下驚奇，除了突然出現的機會之外，這行星同時象徵了獨立與不妥協的渴望。它關注創新、未來的可能性及虛擬實境，這些成爲你職業的特色，無論是尖端科技、電子工業中嶄新及富創意的層面、或未來導向科學都可能會是你的命運。前面的路將會是獨特的，與你所想像的非常不同，外界會對你的不凡及獨特性感興趣，因此，重要的是要隨路而轉，因爲它們正是引領你遇到事業的機會及可能性的道路。

天王星合相天底

天王星在你星盤的最底部，它對自由及分離感的渴望植根於家庭中，脫離關係及分離是呼應天王星合相天底的主題，無論這些情況是主觀認定還是眞正存在，這可能暗示一個破碎或被擾亂的家庭環境，又或者是家庭中缺乏無私的連結。個人主義與獨立都是你家庭的重要標誌，並且重視想要冒險、承擔風險或是在情緒上自給自足的衝動，因此，驚奇與意外的轉變會成爲你家庭環境的一部分。身爲成人，重要的是要讓分離的渴望與親密的需求和諧共存，因爲這主題將會掩蓋你在外界的安全感與成就感，你的獨立及獨特態度會支持你在世上的創造衝動。

海王星合相天頂

象徵創意與靈性的海王星位在你星盤的最頂端，暗示這些理想會是職業的重要特色，你可能從小便已經發現自己的召喚是要以靈性活躍於世，雖然你也許不清楚這確切是什麼，但爲他人服務的念頭使你深受感動。無論你追求哪種職業，你都會渴望找到一種方式透過工作表達這種神聖，一般來說，這通常是透過幫助他人或成爲藝術家。這永遠不是一條清晰明朗的人生道路，因此，你需要勇氣深信自己的信仰並且抱持信念，用以支撐自我。當你省思自己的事業時，混亂、不確定及不知方向是常見的感覺，你的職業是穩定發展的工作，但同時重要的是要展現你本質中具創意及靈性的部分。

海王星合相天底

當海王星位於子午線的下方，家庭的理想對你來說十分重要，然而現實可能不太一樣，糾纏不清、犧牲、放棄或疾病可能主導著家庭氛圍。無論你的家庭經驗如何，重要的是要記住在家庭及社會中對他人情緒上的理解及同情、以及想要服務別人的衝動全都是你遺傳的一部分，如果想要在成年生活中建立堅固的巢穴，創意、靈性及想像力都需要成爲你的基本原則，有了這種堅強的基礎，你就會擁有比較好的條件去支持你的職業渴望。

冥王星合相天頂

冥王星做爲管理表面以下事物的行星原型，在你出生那一刻靠近星盤最高點，需要挖掘並深入文字、金融、情緒或精神領域的職業，例如：礦工、考古學、偵探、調查記者、外科醫生、心理治療師、稅務專家、法醫、病理學家、殯葬業等都屬於冥王星的管轄範圍。當冥王星成爲公眾焦點時會感到不安，因此，你需要學習在眾目睽睽之下克制自己的私人生活，並在私人生活及專業生活之間建立強大的情緒界線。當你情緒及心理上皆積極投入事業的同時，你也需要保護自己的隱私，命運要求你疏導自己的激烈性、覺知力及深入的理解力至他人的轉化過程中，並同時不曝露自己的個人故事。

冥王星合相天底

神話中主宰地府的冥王星位於你星盤的最底部，暗示力量及影響力左右你家庭的整體性，你的家庭體系可能會面對失去及悲傷處理的強烈主題，也會涉及禁忌及祕密。你強烈需要眞相、信任及凝聚力，但家庭中祖先的否定及未被表現的悲傷也許會使這種坦誠表現變得複雜，他人必須尊重你的隱私，讓你得到情緒上的安全感。在成年生活中，親密關係以及與你分享人生的依附關係中，坦誠支持著自我的平衡。誠實、信任及忠誠是你在世上成功的基石，當你對自己誠實、值得信賴及眞誠時，你會在世上得到尊重及信任。

Chapter 7
創造力與天賦

生命宮位與物質宮位

在我身爲占星師的諮商生涯中，那些前來尋求事業發展及職涯相關的協助、釐清、建構、方向及洞見的個案們，往往是由於未能從工作中找到意義、職場上的衝突或覺得在他們的行業中被低估。在與個案的諮商中，當我們討論複雜、模稜兩可及不確定性而不是給他們確定答案或直接建議時，往往能得到更深層的省思。因此，在解讀星盤的過程中，我逐漸變得更加強調諮商的部分，深入聆聽個案，並有意識地停止想把事情弄正確或想知道答案的渴望。當我參與個案的矛盾、混亂及絕望，占星形象及符號背後更深層的感受就會顯現。

在職業諮商中，個案們最常提出的主題包括渴望變得有創意以及如何得到創造力，但創造力到底是什麼？爲什麼那麼多人認爲創造力是解決他們對於職業不滿的方法？「創造力」這個字往往是諮商師及占星師們常常使用的通用字眼，但創造力到底意指什麼？我們內在有什麼特質會回應這種感受呢？

榮格從心理學角度想像五個主要的本能類別，其中一個是創造力，其他包括飢餓、性愛、行動及反思[28]。然而，在討論創造本能時，他選擇將它歸類爲一種更近於靈魂的心理因素，也許就是這種

28 榮格（C.G. Jung），CW 8: *The Structure and Dynamics of the Psyche*, 由 R.F.C. Hull, Routledge&Kegan Paul 翻譯（London: 1960）, 246.

靈魂性、深層共鳴的特質，正是創造力喚醒我們內在的事物。創造力就像是一種無名因子，許多人認爲它會帶來更有意義的人生，但同時它也是神祕的、未知的。

其中一種常見的看法認爲創造力類似於具有藝術性，許多個案都認爲，如果自己是作家、藝術家、演員、詩人、畫家、舞蹈家或音樂家的話，這會爲他們的追尋帶來意義及滿足。不過創造力並不是一件成品，它是一個過程，創造力也不只限於藝術領域，科學、工程、商業、科技及人力資源全都可以是努力之下的創造園地，體力勞動甚至日常工作都可以是具有創意的。自己的工作、發展與成熟都可以被包含在創造過程中，對於創造來說，重要的是參與過程，而不是只將注意力放在成品或最終目標上。

就像鍊金術一樣，創造的過程包含不同階段，起先我們面對創造衝動，隨之而來的是一個孵化的階段，此時創作的痛苦透過自我懷疑、焦慮與絕望浮現，這個使人煩躁的時期正是埋下種子的階段，而如果它們在心裡生根發芽的話，靈感便會浮現。最後階段則是創作過程在形式世界的落實，並被賦予形體及物質[29]，這過程要求自我力量及臣服、接納及行動。因此，這證明了創意並不是能夠得到的商品，而是更深層的心理過程，它要求能夠以開放的態度、接受它的複雜性及模稜兩可。想像力及象徵性思考是有價值的，就如同保持流暢及接納的能力，當許多個案認爲做一些異於當下的事情會帶來意義的同時，矛盾的是，投入眼前的工作流程、階段完成及解決問題才是具有創造性。

創造力才能需要有敏感度及同情心，其本質涉及意念的產生及

29 對於創造力的更深入見解，請參閱洛斯瑪莉．哥頓（Rosemary Gordon），*Dying and Creating A Search for Meaning*, Karnac Books（London: 2000）, part III.

行動、玩樂及想像、以及尋找更偉大意義的能力。創造本能是每種職業的核心，這種本能是屬於性欲的，因爲它也賦予生命、由想像力驅動並且充滿可能性，它深及一個人的內在核心，因此也會翻攪憂鬱及絕望的黑暗情緒。職業發展會讓我們投入自我創造力的兩種現實之中：內在的及外在、個人及集體、有意識及無意識[30]。

在占星學中，每一顆行星都可以被視爲擁有自己獨特的創造特質，當我們想在星盤找出創造過程時，我會建議去探討第一宮、第五宮及第九宮，這些宮位體現自我的創造發展。無論是生產、自我表述、玩樂、靈感還是追尋意義，這三個宮位皆說明創造過程的面向，這三位一體宮位各自導向另一個「物質」宮位，在那些物質宮位中，可以將創造過程落實並且表達出來。字典將「創造」定義成「賦予某事物形體或存在」，創造力不止是想像及靈感，它暗示了賦予形體，而這也正是蘊含在占星之輪星盤中的眞相，因爲物質宮位緊跟在創造、玩樂及靈感的宮位之後。

生命宮位

創造、生育及娛樂都在生命宮位中發生，在職業分析的考量中，這些都是輔助性宮位，因爲我們可以在此找到自己的生命力及創造力。第一宮包含原始、起始性的衝動，想要從內在表達自我，這裡是自我誕生的地方，也是在象徵意義上，激發創造、並渴望透過個性表達出來的地方。在第五宮，我們探索可以讓人充滿活力的興趣及活動，我們玩樂、想像及表現，發展自我認同以及我們

30 洛斯瑪莉·哥頓（Rosemary Gordon）, *Dying and Creating A Search for Meaning*, 147.

表現它們的方式。在第九宮，我們尋找自身以外的意義，並於較大的範疇中擴張並發現個人的創造力，創造力及自我發展此時受到道德、原則、信念及人文價值的焠鍊。

因此，理智的做法是以創造性資源如何支持職業的角度去分析這些宮位，個性、自我力量、能否看見超越自我以外的能力，自我表述能力及生命力，以及重新創造自我、榮耀道德及信仰的能力，這些都是這些宮位的各種面向，它們加強我們對職業的理解。

附錄中的工作單有助於分析星盤中的這些宮位，不妨開始考量宮首的元素及星座、其守護星以及宮位內的行星。

第一宮

第一宮的宮首星座象徵你走進人生的方式，這些都是你顯露於外的性格特質，從此窗口，你自然能夠觀看自己的人生經驗，這一宮的宮首是上升點，顯示出生、也就是你最初走進生命的那一刻。上升點除了可以描述字面上的出生經驗，它同時也暗示我們一生當中不同的生產過程，因此，星盤的這軸角描述了我們如何產生自性以及我們獨特的性格類型，將更偉大的自我送到世上。此星座代表了你如何與生命相遇以及你如何以可見的方式體現這些能量。該星座是生命力的導體，就像我們之前討論過的上升點，它在你的自我認同中扮演了重要的角色。

上升點的守護星傳統上被認爲是星盤的守護星，它象徵掌握控制權的舵手，因此，守護星是引導職業的重要力量，它在星盤中的位置顯示能夠支持個人的額外資源。

第一宮內的行星是我們在人格發展及人我互動中所遇見的原型能量，這些能量體現於人格面具、防衛機制、身體的生命力以及呈現自我的方式中，這些能量需要被驅動，使個人在人生中航行。

第一宮的創造過程運用個性，也包括形成自我面向及特質、想要被重視及欣賞的發展中的自我。我們如何展開及持續此過程就是我們的原創性，因爲第一宮是我們如何面對世界、也是我們培育人格面具的地方，這些支持著我們的職業追求。

第五宮

第五宮的星座象徵了你的創造力及自我表達這些天生的內在特質，這暗示你可以如何得到生命歡愉、如何找到讓自己具有想像力及充滿活力的途徑，這也暗示你會如何脫離家庭的依附，讓自己有足夠的自由去表達想法、意見、信念及世界觀。第五宮首隔開第四宮的家庭安全領域，因此，它反映了你如何跨越家庭門檻、踏上自我探索之路。

第五宮的守護星有助於你的自我表達，考量有哪些可運用的額外資源可以幫助你去表達創造力並激發你的發明及原創性。

第五宮的行星暗示你的創意中獨特、原創性的面向，這些行星是你冒險、踏上自我探索的工具、資源和補給，它們需要運用在你的工作計劃、興趣、娛樂及活動中。當你運用它們的潛能，會感到活力充沛及愉悅，因爲你會感覺更加接近天生自發性的自我，它們也對於你在創造力、自我表達及聰慧的追求中十分重要。

第五宮的創造過程與玩樂有關，但這並不是無憂無慮，而是代表擁有想像力及感覺生氣勃勃，玩樂有助於個人成長、愉悅及幻想，而卻是移動及行動攪動內在的意象世界，以及將它們建構出來的衝動。當個案困於創作瓶頸時，或覺得自己的作品充滿瑕疵或粗糙時，我會鼓勵他們像小孩一樣假裝自己的工作計劃只是一種遊戲而非表現，因爲玩樂結合想像力，並容許自由與自發性的感覺。

例如：凱特的第五宮宮首在巨蟹座，她的創造計畫是要在家中建造一個玻璃天井，而這項計畫停滯了。在出生盤中，木星在巨蟹座及第五宮中，同時，行運木星正回歸並展開第五次的循環，她仍然固執於自己想要、如何有創意的這些想法中，因此我問她是否願意以孩子及玩樂般的態度去看待這項計劃，我邀請她假裝剛剛展開計畫，她正要收集所需的材料，她會怎樣做呢？第一步是造訪一些舊建築，從被拆毀的房子中搜集一些獨特又色彩斑孄的玻璃。當我下一次再與她碰面時，她就已經展開了計畫。我們往往會將瓶頸、缺乏靈感或自我批評誤認爲是不對的，但這是創作之初其中一個錯綜複雜的部分，玩樂有助於讓我們放鬆的投入於創作的喜悅中。

第九宮

第九宮宮首星座象徵你尋找人生意義的方式，它暗示你如何踏上生命中的冒險，例如：踏上跨越文化經歷的旅程、有興趣學習的事物藉以擴展對世界的認知，以及你對於旅遊、學習或到國外居住的天生傾向如何。然而，它也暗示了從生命中尋找意義的方法以及如何建構自己的信仰、哲學觀、道德及倫理，你對於人生的信念及信心來自於此星座的特質。

第九宮的守護星會擴張力量影響你追求意義的過程，在你追求有意義的想法時，守護星會爲你帶來另一個層次的靈感和熱忱。

第九宮內的行星支持你對意義的追求、哲理探索及異地旅遊，也塑造你的人生信念、道德觀及原則，這些行星是推動你展開哲理及精神冒險的力量，它們鼓勵眞理及意義、堅持人文價值以及努力爭取更高的原則，它們也是人生大學中的珍貴資源，可以用來爲你的事業注入信念及人文價值。

第九宮的創造過程是在更廣闊的環境中尋求意義，這包括哲學性以及精神上的意義。當我們擁有意義，我們就能在生命過程中建立信心及信念，擁有這一面向讓我們的想像力及自我表達變得豐富；因爲我們可以辨認出更大的格局，並意識到蘊含在創造過程中的二元性及模稜兩可。信念、智慧及接納讓我們能夠忍受個人的失望以及職業上的挫折感，第九宮將這種醒悟融入學習的曲折中。

第九宮位於天頂之前的領域，是我們調整事業目標的地方，而星盤中的第九宮在職業上也相當重要，因爲行運及推運的行星都必須先經過這裡才能到達天頂。這裡是我們認同自己的職業之前「完成學業」或「研究生」的階段，當行星在此行運，往往是職業之前的訓練、準備或有意的行動。第九宮是我們體驗自己成爲外來者及處於家庭文化以外的地方，在某程度上這有助於自我發展，使我們有更好的準備去承擔起自己在這社會上扮演的角色。

物質宮位

第二宮、第六宮及第十宮這三個土象宮位被稱爲「物質宮位」，物質意指物質世界、實體以及站穩腳步的能力，也正是在這些宮位中，我們變成爲一個「物質性的人」，並且在世上扎根。這些宮首星座以及宮內行星，在將我們的創造力轉化爲才能以及塑造一個令人滿足的職業過程上扮演了主要角色。

這三位一體的物質宮位代表我們棲身於物質及現世環境中的狀況，這些宮位象徵每日生活中心裡及實質上的不同面向，包括工作、生活習慣及規律、資源及努力的回報等等，這些正是支撐及維持我們安好的土象環境。因此，這三個宮位非常重要，因爲它們有助於詳述說明每個人在職業上獨特的天生面向。

這三個宮首星座的元素通常與上升星座的元素不合，如果星盤沒有產生截奪的狀況，那麼上升點與物質宮位之間的關係便如下表所列，但發生截奪的兩極則會擾亂以下組合。

上升點的元素	第二宮、第六宮及第十宮的元素
火	土
土	風
風	水
水	火

這暗示了這些宮位與上升點或我們接觸生命的方式並不相容，另一種想法是，物質宮位呈現了塑造及修正人格的張力。爲了

得到這些宮位的資源，我們需要覺知以及付出努力，讓個性符合身體與實際的需要，這些宮位的本質強調在金錢需要及潛在收入（第二宮）、工作（第六宮）以及我們在世上的抱負（第十宮）之間找到平衡方法。即使我們可能以工作賺錢謀生，但不一定是一份讓自己滿意的職業，或者我們也許可以爲職業付出一切，卻可能無法帶來收入，生命中的這些領域，需要某種適當的平衡。

在開始以職業爲範圍探討這些宮位之前，請先考量下列內容：

• 第二宮、第六宮及第十宮宮首的元素。如果星盤中出現截奪星座的話，這些宮首星座之間可能有著不同元素的組合，注意這些宮首星座的元素或元素組合。

• 第二宮、第六宮及第十宮的宮首星座及其守護星，這些守護星落入哪個星座及宮位呢？它們形成了什麼相位？守護星顯示出影響此宮的其他資源、資產、需求及責任。

• 第二宮、第六宮及第十宮中的行星，思考它們的資產及負債。

這些宮首的星座是天生的特質、特徵及經驗，有助於使人將此宮的職業潛能發揮至最大化，它們也會指出當我們跨越門檻踏進一個新的宮位環境時會遇到怎樣的能量。星座的守護星伴隨著此職業領域而存在，宮內的行星則是在我們追求職業過程中所遇到的原型，這些天生原型在我們生命中的這些領域透過我們去尋求表現。

在開始想像這些宮位會如何協助說明我們在職業上的需求及關

注之前，我們可以先考量這些宮首星座之間的共同元素，如果出現截奪星座則考量其中的元素組合。這並不等於去描述你的性格或者工作的事實，而是思考你天生接觸職業的方式，無論你認同與否，比較重要的是去榮耀並且與星盤中的形象並駕齊驅，去看看它可能揭示自己什麼樣的職業性格。

物質的元素

第二宮、第六宮及第十宮宮首為火元素

火元素以充滿勇氣、競爭、充滿活力及充滿好奇心的方式進入職業，其熱誠的能力可以實現夢想，事業之於你的人生極爲重要，因爲它與自我的試驗相輔相成。因此，你的職業需要包括某程度上的調查及冒險，以安撫自己想要旅遊及學習的衝動。你天生的探索意識可以利用身體、創作或思考性的行動表達，這些行動會引導你至競技場、劇場及大學。在身體上，你的冒險精神可以透過運動、冒險的艱苦旅程或競賽表現；在創作上，這可以透過創業、溝通或戲劇性的方式展現；在學識上，可以運用在教育、旅行、宗教或哲學追求上。這三個宮位的行星守護星——火星、太陽及木星——全都是動態及充滿活力的能量，它們守護職業領域，這充滿活力的三巨頭暗示你可以利用充足的能量、信心及眼光，並將活力注入所選擇的專業上。

火元素需要自由及探索新領域，這可能使你的事業出現許多改變及變動，雖然最初曾經對於新工作許下承諾，但這些熱忱很快就

會在每天瑣碎的工作中流失，因此，變化性以及非例行公事的職業十分重要。火元素需要在自己的行事中啓發並給予他人力量，當你擁有火元素，重要的是你的職業如果不是提供競爭性的刺激及挑戰，就是需要能夠積極投入刺激又冒險的計畫，需要你在身體及精神上的專注，最理想當然是兩者兼備。

你的五項重要的事業要素包括：

概念

你的創造火花蘊含各種不同的想法，你的才能最好是運用在設想及推動未來計劃及目標。

視野

對未來的信念及樂觀態度，加上你預言的才華及能力，適合在某種向上提升的行業中可以往前邁進的事業。

直覺

當身處在一個尊重你的本能及直覺、並讓你自發及自然地的工作環境中，將是你工作表現最好的時候。

熱忱

你對生命充滿活力及樂觀的態度，需要在工作的範圍中藉由啓發及激發他人尋求出口。

自由

身心都可以自由的工作，以及旅行性及流動性強的工作皆符合你的性情。

第二宮、第六宮及第十宮宮首為土元素

你擁有自我控制的能力，並且對於自己在世上的成就相當務實，對你而言，不會被催促或強迫走向自己計畫之外的職涯是相當重要的。在壓力或沒有安全感之下匆忙走入某個方向或事業不是你的風格，你天生傾向是步步爲營、小心翼翼。工作的安全感十分重要，而你也需要知道自己在工作中的凝聚力及持續性，你對事業認眞，除了投入情緒及物質的資源之外，也傾盡自己的時間。這些宮位的守護星是金星、水星及土星，它們都是熟練、有造詣的能量，此多才多藝的三顆行星暗示你擁有足夠的能力、靈巧及權威投入於自己所選擇的專業之中。

在職場上，你重視忠誠及奉獻，工作認眞專注，從你總是確實履行職務及責任就可得知。理想的話，你早期在家庭及學校中對於規則、責任及工作任務的經驗會幫助你形成一種覺知，讓你知道自己的職業必須提供安穩架構及日常流程。你可以反省自己對於權威、承諾及架構的態度，如果你總是對於活著感到抗拒，也許是因爲你在小時候體驗過嚴厲的規則及管理所建築的防衛，因此，重要的是不讓這些防衛阻礙你天生就想要成功的傾向。

此外，在工作中畫出界線、擁有清晰的目標及計畫也十分重要。你需要在不阻礙生命力的工作狀態下專注於自己的責任，你的例行公事需要既穩定又能讓自己負責，但不會過於一成不變或困於日常流程。在經常改變的勞力環境中尋找平衡對你而言十分重要，因爲這種改變可能會比你的適應快。實質的結果十分重要，但你要堅守的一點是，當事情無法按計畫進行時，不要執著於控制，或在職場上成爲支配者。

當你的職業領域強調土元素，重要的是事業之路需要有穩定的前景、成長的可能及升遷的機會，對你的事業來說，五個重要的要素包括：

呈現

你的長處在於透過堅持、勤勞、應用及專注，將創意概念呈現出來。

應用

積極投入親身參與的計畫，以細節、組織及建構的方式工作。

感官

你的本能與五感連結，在職業上，物質世界及身體健康是重要的考量面向。

實用性

你需要在專業上腳踏實地，實用及跟隨特定指導方針的工作能讓你表現傑出。

穩定性

爲了在職業中得到滿足及成就感，你需要對自己的工作日程及習慣感到安心及穩定。

第二宮、第六宮及第十宮宮首為風元素

你選擇職業的重要條件是：擁有開放的溝通管道以及適當出口讓自己涉獵各種不同興趣。因爲你需要與他人建立關係，你的職業

需求中，人際關係是不可或缺的元素，你在事業中尋求多面向的經驗，並且需要在日常工作流程中分享自己的想法及技巧。因此，當你思考職業的問題時，必須考量自己愛追根究底、反思及互動的態度。這些宮位的當代守護星是水星、金星及天王星，它們皆是精力充沛而獨立的能量，守護你星盤中的職業領域。這三顆強調知識的行星暗示了你擁有豐富的夢想、風格及原創性投入你選擇的專業中，土星做爲水瓶座的傳統守護星，將自主性及責任心注入其守護的宮位。

即使你可能享受工作中的社交互動及人際關係文化，但你同時也需要大量的空間，無論是情緒、身體還是心理上。改變對你來說是很自然的事，因此，你需要的並不是一個僵固的環境，而是一個開放的、容許你規劃自己的日程及時間表的空間。當你與同事之間缺乏足夠的空間或距離時，你會感到窒息，無法自由呼吸。縱使你可能尚未察覺，但隨著你的行動越來越受到限制，你也會越來越焦慮，當你在工作中感到窒息或當你得不到足夠的自由或獨立性去做自己的事情時，就會累積壓力。在這工作環境的壓抑之下，就會引發想要離開的衝動。因此，在你訂定工作日程之前，先實驗不同的工作方式也許是明智的。

各種層次的溝通都是重要的，除了在工作上發揮作用之外，你與同事、上司及客戶之間也需要極開放的溝通管道，即使你一直嘗試保持清晰而條理分明的對話，因爲情緒的關係，你卻經常會含糊不清、詞不達意。如果在你的職場中存在著某些敵意或怨恨，或者如果你感到受傷或被背叛，你要注意這種情況將會變得難以收拾。

當你的職業領域強調風元素時，重要的是你的事業道路有著各種變換的可能性及機會，對你的事業來說，五個重要的要素包括：

反思

風元素的能力包括思考、公正以及從情緒化的狀況中抽離，這些能力都是透過工作尋求表現的資產，你精於理論及理解周遭正在發生的事情，這些都是你可以最大運用的正面特質。

思考

你懂得從狀況中後退一步，也懂得理性思考從概念到完成階段的過程，這些都是你勝於他人的長處，你掌握整體情況的能力近乎本能。

溝通

能夠在工作環境中溝通、分享及討論意見、與他人建立關係以及運用社交技巧，都是你的職業必須條件。

流動性

你在工作中需要移動及自由，當你的思慮活躍並充滿各種想法、工作計畫及各種任務時，你會感到滿足。

空間

在工作環境及工作的例行任務中，你都必須考慮自己在身體、情緒及心理上的空間需求。

第二宮、第六宮及第十宮宮首為水元素

水會流向神祕及未知的地方，而你也渴望能夠在職業上使用這能量。這暗示了你能夠建立深刻連結，而且也會受到想要滋養他人、與別人融合或結合的本能所推動或激發，界線也許會變得模糊。因此，在工作環境中，重要的是你要有意識去建立適當界線，釐清你願意爲他人做什麼。你也許會被助人專業吸引，如果你眞的從事此種職業，你需要保持抽離，讓自己知道可以確切幫助別人的界線在哪。由於你的高度理想主義及擁有強烈的同情心，你也許會被迫在工作環境中學習如何區別及劃下界線的困難任務，一旦注意到此點，在職業上你就擁有一張大畫布用以投射創造的可能性。這些宮位的當代守護行星包括月亮、冥王星及海王星，它們皆是敏感而深奧的能量，守護你星盤中的職業部分。這三顆體貼的行星暗示你擁有足夠的溫暖、魅力及洞見投入於你選擇的專業中，而做爲傳統守護的火星及木星則將它們的活力及精神信仰帶入職業領域中。

你能夠消融情感上的個別界線，讓你與同事之間有著深層的關係，這會使你在工作環境中與他人糾纏不清，這來自於你感受他人情緒、滿足他人需求及關照別人不安全感的能力。縱使這對你來說是自然而然的事，但在工作環境中，其他人卻可能會產生令人窒息或被侵略的感覺；又或者，當你嘗試與同事之間重建一個家庭環境或親密氛圍時，他人的回應可能不如你所希望。你要注意自己是否將親密關係的需求轉移到職場中，此外，你也必須反思自己如何在工作抱負中專業地運用這些深層感受和情感智慧。

敏感性、創造力、同情心及關懷都是你帶入職業的特質，你也

許有想要滋養他人的強烈衝動，但是，在工作中感到被滋養、情緒上的安全及穩定感也是同樣重要。極其敏感的你也許會從工作環境中吸收到負能量，也許會使你的精神耗弱呆滯，因此，你必須騰出足夠的時間，讓自己能夠從工作的需求中抽離，擁有獨處的片刻，好讓自己能夠充電一下，然後再度集中精神。即使你或許尚未挖掘自己創造的潛在可能性，但是它們一直都存在並且持續的啓發他人。幾種可能的管道是：音樂、藝術、攝影、舞蹈、意象、設計、寫作、詩詞、文學、經典文學、神話、時尚、戲劇等等。

當你的職業領域強調水元素，凸顯承諾、情感表達、精神性及創造性的機會，對你的事業來說，五個重要要素包括：

依附

感覺自己屬於工作環境的一部分，以及與同事之間的連結對你來說十分重要，你需要感覺被需要、歸屬感及家庭的感覺。

理解

你能夠掌握更深層的意義以及對細微事物的理解是你的極大天賦，可以在事業上運用它們。

感受

你的敏感性、易感特質以及對生命的深層感受皆需要被承認。

滋養

強烈渴望去滋養、關懷他人，及受到他人的滋養及關懷的強烈衝動，會透過你的職業尋求滿足。

靈魂

透過充滿意義及想像力的工作，試圖去運用你深層的理解力以及對生命藝術層面的堅持。

截奪宮位與重複宮位

當使用非等宮制時，在季節及緯度的影響下可能打斷宮首星座的連續性，在此情況下，一對或多對的對立星座可能就不會落於宮首。同時，也會有一對或多對的對立星座重複並且連續成爲某些宮位的宮首星座。在等宮制之下，原本相同元素能量的宮位彼此之間會形成三分相，而這種截奪情況會擾亂元素能量的流動，使自然宮位承受兩種不同的元素。

當這情況發生於物質宮位的宮首時，管理這兩種元素對你的職業就會變得重要，一般來說，兩種混合的元素天生便互不相容，讓我們總結這些在心理上產生對立的元素會如何展現彼此的分歧：

火與土

在心理學上是互不相容的，因爲土元素積極渴望實際，而火元素則屬於理想主義。火元素面對未來以及可能性，土元素則以現實主義看待事物而處於當下，因此，這種困境正是在你的職業目標中需要管理的主題。在占星學上，由於願景及實用同時存在，這種結合的張力可以得到高度成就以及好的結果。可是這種張力需要管理，使其中一方的力量不會凌駕於另一方之上，在某程度上，你需要找到一個適合的結合，使你可以做想做的夢，同時生產作品。

火與水

這也是互不相容的。本質上，水可以澆熄火，爲了以更有覺知的態度去理解它們之間的差異，不妨先思考它們有何共通點。首先，兩種元素都非常熱情，因此你必須思考自己做什麼事情時會感覺到熱情，而不是去想自己應該做什麼或者別人的期待。其次，這兩種元素的生命觀都屬於理想主義，這暗示在運用上，它們具有創造及參與投入的特質。第三，這兩個元素都既溫暖又具有魅力，因此你需要投入於所做的事情中，否則會產生焦躁不安的感覺。由於此三點的力量，你需要認清一個事實：如果想要從你所做的事情中得到滿足感，你必須熱情地參與並且能夠自由的表達自己的創造元素。

土與風

同樣需要有意識的努力才能協調兩者的本質。一般來說，我們知道風會吹散泥土，當土元素需要克制及穩定才能感到舒適，風元素則需要距離、空間及流動。對於兩種元素來說，這是兩難情況，因爲它們專注於不同的方向，並往往有不同的時間表，因此，重要的是你要知道如何有效率地管理時間、訂定進度表及安排會面，但同時也要在兩者之間騰出空間。在你的事業中，你需要在結構體系及自由之間取得平衡，創造事情的發生同時也要讓事情自己發生，在追隨傳統及遵守規則之間取得巧妙的平衡是必須的，因此，如何在體系或團體中忠於自己，是你事業中的一種張力。這些元素的混合也可能帶來貧乏與枯燥；因此，在工作以外，你需要一些能讓你感覺連結及參與的支持系統。

風及水

同樣難以共進共出，風元素傾向客觀，水元素則比較主觀；而在人際關係上，風元素是分離的，水元素則是融合的；風元素需要空間及距離，水元素則需要親密及支持。這是一支相當難跳的舞，當其中一個元素靠近，另一個元素就會閃躲，當兩者取得平衡時，你會發現自己的認知已經發展成熟，能夠理解人類的各種困難。矛盾的是，當此兩種元素結合，在人際關係、人力資源、管理及人事的領域中往往能夠合作無間，關鍵在於不要在工作環境中受到壓力或者受困，當你擁有足夠的空間，你就能夠依附於自己正在進行的事情。

當其中一個物質宮位內產生截奪星座時，那一宮的空間會比其他宮位大，並且在其宮內會包含三個星座：宮首星座、被截奪的星座以及將出現於下一宮的宮首星座，這暗示此宮也許比較複雜，也需要更加多注意職業上的結合議題。

由於物質宮位在職涯中扮演重要的位置，在之後的三個章節中，我們將會分別檢視每一個物質宮位、宮首星座以及這些宮位內的行星，現在回到星盤的第二宮，開始探討它在我們事業中所扮演的角色。

Chapter 8
職業的價值

第二宮的報酬

傳統上，第二宮與金錢、財產以及資產的累積有關；在職業上，第二宮記載了我們的賺錢能力、可能收入以及物質態度，這裡也是我們在外界第一個奠定穩定性及安全感的基石所在。

第二宮	關鍵詞	第二宮宮首星座及其守護星	第二宮的行星
你天生擁有的資源、才能及強項。 你喜歡做的事、重視的事物以及你需要他人重視你的方式。 你的資產及資源，包括心理及物質方面。例如：自尊、個人價值、收入、財產、金錢及經濟報酬。	藝術價值 欣賞 資產 資本 收入 金錢 愉悅 財產 資源 自尊 自我價值 感官享受 分享 體能 才能 財富	你需要如何才能得到安全感及回報。 對於財產及金錢的直覺態度。 提高你的自尊及自我價值的方法。 天生的長處及資源。 你如何看待自己、珍重自己。 心理及經濟上的財富及價值的關鍵。	需要被運用在具生產力的活動中。 需要機智地被運用。 支持個人價值及重視的事物。 需要感覺自己的付出有所回報。 在工作環境中重視美感及對稱。 建立心理價值及金錢資本。

從上升點出發的第二個宮位，這個領域持續並維持正在萌芽階段的人格，以出生盤的角度來說，這正是發展中人格開始扎根的時候。就如同其所對應的金牛座一樣，第二宮象徵了個人的肉身或活出的自我；從字面上來說，這代表身體、感官及其物質環境。這一宮也與愉悅的本質有關，在後現代的世界中，能讓人愉悅的事情往往都需要金錢，而這正是第二宮的另一面向。但是，第二宮的愉悅也可以藉由學習及熟練的技巧及才能而體驗，不一定只能透過經濟管理或感官愉悅。

在心理上，這領域是我們藉由家庭態度及早期經歷形成自尊及個人價值的地方，在第二宮的幼兒發展時期，孩子感覺到味道、慢慢學會依附物品、好惡反應、知道如何說出「我的」、並發展出分享、交易及交換有價物品的能力。自我價值及形象、家庭價值的影響、我們努力追求的物質及意義，皆撐起這一宮的結構，並爲我們的內在價值觀帶來影響，最早期與價值觀、技巧或才能的相關訊息全都可以於這裡找到。如果個人想要受到重視的渴望沒有得到支持的話，可能會傷及自尊，而對於現實中的天生才能及技巧感覺羞恥或不被尊重。

我們可以在第二宮找到可以被發展及被重視的天生資源，這些可以是身體、智慧、情緒或精神上的資源，然而，它們一定要藉由日常工作或活動表達出來。以字面意義上來說，我們的資源是用來「交易」以換取收入或回報，因此，認知此宮的天生資源及供給是明智之舉。我們的內在資源庫存能夠支持我們的事業，但當它們透過我們的工作呈現時，會物化而轉換成報酬及利益，這些資源是我們獨特的長處、技巧及才能，它們被用來交換實質收入。第二宮的才能不單指天賦能力，在古代，才能的英文 talent 一字更是指黃金的重量或金錢的單位；在傳統上，第二宮往往是來自才能的回報。

占星學的傳統總是認為第二宮與金錢及資源累積有關，當占星師被問到例如：「我會富有嗎？」及「我將如何賺錢？」等問題，星盤的第二宮就是他們首先探索的領域；透過第二宮的分析，金錢、賺錢能力、收入及資源的形象首先在占星師的心裡成形。

金錢是一種原型的現實性，就像其他原型的現實性一樣，星盤提供許多思考財產、資源及財富的方法，雖然我們會將許多困難歸咎於金錢，但事實上是我們看待及參與金錢的方式才是問題所在，而非金錢本身。金錢做為一種原型，所帶來的麻煩總是切身、並且可能讓人措手不及，金錢上的困境往往反映出我們在分享上的困難、精神性及世俗事務之間的分離，或在世上的苦痛掙扎。然而，每當事情存在著對立的看法，就代表有一個中間點，詹姆斯．希爾曼（James Hillman）認同一種看待金錢的抽離觀點：「我將金錢視為是一種原型的主導，我們可以從精神或物質性的角度去看待它，但它本身卻是兩者皆非。[31]」正如他所說，金錢是「邪惡的神聖」，祕訣在於我們如何從其複雜的困境中掙脫。

某程度上，金錢是命運的一面，做為一種精神性的現實，我們可以透過占星學的角度去反思它的原型本質，進而思考自己與金錢之間的關係。傳統上，星盤的第二宮、其相對星座金牛座以及其守護星金星都與金錢及資產累積有關，第二宮由土元素守護，也是三個物質宮位中的第一個，它守護著物質世界中的金錢。占星學也反

31　詹姆斯．希爾曼（James Hillman），"A Contribution to Soul and Money"，from *Soul and Money, Spring Publications*, Inc.（Dallas, TX: 1982），35.

映出我們如何在生活中深化此一領域，以及如何藉著榮耀星盤所反映的眞實性去賦予這個領域意義。金錢成爲我們如何分享自己、自己的資源及熱情的一個生命指標。

第二宮也同時描述了我們喜歡做的事情，試想你享受及重視的事情是什麼？你可以在這輩子如何爲它創造更多空間及意義呢？第二宮的關鍵在於重視及欣賞自己的天賦才能及技巧，這些天賦會反過來帶來財富及報酬。這裡所指的財富是多面性的而不是單指金錢，對某些人來說，這可以是健康、和平、家庭、安全感、自由、人際關係或精神性，第二宮描述了我們會用哪些有價值的事物去投資，以及我們欣賞的事物是什麼。

現在讓我們回到第二宮的宮首星座，它是我們思考自己的資源、才能、天賦及品德的方式，也是我們學習如何欣賞它們的方式。在職業上，第二宮的宮首星座及其守護星的重要性在於我們如何從自己所做的事情中得感覺被重視及滿足，試想這個星座就像是一支鑰匙，打開第二宮的門，讓我們看到它的資源及財富。

第二宮的宮首星座

第二宮的宮首星座象徵了個人資產，這些資產需要被珍惜及運用才會變得豐足繁盛，宮首星座暗示必須被珍惜的事物、天生賺取收入的方式、以及天生對待收入及金錢的態度。這星座提供我們一支鑰匙，使我們更加意識到對於自我價值及個人價值觀的態度及看法。

在自然的星盤之輪中，第二宮的宮首星座緊隨上升星座之後，如之前所述，第二宮宮首星座的元素通常與上升星座的元素不合，在心理上，這假設我們的人格特質也許與我們對待金錢的態度、賺取收入的方式、以及如何評估自己的價值標準產生衝突。但矛盾的是，可以做爲資源使用的技巧、才能及價值觀也可能也會被個性遮蓋。工作面試是理解此難題的方法之一，當你的個性成爲主導，也許因此無法好好發揮你個人的才能及價值，也就無法得到適當升遷，思考自己在個人生活及職業上呈現自我的方式存在哪些差異，這往往發人省思。

另一個理解此難題的方式，是第二宮宮首帶領我們去發展可能被個性遮掩的特質及責任感。例如，有一個上升牡羊座的個案，慣於移動而且爲人比較衝動，而他發現每當自己跟著固定及持續的工作日程時，就會變得資源充沛且富足。同樣地，一個上升雙子座的男性告訴我，當他終於生下孩子、擁有情感上的責任感以及一個家時，他發現自己比單身的任何時候都富有，並且爲自己以前薪水沒有更多，開銷卻更多而感到困惑。一個上升摩羯的女性則與我述說，當她學會放下防衛、減少戒心、不再控制周遭環境時，她發現自己的冒險能力、超前思維及不合慣例的特質讓她在職場中得到更多賞識。這正是第二宮宮首的祕密：當我們榮耀它的精粹，它就會變得豐富。

因此，思考自己與經濟上的安全感之間的關係、天生資源以及賺取收入的潛能之前，不妨單獨思考第二宮的宮首星座。第二宮是檢視自我對待金錢的態度以及與金錢的關係、思索此實際狀況的一種方式，第二宮宮首提出了鞏固你的自尊及個人價值的一些方法。此星座也可能指出我們所珍惜及欣賞的事務，這將鼓勵你工作中的長處及穩定性。此外，宮首星座可能也描述了你如何存取自己的個人資源及資產，以及對待財產的本能態度。

第二宮宮首落入牡羊座

你富有創意及自發性的特質，塑造了你對金錢的態度以及與金錢之間的關係，雖然你可能不認爲自己是非常獨立或勇敢的人，但你珍惜此種特質。其中一種最具勇氣的事情是去挑戰自己的被動性、怯懦及冒險的機會，當你這麼做時，你就會發現自己的技巧及才能。如果你想要尋找自己天生的價値，你需要在不確定的狀態中闖出一條路、挑戰混亂並排除萬難前進，你的資產建立在擁有足夠自由去探索機會、冒險及從錯誤中學習。

即使你不一定注意到這些，但你與金錢的關係仍然需要這種冒險與挑戰的元素，當你投入你的心思，你就會覺得任何事情都是有可能的。正因爲你的收入與自發性及勇氣相關，所以你需要開創某項計劃，才能帶來成功。你最大的資源之一正是處於逆境中的獨立精神及逞強態度，因此，鞏固你的自尊及自我價値的最佳方法就是自發性地行動，並學習相信自己的本能。收入的重要性遠不及你的自由及工作中的潛在機會，矛盾的是，當你越感到自由，你就會越富有。

這裡的星座也同時指出你眞正珍惜欣賞的事物，你珍惜的特質包括了果斷、勇氣、熱忱、主動性及靈感。行動力是獲得金錢成就的關鍵，你擅於面對挑戰，類似全球性金融危機的事件更能激發你創業的特質。你的努力及堅毅最終帶來回報，如果你的努力得到立即的回應及回報也不需感到驚訝，但也不要將此視爲天賜的。你的本能及直覺是最佳嚮導，能夠協助你找到最正確的投資以及發揮金錢最大價值，當牡羊座位於第二宮宮首，你也許可以嘗試投資運動、比賽、冒險、開創、創業及風險性的事業。

第二宮宮首落入金牛座

能夠確保你未來的經濟穩定，包括忠誠、節制、一致、穩定、堅固、可靠及堅定性等特質，這些美德有助於爲你建立更強大的未來經濟基礎。你需要堅持某些事，看待工作任務時要考慮到結果，然後緩慢而確實地進行，你那充滿冒險精神的個性也許會需要你減少損失並且逃走，你需要打敗這種無止息的衝動。當你感到不耐煩或沉悶時，抱持活於當下的心境能讓你感到穩定並得到回報。你需要長期投資，而不是尋求短期回報，當你在行動中時，你的財務也會跟著改變，而當你展開某些事時，你的金錢也會回應你的行動。

從小，你就明顯地傾向以創造性及生產力的方式運用五感，五感中的其中之一或多種感官也許在你賺取收入方面扮演了主導角色，也可能以多種方式表現你的感官，例如：你也許擁有一雙「治療之手」、點石成金的能力、甚至一雙精於園藝的巧手或是善於建築。因此，無論你是按摩師、陶藝工人、樹藝師、經濟達人或建築師，你都會善用自己天生的感官技巧以及與土地的關係。你可能有各種其他的方式應用這項技巧，例如：唱歌、下廚、園藝、銀行業或建築，但底線是你要擁有一項能夠帶來回報、實際且世俗的才能，這些也許都值得投資。即使你無法感覺自己與這些感官特質的連結，但當你看到它時，你會知道要珍視它，而你部分的投資可能包括了美麗的油畫、雕塑或是一系列的香水瓶。

寵愛自己也是一種良好投資，當你感到越輕鬆、越活在當下，你就會越成功，腳踏實地並且堅持完成工作對你來說是最好的。財富需要長期、理智的建立，雖然你也許想快速賺錢，並將所有關於金錢該注意的事拋諸腦後，但是這並不適合你，你需要對自己的財務狀況及安全感到踏實及確定，當你採取現實的態度，你就會感到更接近於自己眞實的資源。你天生不信任得來容易的事情，在內心某個角落，當你誠實而努力的完成工作，你便能體會徹底完成工作所帶來的滿足感。

第二宮宮首落入雙子座

你的好奇心及好學精神正是你莫大的資產，可能正是這些特質引領你去思考如何以溝通、旅遊及報導謀生；如果你並非從事這些行業，這些技能也是能夠賺錢的投資管道。由於你的金錢運與你的溝通技巧有密切關係，你有能力成爲善於溝通的人，能夠幫助你謀生，無論是寫作或是示範、教學、指導，都與傳達重要資訊有關，這有助於他人更加意識到自己是誰以及他們所處的世界。

雙子座的象徵正是雙胞胎或二元性的主題，這一方面可能暗示當你與某個夥伴、手足、朋友或靈魂伴侶並肩工作時，將會提高或發展你的賺錢能力，尤其當你們有著共同的願景或目標時。另一個可能性是你能夠同時應付兩份會帶來收入的職業、工作任務或計畫。你與金錢的關係也許不如你個性所渴望的那麼穩定，但以金錢的方面來說，改變及嘗試新事物對你來說是好事，你的安全感並不是眞的建立在穩定或長久中，而是在於珍惜你生命中持續發生的轉變，當你能夠自由的四處游走時，你也會感到更安全，在金錢上也更具競爭力。

你需要珍惜的天賦之一是你的社交技巧，你的成功在於在一把傘之下與不同個性的人建立關係及網絡，另一項特質則是你的智慧，語言、想法及溝通技巧，這些都是你值得投資的才能。你會邊學邊做，並且透過與別人分享你工作祕訣及想法去擴張，如果你成爲廣告代理、宣傳人員、公關、撰稿人或銷售人員的話，不必驚訝，對你來說，分享資訊、謀生或賺錢皆緊密相依。

第二宮宮首落入巨蟹座

依附、連結、情緒防衛及安全感都是可以被轉換成財富及資產的資源，你經濟的安全感及物質的成功取決於你的情感投入，而不是你的年薪多少或是賺錢能力。這是一種相當新穎的概念，簡單來說，當你情緒安穩、有安全感時，你就會在財務上充滿信心，你與金錢之間的關係是用來衡量你受到保護及被重視的感受。

你充滿好奇心，而且認爲自己需要許多空間及流動性，但你實際上可能會透過情感依附及家庭責任而變得富有。當你一旦安定下來，你就能夠在經濟上變得豐足，當你開始建立自己的家並擁有情感上的責任時，你在財務上便會開始富裕。這個現象也許有點不可思議，因爲你關懷、滋養、提供他人情緒上的依靠的這些特質，正是爲你帶來經濟上的安全感的關鍵。當你關懷及照料別人時，你就會去確保經濟上的穩定性，讓每個人都能夠感到安心。實質上，你也許能夠以助人或關懷專業、或是提供安全、滋養或保護的行業賺取收入。

然而，這卻不一定代表你總是有安全感，你也許會經常擔心錢的問題，並對如何照顧別人感到無力及不安心。然而，你實際上有能力去得到你想要得到的，你也有足夠的存款去買你需要的東西，並且財務也管理得不錯，問題只在於金錢成爲你投射不安全感的對象。你的才能在於照顧、連結他人的能力，而當你照顧別人及他們的需要時，宇宙會爲你提供你所需要的東西，而隨著你年紀漸長，事情會變得比較輕鬆，因爲在經年累月的努力之後，你終究會逐漸看到自己工作的回報。

最好的投資之一是你的家，但除此之外，還有你所愛的人們以及長久累積的珍貴回憶。你可能不知道，你沒有算計在內的其他投資也會帶來金錢收入，只是它們尙未孵化成熟。也許你對於金錢已經發展出一種不安全感或謹愼的態度，但隨著你在親密關係及商場關係中盡責行事，你會慢慢感到安心、變得自信。資源不一定是物質性的，價值隱藏在你對於他人的滋養、以及你如何讓自己在這些關係中變得更加有責任感及更加受到尊敬。

第二宮宮首落入獅子座

在你謀生的過程中，個人創造力、魅力及自我表達引導你得到滿足感，無論你是教育家、代言人、訓練員、娛樂者還是企業家，你身上總有一些東西讓自己與眾不同。讓你的貢獻變得獨一無二的特質並不僅是跟隨公式、地圖或工作說明書就能做到，珍惜自己的個人資源及重視自己也許會讓你感到彆扭，因爲對你個人來說，你也許是更傾向自我意識、內斂，而且比較喜歡留在幕後的人。

當你想要將資源最大化，你必須要有自信及自我表達的特質。在職業上，如果你能夠找到自己的創意表達及信心的話，你將會擔任創業計劃、科技發展、教育改革或爲公司帶來改變的職位。你需要站出來被看見，如果你是自己創業或成立個人工作室的話，那麼，你需要對自己所做的事情感到驕傲。溫暖和慷慨是重要資產，能夠保護及豐富你在世上的位置，你需要安心的推銷自己的產品、公開表現你的才華以及展示自己的創造力。而做爲一名藝術家，你需要推銷自己，你天生就具有慷慨的精神、親切和藹及充滿魅力的特質，都是你在工作上的重要資產。

在心理上，我們必須認識自我以及它的渴望，否則，你的自我可能會過度膨脹並背離你正在做的事情。同樣地，你也許會低估了自己的創意，並因此感到被忽視。謀生的經驗可能是有趣的，因此，不妨利用你的玩樂性及自發性，將工作當成是表達自我的遊樂場，這樣做會是有價值的。工作及玩樂並存使你感覺良好，一旦你找到了投入創造性和自我的節奏，你就能夠在自己所做的事情中找到樂趣和愉悅，對於金錢的健康態度是一種遊戲，你需要找到享受其中的方法。

第二宮宮首落入處女座

從我們最早期的紀錄得知，處女座是收割少女，她與收割的豐饒以及土地和生態系統的價值有關，豐饒肥沃的土地正是顯示資源、金錢及資源的地方。在意象上，你需要耕耘及照料才能散播你富足的資源，就像農業少女一樣，你也許需要遵崇時間的過程並留意季節的時序，知道何時收割、何時播種。處女座欣賞持續性及一貫性，而這對你來說是一個珍貴的概念，雖然這種概念不一定經常能符合你的個性。

你天生勤勞的個性及分析技巧，是你與金錢之間的重心，你擁有足夠的再生資源，例如：回收利用、更新及讓事情變得更好的才能，如果你小心而尊重視之，將會爲你帶來利益。雖然你的性格及外在皆充滿活力，但你那謙遜專注的工作態度才是爲你帶來回報的特質，細節、微小設計以及被他人忽視的東西都可以爲你帶來利益。

你的辨別能力、掌握精確度、分析技巧、自立、控制力以及條理分明都是重要資源，無論這將帶你進入商場、工匠的工場、醫療診所還是動物醫院，當你賺錢謀生時，會以條理分析的技巧做爲交易。在職業上，你適合在保健及服務業謀生，但任何讓你感覺可以得到改善及發展的地方都會使你滿足，無論是照顧動物、手工藝或是藥物治療，你都需要感覺自己正在改善情況，如此才會覺得有價值。

當你開始反覆思考自己缺乏而不是擁有的事物，你就會破壞自己最大的資產——那便是你堅信所有事情都是循環性的。也許時機還沒到，但它很快就會來，就像那開墾肥沃之土的處女座女神一樣，你有許多能夠保障安穩生活的資源，你的愉悅來自於跟隨生命自然循環所產生的和諧，處女座在這裡提醒你，收割是季節性的，你的經濟穩定性也有其自然循環。

第二宮宮首落入天秤座

欣賞自己的外交技巧與得體、成熟老練、優雅、有教養的個性以及建立人際關係的技能，在你成功及受到重視的方面大有幫助。你天生具有應對他人的技巧，這暗示了你本能知道什麼是正確的事，懂得妥協、能夠看到事物的兩面、並協調出公平的結果是一種有價值的技巧，這可能使你從事與他人並肩合作的職業，或是重視談判、外交、溝通、議價、調解、和解或團隊合作的工作。在待人接物及建立愉悅、友善的職業環境方面，你的外交技巧同樣非常受用，這些都是你可以賺取收入的可能方式。

採取一個穩定的方式賺錢及建立自己的生活方式是重要的，因爲當你變得不平衡或者不舒服時，金錢收入就會減少。你欣賞美麗的東西，並珍惜生命中所有優雅的事物，因此，投資藝術及美麗的物品可以增加你生命的價值，而擁有這些美麗的東西也不會讓你背負巨債，因爲你同時也珍惜自己的獨立性，也有能力在金錢上做出正確的決定。如果你發現自己在美麗的事物上花很多錢，卻仍然覺得自己被低估時，這暗示你對於工作及人生方向感到不滿。

從發展實質關係或成爲團隊、伴侶或親密朋友的一員中得到成功及受重視的感覺，你可以從合作關係或共同投資中獲得收入，無論是哪一種，你都知道如何與他人一起賺錢或是爲別人賺錢，因此，在處理財務問題時，你必須把事情弄清楚，也必須簽立合約。在你的投資中，公平及正義是重要的面向，在簽署任何工作協議、雙方投資或合約時都需要記住這一點。一旦你清楚溝通自己的價值並把它與別人分享，你就會自由地感到自己的富足。你也許是一個謙虛的人，但當你所重視的品質及品味無法打折時，你就會知道金錢的重要性。

第二宮宮首落入天蠍座

當第二宮宮首落入天蠍座，冥王星成爲你第二宮的守護星之一，象徵你將地下世界的神祕性帶入經濟及職業的察覺中，這也許暗示你擁有隱藏的才能及資源，透過你的工作生活顯現。也許你善於調查及評估財務困惑，這當然意指你需要思考自己擁有的財富是什麼，以及如何極盡發揮你的潛能。你的才能及資源也許尚未被承認，因爲其他人也許還沒清楚地看見你的技巧及才華。

地下世界的價值在於這裡是種子發芽生長的地方，也是無形靈魂的安息之處，這暗示在你擱置資源的同時，卻知道隱藏在表面之下的東西。你善於處理危機，而你最厲害的技巧是處理緊急情況，無論是個人生命、公司機構或是工作計劃的危機，無論你想幫助他人重建生活，還是幫助某個公司或是一個家，你都會有能力去翻轉情況。某些人也許需要在自己與金錢的關係上去重建生活，因此，你也許會被吸引去從事處理金錢的專業，無論是顧問、投資員、銀行家或套匯商。一些運用治療技巧的職業，例如：心理分析師、醫生、治療師、照顧者、喪親輔導員、生育專家或經常直接面對生死的職業也與此呼應。做爲一名法醫、考古學、醫學或財經的研究員則可以從地底尋找眞相，而那裡也埋著你的才華及財富：不過，財富等同於金錢嗎？

財富並不只是金錢的現實，當你在生命中能夠與他人建立深層連結時，無論你是幫助壓力沉重的人、見證另一個人的過渡期或是感到被欣賞尊重，你都會從中找到愉悅與富足。然而，這裡也需要注意的是，權力及金錢往往相輔相依，因此，你可以注意金錢如何被當作是操控他人或操控你自己的強大工具。金錢在你生命中是一種強大象徵，你的未來也許會帶領你進入一家財富萬貫的機構、遇到非常富有的商人或客戶，或是需要處理大量金流，但你生命的祕密在於當中轉化能量的源頭，其實是你的正直、誠實及存在感，而非金錢本身，你最大的資產正是你的性格。

第二宮宮首落入射手座

你重視教育、遠見及哲理，當這些興趣能夠被整合到職業中時，你就會感到經濟上的安全感。另一個需要重視的自我面向則是你爲他人的人生經歷賦予意義的能力，當這能力配合你那既激烈又充滿魅力的性格，你就能夠以充滿意義又影響深遠的方式去塑造自己的生活。以現代的說法，你是人生教練，最適合利用你自己的生活去啓發他人、激勵別人的信念及對待自己的態度，讓他們能夠改善自己生存的世界。你擁有自己的金錢哲學，而你也發現當你能夠不依附於追逐金錢，而是以自由、自發性及冒險的方式工作時，那就是最適合你的工作方式。就如同你所言：深信它，事情便會發生。

你的資本價值與你是否忠於自己信念有著密不可分的關係，道德觀在你的財富及投資上扮演重要的角色，當你將自己的哲理及原則與金錢的理解相結合，你便可以從一窩蜂中脫離。在某極端情況下，你也許對金錢會有一些崇高的抱負，但若是其他人並不認同你的抱負的話，你也許會感到自己被打臉；另一極端的情況是，你也許會爲了掩飾自己毫無意義的人生而誇大及膨脹自己的資源。對於金錢、資產及財產，你需要有一套有效的思考方式，才能在進行自己所重視的事情時感到滿足及受到支持，這些事情包括旅遊、進修及學習。

可惜的是，例如：眞相及知識、視野、遠見及樂觀這些特質並不會在你的投資中被重視，因此你需要找個方式去重視這些特質，自由探索、參與文化交流計畫、旅行及學習都是能夠爲你帶來滿足感的關鍵。在職業上，這暗示了你需要擴展你的想法、原則及意見，並對各種可能性保持開放態度。你會邊做邊學習，而當你擁有信念及自信，你就會發現機會總是在不遠處，這是因爲射手座的守護星木星知道：「當你相信自己及自己的能力時，世界將會回應你。」

第二宮宮首落入摩羯座

你對待經濟契機及財務穩健的態度與你的自尊及個人價值息息相關，雖然責任感、職責、保守及務實的態度塑造你對金錢的想法，但是，你也很可能同時反對傳統的財富觀點，因爲這些觀點使你感覺受限及權威。因此，你的父母對待金錢的態度將會影響你，你也從父母身上繼承強烈的道德觀及保守訊息，關於如何謀生，或是關於奢華的警惕故事。因此，當涉及你與金錢之間的關係時，你會感到自己與心魔交戰。然而，事實上你也有自己的經濟規則，而你需要去反思這些規則是什麼。

摩羯座是一個權威的星座，其心理蘊含著後果的知覺，因此，它將規矩及規則意識帶入賺取收入的領域中，以條理及認眞的態度看待金錢及物質，也許會與想要自由、不受規則及職務限制的個性產生衝突。工作及事業是畢生的過程，其中總會出現許多衝突，需要我們去留意，但時間本身就是摩羯座的領域，當它能夠按照自己的腳步，便會感到安心。也許可以騰出一些時間使你能夠出去冒險，之後再回來認眞面對工作賺取收入。隨著生命的發展，你比較容易去遵守紀律、負責任以及變成權威，也許你需要明白，當你逐漸成熟並不再退縮而展開實驗及冒險時，你將會發展出這些特質及資源。

在一個使你感覺能夠做主及控制的體系中，最能夠支持你天生的長處及資源，而當你能夠掌控自己的領域或者自己當老闆時，也會使你感到滿足。尊重是重要的，當你找到一個讓你的才能及技巧受到尊重及重視的地方，你也會因而茁壯成長。你成功的祕密在於知道爲了達成想要的目標，你已經付出努力，也知道自己在命運之輪上是安全的。借貸、債務不符合傳統對金錢的看法，而你也需要超越那加諸於你的金錢模式，並尋找一套最適合你、能夠自我掌控的方式，而這對你來說會是一項挑戰。

第二宮宮首落入水瓶座

雖然水瓶座傳統上由土星守護，但它是先進且未來導向的，它尋找獨創性、尖端的事物以建立價值觀。因此，你需要以各種方式去利用自己先進、具刺激性、利他主義的、以及科技上的才能，這表示當你同時感覺自己的創造力和個人主義特質時，你便會感到滿足及被重視。在這組合下，你很可能發現自己正在以未曾想過的方式謀生，這可能很難想像，因爲你也許會覺得自己的性格應該是比較保守的。

因爲你的自我形象與獨立性密不可分，因此，你的個人意見及信念會支撐你的價值觀，它們也許偏向社會的邊緣，但儘管如此，它們還是與你產生共鳴。重要的是你需要認知，與其單純地跟隨傳統，更爲珍貴的資產是做回自己。這可能暗示你偶爾會捲入政治操控及改變之中，但重要的是當你無法從其中得到任何東西時，你需要知道自己可以從中抽離。你賺錢的方式可能是少見的，而且不是傳統觀點中的平坦道路。

在職業上，你比較適合具開發性、科學、科技或需要智慧的工作，因爲社交技巧及人際關係技能正是你的資產所在。因此，人文的及政治改革相關工作能讓你發揮所長，生態學、環境及人文的追求也可以讓你凸顯這些技能。反思自己對待金錢的態度，有時你對金錢的態度有些模稜兩可，有時則興趣缺缺，當事情太難以處理時，你可能會擺脫物質層面，逃避到利他主義的那一面向中。在占星學上，你對金錢可能有兩種不同的看法，但總括來說，你需要在金錢領域中更加落實及穩固你的個性。

第二宮宮首落入雙魚座

落入你第二宮的這兩尾魚將牠們魔幻及混亂的能量帶到你的財務穩定、經濟管理、賺錢能力及資源的領域中。當我們分析雙魚座與第二宮這個組合的表面價值時，它們看起來是不合的，因此，這組合的祕密在於要認知自己獨特的資源以及對金流所抱持的不同心態。首先，收入與金流也許不會以可預知的方式得到；第二，你對賺錢有一種直覺性的心得；第三，當你以創意或同情心的方式去投資金錢及才能時，似乎會帶來更多資源。你也許會覺得金錢是神祕的，它這一刻還在，但下一分鐘就不見了；你一方面會想「我應該要儲蓄，做一些比較現實及踏實的事情」，另一方面則覺得隨遇而安就好。

你也許會對金錢感到混亂，有時候你會不知道自己有多少錢或花了多少錢，你不需要讓自己超越財富或對財富的渴望，但你最好找到金錢之於你生命中的意義。你可以用藝術的方式賺錢，可能是透過創造力或察覺他人的創造力而獲得金錢。創意生活也暗示了一種獨特的價值經驗，正是這些需要被重視的神性及創造性的特質，讓你得到個人的安全感、自尊及回報。在職業上，這可能也暗示了你最珍惜的是自己藝術性或神祕的面向，雖然你受到關懷他人或創意的職業召喚，而可能會掙扎於它們是否能夠得到重視或取得心理、財務上的回報，但你的才華、藝術性及想像力會讓你得到莫大的歡愉。而當你完全投入這些才能，你會發現生命會賦予你的所需，而你的掙扎會是如何讓你的技巧及才華被看見。

第二宮的行星

第二宮的行星顯示出你賺錢的方式，從表象意涵上來看，這也許暗示了你如何謀生，以及對金錢、財產及安全感的模式和態度，並需要以技巧及資源去表達原型性衝動。第二宮的行星塑造出你的價值觀並利用你的天賦資源，因此，這些技巧和資源會支持你的自尊。

行星也可能以家庭、文化、種族這些過去的模式投入，透過反思生命中的這種原型設計，你可能會意識到這些來自於過去的破壞性模式。自我意識貧乏、自尊低落或者對金錢抱持著否定的態度，可能皆源自於過去而非現在，留意第二宮的行星有助於改變我們的遺傳模式。

與第二宮行星結合能夠爲你帶來一個正面而合適的價值觀，透過這些行星的能量，你可以開始深化與金錢和經濟的關係。我們也許會將第二宮行星視爲自尊及金錢上的情結，因此，認清這些情結有助於與它們建立關係，以及支持我們的職業之路。

太陽落入第二宮

太陽有一個儲藏庫，其中的資源包括信心、光芒、正向態度、自信及領導才能，這些全都是安全感的來源。資產及收入都很重要，而你對待所有權及財產的態度塑造了你的身分認同，富裕與健全的銀行帳戶是成就的標誌，然而你對物質世界的認同度如何？這並不代表你是一個金錢至上的人，而是暗示金錢對於你的成功感相當重要。因此，你必須以現實及誠實的方式去區分金錢、物質及資本的重要程度，才能夠與物質世界建立自在的關係。

太陽建立自我形象、性格長處以及在這世上的身分，當它落入第二宮，表示透過表達個人技巧及能力而發展自信，尤其當你將天賦才能轉換成收入的時候。能否建立成功的事業及擁有可支配的收入與你的自信心有著緊密的關係，當你感到自己與目的性、權威、權力及眞實性產生連結時，你就會感覺富有。然而，當你感覺自己無關緊要時，你就會透過財務及財產去補償這種不如人的感覺。你會從金錢而非自我中尋找權力，炫富、吹噓自己的資產，或明顯是爲了過度補償這種不足感而投資。

透過個人長處及勇氣去了解經濟上的安全感，通常個人可能擁有高度創作力，而且天生懂得表達自我以及如何將自己置於適合的環境中。但如果要成功累積資產和收入，你需要在工作中表現出自己的獨特性及創造力。經濟成功的祕訣並不在於你的銀行存款有多少錢，而是在你所做的事情當中結合自信及創造力。

無論你做什麼，都需要在自己所做的事情上留下痕跡，因此，重要的是你要說出想法、找到自己的聲音並表達你的才華。在個人層面上，你與父親的關係可能蘊含著你的價值感，一旦你感到被低估，你可能產生將這些感覺帶入職場的風險。此外，你也可以透過存在感以及在創造領域中表達技巧和才華，去重建自己的信心和自我價值。被承認及被認可有助於建立你的價值感，但它們不會從天上掉下來，而是需要你的努力。

有各種方式可以讓你的才華帶來收入，但底線是事情的重心總要是你創造性的那一面。確定自己的方式是否正確的方法之一是觀察你的生命力及活力水平，當你在合適的職位上並表現你的技巧及才華，你將充滿活力及生命力；但如果你處於不適合的職位上，你則會感覺被榨乾。無論你做什麼都需要肯定自己能夠光芒四射。

月亮落入第二宮

月亮做為永恆變化的象徵，將其盈虧節奏帶入財務領域，這暗示你需要知道金錢方面的穩健性也將如潮汐般起伏，時而豐足，時而緊縮，就像潮汐一樣，由月亮的節奏控制，而月亮的節奏天生就是循環性的。當你情緒安穩時，你會對財務感到有信心；但當你感覺脆弱，便會反映出負面的財務狀況。由於財務狀況與情緒互相糾纏，當你不快樂時，金錢成為你需要的過渡品，就像有些人需要巧克力、一個擁抱或是一個肯定的微笑，而你則需要現金。

情感與財務上的安全感息息相關，你不可能捨棄其中一方。財富很大程度上與安全感、擁有一個家、家庭連結及你周遭的家庭財產有關，在受到這種循環的影響下，重要的是你需要擁有財務安全感的策略。當然，你需要擁有一個家的根基，無論是一片土地、一輛旅行車、一個租來的財物、一間公寓還是你自己的家都是重要的。一般來說，這是每個人最大的資產，而當月亮落在第二宮，情況更是如此。

你也可以將這種本能帶入事業中，你也許很懂得收集貴重物品、古董、錢幣、郵票或者任何與感受、歷史或情感有關的物件，你也可能對於房地產有獨到眼光、熟悉要開一家餐廳需要多少錢、或是對兒童照護感到興趣，一旦當你投入某種想法，別人就很難說服你放棄計劃。你可能靠照護專業謀生，無論是從事護士、教職、兒童或老人照護、諮商等等。因為家扮演非常重要性的角色，因此你可能一眼就知道它的價值，你可以將這些技巧轉換成物業或房地產發展方面。在家中從事自己的工作或家族事業也是另一個可能性，事實上，你也許會繼承家族事業或成為家庭信託基金的管理者，家和家庭在你的財務及生活方式上扮演了重要角色。月亮落入第二宮的另一種展現方式，是以各種不同的能力在家中工作，從手工業到室內裝潢，重要的是你需要知道家庭及安全感在你的謀生過程中扮演的重大角色。

如果你能夠習慣於月亮的陰晴圓缺，有助於讓你留意成長、膨脹及衰退的各種時機，資源起伏不定，盡可能保護你的資源，以穩固自己的幸福感。擔心貨幣、股票市場或匯率的波動是相當煩擾的事，因此，最能夠讓你感到受保護的方式是投資穩定的商品，一個穩固的家庭、溫暖的家及熟悉的例行公事也是你的珍貴資源。

水星落入第二宮

水星並非以一致性或持久性著稱，但它是商業的守護神，也是市場、貿易及金錢交易之神，祂是著名的欺騙之神，將祂喜歡的詐騙及偷竊之術帶入市場，因此，當落入第二宮的水星可能使金流變得彈性以及讓人善於貿易的同時，我們也需要知道水星的狡詐之手同時也可能玩弄於其中。

所有原型皆有兩面，而水星也不例外，它一方面支持人們對於金錢的分析能力及一致的態度，但另一方面則比較優柔寡斷及善變。你需要在所有財務交易中同時考量到這一體兩面：這是嚴肅的長期投資還是只是玩玩而已？這可能帶來短期利益，但是否同時帶來極大風險？水星的形象變化莫測，因此，剛開始看似不錯的投資也許最後只是假象；另一方面，看似不牢靠的投資最後卻可能會帶來利益。當水星出現於第二宮，你與金錢之間的關係就像水銀一樣從不停滯又持續變化。然而，如果你對於為未來儲蓄、養老金或長期的經濟目標感興趣的話，你要非常注意水星的不安定性，因為與安穩的家相比，水星還是比較喜歡寬廣的道路。

你的資源之一在於你天生就懂得看透市場上的人心及狀況，你的溝通方式充滿彈性，也懂得以各種不同方式讓人明白你的意思。你在商業、議價、買賣、貿易、進出口的領域就像是在家一樣，你甚至擅於金融市場方面的溝通。如果水星在政府任職的話，它應該會是交通部長、新聞局長或財政部長。

因此，你可以倚靠成為貿易商、銷售員、商業投資者、金融作家或資訊科技人員謀生，你也可以在蘊含許多焦慮、移動及改變的地方得到很好的發展，無論你正站在股票市場裡面、特價日的門市收銀櫃檯背後，還是正在米蘭採購最新一季的時裝，只要那裡有許多活動、挑戰及可做的事情，就是你最能發揮的地方。你的長處在於移動中思考、行動迅速以及高度流動性，做為作家的守護神，第二宮的水星暗示了你也許擅於以說故事、寫作、授課、新聞或教育賺取收入，無論你是編劇、作曲家、演講作家、劇作家、新聞工作者、小說家、專欄作家或只是自己開心寫的日記，當你交換故事及資訊時，你會感到滿足。你可以透過溝通找到自己的價值，而只要是價值的轉換，就會同時出現貨幣的轉換。水星會啓發你去運用自己的智慧、想法及能力在謀生的過程中溝通，無論你是寫作、思考、說出還是畫下它們，你都需要去表達它們，好讓自己感到滿足。

在神話中很少描述變老的水星，因此你需要知道：雖然你年輕力壯時能夠靠本能而輕鬆賺錢，但當你逐漸年長，你可能需要一套不同的指引去處理財務。

金星落入第二宮

金星位於自己的家中欣賞高度發展的品味、生命的感官享樂、形式及設計，包括在金星領域中的金錢相當重要，因爲它可以提供有品味的生活方式或任何你認爲有價值的東西。個人價值與金錢有密切的關係，將你的內在價值與物質所得結合，你會以花錢或購物彌補缺憾嗎？現在我們知道這稱之爲購物療法，它的確是非常好的休閒活動，但如果這是爲了掩飾不安全感及低落的自尊的話，那長期來說是無用的。

因爲容易受到遺傳而來的金錢觀影響，所以不妨反思家庭對於金錢及權力的態度以及價值觀如何。金星與愛和金錢有關，在你的家庭經驗中，當缺乏愛的時候，它是否由金錢取而代之？還是金錢和愛以各種方式糾纏在一起？你可以思考女性價值是如何受到欣賞及尊重，因爲金星是老資格的女性，它的價值是需要被尊重及欣賞。

一個平靜而吸引人的環境有助於建立你的自尊，因爲最終外在世界的美感會反映出內在世界的和諧，因此，你可能會享受將收入投資於任何令你感到愉悅的事物上，例如：衣服、傢俱、藝術、音樂等等。當你周遭充滿美感和品味時，你會感覺良好。你天生就知道討好及吸引他人的訣竅，金星鼓勵你找到伴侶，但當金星落入第二宮，金錢、性及伴侶關係可能會相互糾纏，相對於情感及精神世界，在物質世界中分辨出你所重視的事物，對你十分有幫助。

金星落入第二宮會帶來藝術、音樂或社交技巧的天賦，許多優秀的歌手例如：佩西．克萊恩（Patsy Cline）、愛迪．琵雅芙（Edith Piaf）、貓王艾維斯．普利斯萊（Elvis Presley）、莫利斯．雪佛萊（Maurice Chevalier）及凱蒂．蓮（k.d. lang）這些天生感情豐富、聲線迷人的歌手。雖然這可能不是你的命運，但不妨思考你重視自己哪些技巧及資源、你想如何發展這些特質謀生、或至少以興趣去表達這些才華，這種反思會相當有價值。

最切合金星落入第二宮的主題莫過於透過藝術和美感、或以想要美化事物的衝動去賺取收入，或是你可能傾向選擇一個能夠發展社交技巧及重視待人接物的專業。人際關係技巧是你可以發展的資源，在重視外交、禮節及建立關係的專業中能讓你得到滿足感及成就感。無論你選擇哪一條道路，都是想要榮耀及認知愛與美的原型，方法之一是爲了你眞正重視的東西而儲蓄、投資美麗、好看或精美的事物。金星與重視自我有關，當它在第二宮，重要的是你要找到能夠鼓勵及支持自我價值的資源。

火星落入第二宮

火星重視冒險精神、獨立性及個人主義，因此與其依靠他人過活，你也許寧願自給自足，在職業上，能否自我管理以及自行做出金錢相關的決定將會成爲重點。火星做爲一種原型，等同於危險、陰謀及刺激，它重視自主性、犯險精神及勇氣，也需要被刺激及挑戰，因此，就像這位戰神一樣，你必須透過獨立精神去尋找價值，而當它被觸動時，金錢自然會跟著來。你的快樂在於找出方法讓自己能夠做自己的事並有所回報。

你謀生的環境是危險的，並且讓你腎上腺飆升，例如在緊急救援單位、警察局或消防隊中工作也相當吸引行動優先的火星。在企業方面，你也許同樣處於需要火力全開、高風險的位置上，例如：股票市場、金融貿易或房地產發展或投資，這種能量渴望被激活，因此也許也適合體力或運動導向的工作。這種占星配置另一種常見的情況是個人會以水電工、水管工人、建築工、木匠或任何有明確目標及截止日期的專業謀生，即使這些工作的本質是陽剛性的，但它們並不僅限於男性，我也常常看到火星落入第二宮的女性個案相當擅長於這類工作，或是在軍中發展得相當成功。在第二宮的火星並不會產生性別歧視，因爲它的力量及熱情是一種原型的驅力。

你擁有的資源包括了創業精神及蠻幹的氣勢，願意冒險、面對障礙和願意接受挑戰，你需要在自己所做的事情中受到挑戰和刺激，因此，你具有競爭力的天性需要指引和目的。也許明智的是將目標設定爲累積資源，這裡所指的資源並不是死板或固定的，而是你能夠傾盡全力爭取而來的。與其將儲蓄視爲被迫的行爲，不妨定下實際的儲蓄目標去挑戰自己，你需要知道這是你自己所設定的目標及限制。

在你的個人背景中，也許曾經出現與金錢有關的爭執，也許當時因爲金錢匱乏而帶來憤怒或低落的自尊。金錢是一件具爭議性的東西，而第二宮的火星會將金錢與侵略性連結，因此，重要的是你需要先知道自己想要什麼，因爲你既不想也不需要由於任意借錢或借別人錢而感到怨恨。當你向別人求教時，重要的是你要確認並運用自己的本能和直覺，感覺自己的話被聽見。如果你總是聽從「金融專家」的話、讓他人操縱自己天生的主動性和驅力，你也許會因此感到沮喪。當火星感到煩厭或受阻時，它會背叛自己，而你也可能會感到抑鬱及深受打擊，因此重要的是你能夠對自己的財務策略及計畫有自己的意見。

火星也是代表欲望的行星，這得看你的個人背景如何，你若不是一個擁有強烈欲望去爭取自己想要的東西，就是充滿矛盾、仍然深陷於早期生活中傷及自尊的態度。不妨列出願望清單，並爲了擁有你喜歡的事物而努力，然後反思自己的價值。

木星落入第二宮

一方面，木星落第二宮象徵你對於謀生所抱持的正面、自信的態度以及讓財務充裕的能力；但另一方面，它也暗示權利及優越感，成功的關鍵是在兩者之中尋求平衡。例如在不受到木星誇大事實及帶來錯誤希望的影響下去運用它的豐沛精神，也許最好的方法是判斷什麼是有價值的東西，例如：旅行、花錢學習一些有意義的事情，或發展事業前景也許會是一個不錯的投資。金錢容許你能夠自我延伸、超越你成長的界線。

幸運女神往往被視爲是木星的伴侶，當木星落入第二宮，這暗示了你可能也會以財富爲伴，至少這可能暗示好運往往比不幸多。同樣地，這的確是一種承諾，但木星承諾的往往多於它實際上所帶來的，因此你要善用好運，因爲這些好運能夠賺大錢，也正是在這些興旺時刻能使你建立財富。你最大的資產之一在於你的信念及樂觀，而當你將這種積極的態度投射到謀生方面，它就會爲你施展魔法。當有需要的時候，你具有點石成金的能力、扭轉困難處境成爲有利於你的狀況。但請謹記關於點石成金的寓言：主人翁的確將所有碰觸的東西都變成金子，但當他要進食的時候，他碰到的食物和水也同樣變成金子了，這樣他是無法生存的。因此，將所有事情變成金子可能既是祝福也是詛咒。

當你感到精神不振或憂鬱時，可能代表你過度投資或被現實的各種可能性蒙蔽，你必須懂得分辨你在何時眞實地感受到各種可能性、何時只是自我膨漲，不妨詳列你最充裕的資產，包括：自發性、洞察力、願景、信念、樂觀、慷慨及熱情，這些特質和你的自信心及領導能力將會帶來回報。

木星與哲學、意識形態及概念有關，尋找意義的過程與謀生經驗互相糾結，對你來說，覺得工作是有意義及目的性是十分重要的，否則你會無精打采。如果你的賺錢計畫涉及擴展人們對自己及世界的認知或賦予個人的宗教及靈魂需求時，通常都會帶來成功。你也許會被教育、啓發他人得到更大認知的工作、在旅行中工作或是處理國際關切的事務吸引，你的極大技能在於知識分享，也有各種不同方式可以讓你在謀生過程中表現此才能。當你失去精神及樂觀心態時，你也會同時失去自己的內在資源及獲得成功的能力，最好的方法是從你所做的事情中尋找意義。在商場上，即使你奮力想要成爲體制的一部分，但因爲追求金錢通常比尋找意義更爲重要，因此，使你尋找意義的過程變得困難，並讓你受限於企業思維中。

在象徵意義上，我們可能會將第二宮的木星形容爲「利益的先知」，換句話說，擔任銀行或財經機構的宣導經理會爲你帶來成功，教導別人投資或指導他們如何參與市場交易會讓你興旺。你有多種不同的資源，但你最終會在如何賺錢方面受到啓發並找到意義。你的生命會有兩種利益，其中之一來自於你所做的事情中的參與感和快樂；另一種利益則來自於尋找有意義的事物。

土星落入第二宮

當土星的原型落入資源及經濟的範疇時，重要的是它能夠支持你天生看待自己價值的態度，這暗示了你對待金錢及財務的傳統、警戒心及防衛將會是重要的。當這顆與後果有關的行星出現在你的財務領域時，你最好能夠遵循法律條文，僞造帳目、逃稅及洗錢並不是你該做的，而如果你眞的如此，那麼你將比他人更容易被捕或罰款。當規則存在時，即使這些規則不適合你，你最好還是好好遵守，命運將你與經濟體系緊密捆綁，你能夠在尊重這體制的過程中找到自己的財富，這並不代表你無法發揮創意，但土星的創造力是在專業領域中做足準備及鍛鍊。

土星與時間及衰老有關，時間彷彿是智慧的關鍵，在此觀點之下，重要的是你要成爲一位長期投資而非短期投資者。土星並不重視過渡或暫時性的事物，但它會在經年累月建立的事物中找到價值，隨著時間的流逝，你的資產會升值及成長。當你的投資成熟、還清抵押貸款或者出售再無價值或用處的資產時，你會從中得到無比的滿足感。

同樣地，當與謀生有關時，你會小心翼翼而且非常努力，因爲價值是透過努力及有意識的應用所賺取的東西，你對物質財產的態度也與此相同。你重視品質優良、手工細緻的東西，不相信廉價且唾手可得的事物；你重視體系堅固、基礎良好及擁有發展空間的工作。土星管理耐用、持久、堅硬及結構良好的事物，例如：鉛及水泥；包括：建築業、農業或是有著長遠目標、有一定傳統歷史及良好基礎的行業，這些都是適合你的財務管理方式。

土星可能會高度的自我批判，這可能由於你的原生家庭充滿嚴格的家規以及簡樸的價值觀，也許你已經內化了不受肯定的感覺，如果你曾經因為自己的價值被批判，或者因為自己的喜好而被責難的話，你可能現在仍然在反抗這些規則、處於負面的自我價值中，第二宮的土星暗示了一條恢復自己的真實價值之路。

雖然你也許會在處理金錢、投資及儲蓄的過程中尋求肯定及回饋，但你不一定能夠從中獲得，原因是你需要找到自己的方式。即使你可能希望自己能得到指導，命運卻往往會將財務成功的責任交回到你自己手上，這也許會讓你感到焦慮，以及財務問題往往都需要靠自己的感覺。但是，你具有潛能去找到成功的財務之路，將專業寄託到他人身上也許並不適合你，因為他們對金融利益的計畫可能與你並不一致。

想想自己的個人特質，然後你會發現很多支持你的珍貴資源，包括組織技巧、專業態度、自律性、競爭力、責任感、信任及忠誠度。你對資源的良好管理讓你有機會以自己的行政或管理能力賺取收入。你就像一隻山羊一樣善於從最底層開始逐步爬上成功的頂峰。然而，成功的關鍵是維持你的忠誠、自重及重視時間的過程。

凱龍星落入第二宮

你在財務及物質的安全感上所經歷的事情也許並不常見，事實上，金錢對你來說也許相當陌生，正如同你會覺得他人的價值觀與你的相當不同，尤其是你所繼承的家庭價值。你小時候也許曾經歷財務困難或缺乏安全感的狀況，使你在被重視或資源充裕的感覺上留下創傷。凱龍星所指向的可能是來自於祖先的傷口，也許在家庭歷史中存在著一些與金錢、失去財產或資源相關的故事而產生的困境，或是你可能曾經富裕過，但這卻讓你感覺自己是一個外人。無論我們怎樣描述這個形象，它也暗示了你對於金錢的態度以及其相關經驗是非典型的。

在財務、金錢、收入及資源的領域中，你會感到自己處於體系之外，並讓你覺得這也許是一個需要治療的傷口或需要處理的模式。在心理層面上，這暗示了家庭價值也許已經破壞了你的個人價值觀，並影響了你對於謀生的思考方式及對財富的態度。然而，矛盾的是這部分的治療過程將以在世上謀生及尋找財務上安全感而達成。

凱龍星暗示了你相當擅長去幫助別人恢復他們的個人能力及自尊，你善於幫助別人尋找正確方法投資、利用自己的資源或以他們自己的方式謀生，當你知道自己不需要跟隨主流時，你就會在累積資產及建立財富方面表現出色。在心理上，第二宮的凱龍星也許暗示你的自我價值感以及在世上支持你的能力與價值有著創傷，對於這傷口的反應之一可能是以金錢和財產去彌補這種感覺。所有權也許會暫時麻痺缺乏價值的感覺，然而，只有面對自己的惡魔，你的治療過程才會變得真實並帶來幫助。

雖然當涉及資源或賺錢時，你也許會感到自己的障礙，命運卻會安排你走向需要你的指引、智慧及支持的人那邊。因此，你有機會以協助難民、街友、傷殘人士謀生，或是從事協助弱勢團體及被遺棄者的社會工作。在職業上，你也可能會被各種的整體治療（holistic healing）或另類療法吸引，這些工作試圖整合身心，或者有時你會嘗試使用新時代的治療方式、通靈或靈氣（Reiki）去賺取金錢，傳統上的夢境治療或使用形象及象徵的占星學也可能被當作治療工具。凱龍星是指導者也是老師，它與人生教練、啓發他人的老師及指導員這些引導他人的專業有關，透過賺取收入以及與金錢、物質世界發展出眞實而適合的關係之後，療癒的過程也會隨之而來。

凱龍星落入第二宮的另一種模式可能是放棄物質及金錢，或許是由於情緒及財務上的安全感而產生的極端。它可能產生一種金錢破壞了靈魂安寧的感覺，因此拒絕金錢能夠讓自己遠離傷口。然而，這種分裂只會越來越大，因爲理解凱龍星的關鍵在於我們要回到痛楚的本源才能得到治療，如果財務控制或金錢一直都是造成創傷的媒介的話，那麼我們就必須找到方法與它建立關係，讓該模式得到治療。當凱龍星出現在第二宮，我們需要將金錢帶來的痛苦或好處看輕一點，而且最好能夠把它視爲帶來改變及覺醒的媒介。

天王星落入第二宮

因爲天王星喜歡反其道而行，你對於金錢及財產的態度與眾不同，看法也可能相當不依循傳統，因爲天王星素以其叛逆、不守規則、無法預測及震驚而聞名。當它在第二宮，這也許暗示了財富的突然轉變、物質資產及財務安全感的波動，或者與財務有關的失控感，無論其他人的金錢共識是如何，都會與你的金錢觀產生差異。然而，你也可能意外的獲得金錢。當天王星落於第二宮，財務的安全感可能是不穩定的，並強烈地受到你的直覺及前瞻能力所影響。

你也許發覺自己對於選擇正確的股票、精明的投資有著超乎尋常的天賦，或是發現自己相當善於財務規劃。你不妨嘗試想出一些原創性的賺錢方法，因爲原創性就是你的資源，找出最佳利用它的方法，最終，你會有能力脫離這個物質世界，這會讓你放鬆並深信自己已經擁有足夠的資源。思考哪些投資會讓你覺得有價值：期貨？高風險投資？能源還是科技？

爲了在變幻莫測的財富之輪上感到安心，不妨思考你可以如何運用自己獨特的技巧及專長賺錢，你的問題可能是：我可以如何以自己獨特的才華去賺取最大報酬，才能感覺財務上的安穩？也許你會選擇以非傳統的方式走出一條獨立道路而謀生，或是你註定在一個充滿未來感、尖端或超越時代的環境中賺錢。另一種可能是你會以人道的方式賺錢，致力於改善人類狀況或地球環境。無論你選擇的是哪條路，這都是一條人煙稀少的路。

要找到獨特、前無古人的路，你需要利用自己的獨特性及原創性、運用智慧及想像力走出你的道路。在工作方面，你非常適合不尋常、甚至是別人沒有想像過的工作，你安於改變的邊緣，有助於塑造新的方向及發展，這表示也許你適合尖端科技的職業，尤其當你抱著改革的態度工作，或是幫助他人爲未來提供解決方法的時候。另外，如果你能夠承受的話，政治也可能是另一個適合的領域，你可以在其中運用你的願景及抗爭帶來改變。無論你受到科學或是人文科學吸引去賺取金錢，你都需要有助於人類知識的發展，而平等是你的珍貴資產，你的利他精神、靈敏及聰慧都是尋求表現和支持的資源。

海王星落入第二宮

表面上，此星象可能暗示你對金錢及財產的看法並不務實；另一方面，這暗示你的賺錢能力及資源本質是流動及具創造力的，並且你重視生命中較爲細緻、精神及藝術性的面向。海神會在你的財務領域中興風作浪，有時你會覺得自己在乘風破浪，有時則因爲經濟風暴而起伏。你可能以創造性、藝術性或精神性的付出而賺取金錢，或者與金錢的關係會是模糊的，因爲你對它毫不熱衷。生存於物質世界中，需要探討的問題可能會是：「我如何能夠一方面具創意及精神性，另一方面仍然可以得到財務上的安穩？」

除非你有能力將兩個世界互相融合，並將創造性渴望整合到每日謀生的過程中，否則在此平凡乏味的世界中可能讓你感到痛苦，並且感覺靈魂正一步步被摧毀。你的才華及技巧賦有超脫的原型色彩，因此，無論你如何賺取收入，當你的精神信仰受到認知時，你就會得到滿足。你的任務是別讓自己的創造力或精神性因爲金錢匱乏而受到限制，這暗示你需要將你的藝術天份、同情心及魔法帶入謀生經驗中。

反思自己的金錢態度是一件明智之舉，你的金錢態度是否因爲任何精神信仰或因著幻想驅使而扭曲？你也許有一種將物質世界與精神世界混淆的傾向，讓你處理金錢的能力陷入混亂，如果是這樣的話，最好去尋求實際且可靠的金錢處理的建議。另外，不要下意識地輕易犧牲或放棄你的才華也是重要的。你可以在無人知曉或得不到回報的情況下，爲某些機構或團體去運用你的創作才華，可是你也需要知道海王星在你的財務領域存在著巨大潛能，因爲對它來說任何事情都是有可能的。海王星掌管夢境、願景、魔法及無法觸及的事物，而當它落在第二宮，也許會將你帶到一個你從未設想過的經濟狀況之中。

想要在此無趣的世界中重新對你的謀生方式產生興趣也許並不容易，但這並不是不可能，海王星的原型會啓發你，讓你的謀生方式具有創意及精神性，或是讓你的謀生方式能夠配合你渴望具有想像力及價値的內在衝動。事實上，這種啓發是必要的，因爲這個世俗世界正是你找到魔法的地方，與其逃避傳統、實質及世俗的商業及工業世界，不如以嶄新、充滿動力的方式去擁抱它。

海王星需要意義、想像力、藝術、音樂及愛才能充滿活力，因此，當它落在你的第二宮時，我們會認爲你在金錢上的掙扎可能是靈魂形成的過程，或是謀生過程是一種精神性的經驗。對你來說，靈性存在於每日謀生的生活之中，縱使物質世界也許充滿缺乏靈性的感覺，但使它變得具有靈魂是你的任務。

冥王星落入第二宮

在古希臘文中 plutus 一字意指財富，而此連結被轉換到冥王星的原型中，這些財富並不是儲存在銀行，而是指埋在地下的財富。在心理上，冥王提醒我們，財產就在我們不曾使用的資源中，而財富等待著被挖掘；在字面上，這也許意指從礦坑、水底、古跡或廢墟挖掘而來的財富。落在第二宮的冥王星暗示了你擁有可以挖掘的天生財富及力量，但首先，你必須知道是什麼培養了你對財富的渴望，因爲金錢將會與你深層的個人議題產生衝突。金錢本身可能具有治療性質，因爲它會強迫你去接觸內心深處所珍惜及尊重的事物，也許你最大的資產在於當你做出與資源有關的決定時能夠相信自己，並且知道你已經做出正確的選擇。久而久之，你就可以捨棄不必要的東西，同時也會將隱藏的寶藏挖掘出來。

你最好的資源之一是能夠以帶來療癒的方式去面對危機及轉變，此模式的部分之一在於處在危機中的你會表現得相當好，因爲此時你知道要跟隨「直覺」，而這也是你創造財富的最佳方式。當你運用自己的深層直覺去判斷事物的價值時往往會表現得非常好，任何與改造及翻新、治療性介入、循環、結束及揭發眞相有關的事物都對你十分有用。收入可能會透過神祕的方式獲得，例如：遺產。在職業上，與研究、醫學或心理治療、危機管理及諮商、或任何與地下相關的專業都能帶來收入，重要的是你要知道自己擁有深入的覺知、忠誠及誠實。

當你投資一些對你有價值、但對其他人來說不一定有價值的事物時，你就會明白自己能夠看到別人看不到的價值，也可能在別人捨棄的事物中可能存在著你認爲的財富種子。財富是一種主觀經驗，當其他人可能物化金錢及財產時，富足則帶你進入更深的層次。要記得冥王戴著能夠讓祂隱身的頭盔，每當祂來到地上時沒有人可以看到祂，只有在獲得祂所想要的東西或是尋求修復、療癒受傷的部分時才可以看見祂的升起。就像冥王一樣，當你對於自認爲有價値的事物充滿熱情時，你需要展現你的企圖心。

你也許會害怕失去金錢，或是被自己可能會沒錢的畫面糾纏而感到懼怕。當冥王星出現於第二宮，其中一個我見過不斷重覆的模式是，金錢和資產累積不斷與個人的價值感及權力產生衝突。當事人往往會害怕自己沒錢，重要的是要知道這些感覺並不是一種預言，而只是心理作用，它強迫你去正視自己的價値感，並從中找到資源去提升一個更有價値的自我。他們的問題可能是：金錢眞的反映了我在這世上的價値及成就感嗎？另一種模式是金錢的累積或失去與危機融合在一起，換句話說，你可能會因爲危機而失去資產，但之後你會重建及獲取這些資源，過程中，你會發現自己充滿豐沛有力的資源。然而，你不需要失去一切才能明白自己有能力去恢復重建自己的資本，你有強大的財富建構能力，當你明白自己想要更加謹愼的投入自己的工作，以及自己所做的事情是有價値時，就能運用這種能力。

Chapter 9
謀生

第六宮的生活方式

第六宮是一個與日常生活的許多面向相關、兼容並蓄的領域，這些面向皆與每天的例行公事有關[32]，這些日常生活儀式都是必須的，用以維持及延續生活中的秩序。因此，第六宮顯示維持專注及重心的方式，當我們與日常生活的持續性失去連結時，就會產生混亂，並出現壓力、失去方向及漫無目的的狀況。這一宮是日常生活的宮位，它與我們如何謀生有關，因此，它的本質在於呈現我們的生活方式。

第六宮做爲一個經常涉及疾病，或在近代觀點上與健康相關的宮位，傳統上象徵著身體承受壓力的部分，當工作未能提供滋養或帶來滿足感，身心就會抗議，提醒我們這些壓力的存在。在第六宮中，工作與健康息息相關，因此，我們經常聽到「工作過勞」的說法。

32 第六宮涵蓋了各式各樣的主題，其中一個是小動物及寵物。這是自中世紀遺留下來的傳統概念，綿羊、豬、山羊這些動物被視爲是提供服務者，牠們供給牛奶與食物。而近代以來，寵物成爲我們日常生活的一部分，牠們也需要得到關注及每日的照顧，牠讓我們的注意力集中在當下，動物體現了本能性的生命，而照顧寵物就像是照顧我們的靈魂。

第六宮	關鍵詞	第六宮宮首星座及其守護星	第六宮的行星
你的技術、技能，以及專心工作的能力。 日常生活中需要履行的例行公事、責任及活動才能感到生活的重心。 如何在日常生活中得到滿足感。 處理混亂、人生危機及疾病。	身體／心靈 重心 一貫性 同事 危機 例行公事 飲食 職責 飲食習慣 日常現實 專注 健康 衛生 寵物／小動物 服務 壓力管理 安康 工作	日常儀式如何幫助我維持生活中的秩序及一貫性。 我如何讓自己致力專注於目前的工作。 身體的哪些部分可能會對壓力特別敏感。 日常環境中需要什麼才能讓自己具有組織規劃。 我如何處理生命中的日常危機。 在日常生活環境中我與同事及其他人的關係。	需要持續運用在發展及維持平衡的生活方式中。 渴望在日常工作中具生產力。 危機中的盟友，它協助我們專注處理眼前的狀況。 也許會從同事、上司及日常生活中協助我們的人們身上所體驗到的原型。

第六宮描述職業，它也可能描述了我們最佳的忙碌方式，因此，它除了可以描述工作上的例行公事，也描述了當履行工作任務時所涉及、並能夠帶來個人滿足感的日常職責及活動。此外，第六宮也描繪了工作氛圍、環境以及與我們一起分享工作空間的人，這一宮象徵什麼是自然而然地讓人感覺滿足、較少壓力的事物。

占星學的智慧告訴我們，工作與安康其實是相輔相成的，如果要感到安樂，我們需要一份適合自己靈魂的工作。然而，第六宮的議題可能會變得混亂，我們在日常工作中，職責可能代替了滿足感、重質不重量、爲了得到完美的結果可能干擾了參與的過程。工作本能是想要具有生產力，但當這本能變得缺乏彈性或盲目追求完美時，就會失去工作的快樂；而習慣可能變成固執，不再帶來安康，反而變得強迫性。這也許解釋了爲什麼傳統占星師往往認爲這一宮是「凶」宮，或是古希臘占星師們爲何將此宮認爲是「不幸」的宮位。就如同第二宮的元素性質與上升點不相合一般，因爲上升點是生命力，古人也認爲第六宮與上升點之間存在著衝突，因此，爲了保持安康及調整日常生活中的緊張狀態，我們需要有意識地爲第六宮付出努力。

以下透過描述宮首星座及宮內行星分析你的第六宮，當你了解不適合你的個性並且帶來壓力的那些例行公事及職務，你便有機會增加工作上的滿足感；當你意識到符合你天生性格的日常儀式，你會從工作中得到更大的滿足及回報。我們不一定要經常換工作才能感到安心，需要改變的可能是我們的態度及看法。

第六宮的宮首星座

在一個自然的星盤之輪中，第六宮宮首星座會與上升點形成十二分之五或一百五十度的相位，但是當使用非等宮制的時候，這情況可能不一定會出現。然而，在自然星盤中，這暗示了第六宮的宮首星座的元素性質本質上與上升星座不相合意。在心理上，這表示第六宮也許與第一宮及其個性所代表的生命力、自發性、外表及性情不合，因此，第六宮宮首變成努力維持日常生活穩定及一致性時的掙扎。當上升點代表出生及進入生命，第六宮則是我們如何在每日的基礎之下去經營生活，宮首星座有助於闡述我們如何去達成這一點。

第六宮宮首邀請我們去發展支持個性的儀式與習慣，雖然這一宮宮首的星座通常會與上升點形成十二分之五相位，但在這兩個星座之間往往存在著一些值得我們思考的神祕關聯，這些關聯如下：

形成十二分之五相位的星座	**相似之處**	**共同擁有的特質**
牡羊座／處女座	自主性	**獨立**：牡羊座是一種本能，處女座則是一種克制。
牡羊座／天蠍座	由火星守護（注意兩個星座都是由火星守護）	**探索**：牡羊座向外探索，天蠍座則往內探索。
金牛座／天秤座	由金星守護（注意兩個星座都是由金星守護）	**形式**：金牛座是感官性，天秤座則是知性。
金牛座／射手座	自然世界	**自然**：金牛座熱愛土地，射手座則珍惜偉大的大自然。
雙子座／天蠍座	接觸	**關係**：雙子座注重溝通，天蠍座則尋求情感交流。
雙子座／摩羯座	系統	**邏輯**：雙子座喜歡擴展概念，摩羯座則加以整理組織。

巨蟹座／射手座	地方	**家**：巨蟹座是家鄉，射手座則是異國。
巨蟹座／水瓶座	關懷	**人文面向**：巨蟹座是個人關懷，水瓶座則是宇宙之愛。
獅子座／摩羯座	權力	**權威**：獅子座是個人掌握，摩羯座則是公開的自主權。
獅子座／雙魚座	創造力	**想像力**：獅子座是個人的表達，雙魚座則是受到啓發及集體性。
處女座／水瓶座	自制	**自主性**：處女座是自我的抑制，水瓶座則是情感上的克制。
天秤座／雙魚座	藝術性	**美感**：天秤座熱愛對稱之美，雙魚座則熱愛渾沌之美。

明顯地，只要留意第六宮的宮首星座，我們就會找到爲日常生活帶來平衡的方法，如果缺乏有意識的努力，日常生活就會產生混亂。我們可以考量上升星座及第六宮宮首星座之間的共通性，試著發揮它們最大的關係潛能。此外，我們也可以注意集中在第六宮宮首星座的壓力及疾病，在工作或日常生活中失去平衡之下可能產生的症狀是什麼。

第六宮宮首落入牡羊座

當考量你日常工作狀況時，獨立性與自由是重要的一環，你需要一個不受拘束的工作環境，因爲在充滿自發性並可以讓你去探險與冒險的環境中，你才能發揮工作效率，當你被賦予責任而無需向上司交代時，你便能夠將事情做到最好。因此，你可能比較適合自己創業或至少能讓你負責主導的工作。在你的各種工作中，行動是重要的考量，因此，你也許比較適合需要旅行或定期變換環境的工作，一旦訂立了工作目標後，重要的是你的工作環境能夠鼓勵你的自發性，如果你的創業個性及具有遠見的特質無法在每天的工作環境中找到出口，你也許會感到沉悶及變得煩躁不安。

煩躁不安、沉悶、缺乏方向或無法讓自己投入眼前的工作可能會使你突然想要離開目前的工作，或者如果你繼續留下的話，你會感到沮喪並且對周遭的人缺乏耐性。沮喪及憤怒表示你對工作環境缺乏衝勁及熱忱，而這會爲你帶來緊張及壓力，你的本質傾向於冒險離開，而不是留下來試圖駕駛一艘正在沉沒的船。

由於牡羊座守護頭部，壓力也許會以頭痛、偏頭痛、喪失聽力或眼睛疲勞的方式呈現，如果你工作的流動性不夠高的話，可能會使你感到精疲力盡。然而，你在工作中缺乏焦點、煩躁不安甚至魯莽的態度正好證明了你不適合那份工作。重要的是你要記得有很多方法可以將工作壓力降到最小，移動、改變節奏、挑戰、午休時到健身房健身、與同事運動競賽都是健康的發洩管道。當你感到自己遇上瓶頸，生命活力跡象也失去反應時，那麼你需要發洩精力才能重回軌道，運用身體、受到激發及挑戰都是日常生活必需的元素。

第六宮宮首落入金牛座

穩定性及安全感是日常生活的首要考量，因此，選擇大型機構或一個可靠、可依賴及根基穩建的工作環境往往對你有利。你必須要好好完成日常工作，因此，一個節奏緩慢、以工作為重點的職位是最適合你的。你擅長完成長期計畫，隨著逐步完成工作，滿足感也隨著具體的結果而來。你比較難以掌握一些不易見到結果、不斷改變或者細微的工作狀況。詳列工作說明以及意識到自己的職責也同樣重要，雖然成長的機會永遠都相當吸引人，但你也許會對於穩定成長及實質結果更感興趣。你必須在工作中感到自己被充分重視及得到足夠報酬，否則你會覺得自己的努力被忽視，一個令你滿足的職場環境包括：穩定性、身體上的舒適感及具體的工作結果，缺乏以上的適當結合，就會累積壓力。

金牛座守護喉嚨及甲狀腺，壓力可能首先以頸部酸痛、持續咳嗽或精神不振呈現，然而，久而久之，累積的壓力可能更發展為慢性的喉嚨問題。改善工作環境的方法是讓自己身處於充滿暖色系的環境、四周放滿盆栽及規律的休憩時間。你尋求與同事之間建立一段穩固的關係，所以重要的是不要投資太多心力在不領情的同事身上。在實質層面上，工作是一個帶來滿足感的地方，透過辛勤工作及耐心建立，讓你充滿活力的性格可以在此找到慰藉及回報。

工作及價值觀是緊密相連的，在心理上，你的工作反映了你的自我價值，如果缺乏自己的價值感，你可能會被困在一個耗盡自尊心的工作之中。當你的工作缺乏價值，你可能會將此需求轉移到財務的物質世界中，試圖藉由財產感覺自己得到回報。然而，當你與工作價值失去聯繫，金錢與資產永遠無法填補此缺失，因此，重要的是要認清在工作中被重視及被欣賞的需求，也許最佳的入手方法是先找一份你重視及樂於接受的工作。

第六宮宮首落入雙子座

在每天的例行公事中保持活躍並接受心智上的刺激能夠幫助你感覺到重心，在工作中，你會想要表現出心思敏捷、互動、接受智慧的挑戰及身體的移動性。彈性是一個關鍵，因爲如果缺乏彈性，你就會感到沉悶煩躁，而這影響你的神經系統，因此，重要的是你的工作能讓你同時發揮在不同程序及各種計畫中。

流動性、溝通及資訊處理都是你工作範圍的重要面向，你需要的工作環境是非固定的，能讓你隨意的來去自如。此外，同樣重要的是你需要能與同事直接的對話與互動，因爲溝通有助於舒緩每天工作帶來的壓力。你的工作可能是以溝通爲基礎，書寫、訊息及想法的交換、教學及指導都是自然的活動，你能夠輕易融入資訊科技及資訊交流的新世界之中，並善於將正確的資訊傳達給正確的人。

如果缺乏溝通管道或足夠的移動空間的話，你會感到不耐煩、難以集中及坐立難安。想要維持自我的安康，在工作中擁有身體及情緒上的空間會是相當重要的；當環境缺乏彈性、多樣性及變化時，你會感到受困、呼吸困難甚至恐懼。緊張、焦慮及沉悶感是壓力的癥狀，它們提醒你要花時間休息並且爲自己多爭取一些空間，其中一個重要的日常習慣是專注於自己的呼吸，將意識帶入呼吸，因爲你的神經系統及肺部是壓力累積的地方。空氣、空間及距離都是日常生活的重要元素，而彈性有助於刺激這些，容許自己有空間做白日夢、與同事交換意見或說些笑話有助於紓解你的緊張能量，無論是午休時出外散步或是到附近公園野餐，重要的是你要改變節奏，並呼吸新鮮空氣讓自己振作。

第六宮宮首落入巨蟹座

創造一個具滋養的工作環境、支援及指導別人，都是稱心工作不可或缺的面向。在心理上，你需要感到自己依附於工作，並從工作衍生出情緒及個人的安全感。你在日常工作中需要支持、親密、關懷及同情的特質，因此，你傾向從事於社工、家庭治療、兒童照護、護理、健康相關專業及兒童教育相關行業。這不令人感到意外，因爲這些職業皆提供了專注於滋養關懷他人的環境。也許這不是你的事業，然而，你的工作環境必須能夠滋養及支持你、並讓你有機會去保持開放及包容性，在你每日的儀式中，最重要的是在你所做的事情中能夠感覺到被需要及被支持。

生命中其中一個最珍貴卻最被低估的工作是成爲母親，這形象提醒我們工作與家庭互有連繫，而與那些每天與我們共享同一個空間的人建立情感連結是重要的事。在工作時，你的家人也許就是你的同事，另一個可能性則是工作與家庭相互糾葛，例如：在家族事業中工作、與家人一起工作或從事與父母相似的專業。歸屬感也與工作密不可分，從每天的例行公事中，你能夠找到情緒上的安全感以及歸宿。

如果你對於工作或一起工作的人缺乏安全感或情感連結的

話，就會變得情緒化、敏感或過於依賴，對於周遭環境及人們表現出負面反應。壓力會透過你的情緒表達，或者感覺不適和不被欣賞，脈輪中的太陽輪正是你感到不適的地方，胃痛、感覺噁心及腸胃不適都是你在職場感到不舒服的症狀，你要確實爲自己提供一個安全滋養的環境去照顧自己。

第六宮宮首落入獅子座

職場的玩樂氣氛促進了舒適、專注及連結，你需要認同自己的工作才能把它視爲自己的工作，讓你在職場中受到肯定並且享受與同事之間的相處。工作是你需要感到驕傲的地方，是具有生命力及創造力的體驗，如果不是，你會感到灰心喪氣，當你負面地看待你的工作或工作環境，你就會退縮或者變得暴躁傲慢。

回饋及肯定是你日常生活中的重要元素，當你發現自己得到上司的肯定或同事的認可時，你就能夠好好發揮，你終究還是需要在工作中建立自信。但剛開始需要他人的支持，缺乏足夠的肯定時，你可能會無意識的期待失敗並且無法專心或努力達成目標，重要的是你要意識到還有進步以及晉升的空間，當以上這些得到確認以及擁有適合的環境時，你就會成爲一個忠心的僱員，也會是公司的出色代言人。

你可能會被吸引去自己創業、推廣自己的產品、作品或才華，對你來說，自我推廣及擁有宏觀的想法都是很自然的事。你擁有天生的魅力，當你樂觀開放的時候，自然會吸引到適合的境況。然而，當你缺乏信心或懷疑自己的能力時，也許會以過度自信或自我膨漲去補償，而這會損害你天賦的魅力。當你感到壓力的時候，你的循環系統就會過勞或過度緊張，工作壓力影響心臟，這提醒你是時候回到那個具創造力及表達力的自己。你的星盤顯示你的工作壓力與心臟的壓力之間有關聯，獅子座與下背部有關，出現於下背部的疼痛提醒我們事情不對勁。

第六宮宮首落入處女座

一致性及秩序相當重要，因此，在混亂的環境中工作是相當困難的事。你需要知道他人對你的期待是什麼，以及如何好好處理例行公事，如果不行的話，那麼建立例行公事去統一工作的分歧是相當重要的。當界線清楚分明而你熟知工作程序及他人的期望後，你就能夠輕鬆工作並從中得益。

你必須能夠感覺自己持續在發展自己的工作，工作表現一直在進步當中，當有著特定目標、截止日期或需要完成的任務時，你就會發揮最佳表現。想要改進的衝動是你本質的一大部分，但是這特質也可能是一個完美主義狂；在性格上，這種追求完美的衝動也許是不足感的防衛，當感到壓力或應付不來的時候，你也許會變得更加挑剔或者強迫性，在未達「完美」之前就無法結束工作。由於你相當有職業道德，你也許是每天最後一個離開辦公室的人，因為你正在完成、結束某項計劃或者負責別人放棄的工作，因此，你必須學會分辨並建立自己與他人之間的責任界線。

工作環境是否健康對你來說至關重要，你也許會發現讓環境保持明亮、衛生是必須的，在工作中你需要隱私，因此，你必須劃分出工作空間，以及你可以對同事抱持什麼期待。當你集中精神、運用分析及分辨技巧時，因爲你完全投入於正在做的事情中，所以時間也會過得很快。當你慢慢累積工作壓力，可能會出現消化問題，工作壓力會增加你的焦慮感，這種身體壓力會被帶到你的腸部，因此，在每一天結束時，你都必須總結及消化白天工作所發生的事。

第六宮宮首落入天秤座

當你的工作環境充滿美感、明亮，氣氛平靜和諧的時候，你就可以輕鬆工作；但當你被噪音環繞、在不吸引人的環境或緊張而不和諧的職場，你就會相當緊張並且無法融入環境中。工作環境給你的感覺以及空間本身對你十分重要，因此，用你喜歡的色彩裝飾工作間、搜集藝術品或繪畫美化工作環境可能會有幫助。

與他人的互動成爲日常工作儀式的一部分是相當重要的，擁有社交技巧的你天生就懂得如何成功地與別人相處，讓你有機會在一些與人互動的工作中獲得成功。你對於談判、諮商、書寫、溝通、外交、接待、訪談及招聘的能力是天生的，適合從事人力資源或所有與人際技巧有關的職業。善於社交的你懂得知人善任，另外，當需要判斷及思考策略時，你會充滿競爭力，這代表了你也適合一些需要反思、考量、調整及認知的工作。工作是你生活方式的一部分，而你也許會與自己喜歡及重視的人並肩創業，你往往會發現自己與伴侶或好朋友一起工作，或是你會在工作中認識到伴侶或好朋友。

同事之間的和諧及合作相當重要，而與共事的人在工作及工作之餘一起打發時間能夠增進工作的滿足感。同事是你的夥伴，而你也期望在各種互動中能夠平等及公平，然而，你的難處之一可能是當同事們表現自私或未顧及你的感受時，你不一定能夠表達出對他們的負面情緒或說出你的失望。未被表達的憤怒或沮喪可能會導致你與客戶或同事之間的關係出現潛伏性的緊張狀態，如果工作關係變差的話，你可能會傾向指責同事或工作環境，而不是去認同自己的不滿及否定。當工作壓力越積越高，你會感到失去平衡、失去連結、無法清晰思考以及失去動力，當這情況發生的時候，你可以從工作及人際關係之中騰出空間去找出自己的位置，當你擁有自己的空間及時間，你會比較願意、也準備好讓自己重回工作。

第六宮宮首落入天蠍座

當你職務運用到本性最內在的部分，你會感到自己融入、全心投入於工作中並以此感到滿足，否則你可能會感到沉悶及缺乏挑戰。你可能本能地被一些涉及危機、淘汰及復原的工作吸引，天蠍座的特質可以運用於多種工作程序中：危機處理、急救、心理治療、腫瘤學、喪親輔導、裝修、庭園設計、考古學及研究，只要你感到自己熱衷於工作、觸及事物的中心並深入投入於正在做的事情，你就會感到滿足。

正直與誠實是你在職場中尋找的重要品德，你除了需要尊重自己的工作，也需要尊重在你行業中的人。信任是你的職場生活中重要的元素，雖然信任那些一起工作或你爲他工作的人可能不是很精明，但你必須相信自己正在合適的位置、參與合適的團隊及爲了正確的原因而工作。如果你質疑自己的動機的話，你會感覺自己像是個騙子或是對工作感到不滿。雖然你能夠與工作計畫中的人好好一起工作，並且開放性的結合你的才能，但你也可以獨自工作並且表現良好。你有強烈的職業道德，自發性高而且專注，不過，如果你在職場中沒有被賦予權力，那就可能會出現與上司或同事之間的權力鬥爭。

天蠍座的精神是敏銳且具有深刻見解，這也是你帶入職場的能量，擁有強烈存在感的你並不害怕挑戰及眞相，他人也許會因爲你的激烈性而嫉妒或恐嚇你，並在職場中孤立你，正直與誠實對於你來說是重要的，但許多同事並不會與你一樣的激烈。當工作慢慢累積壓力，你壓抑的感受也同時累積，在身體上，你以腸部去感受壓力，反映出釋放的需要。你需要時間及空間讓自己充電，即使你是一個相當忠誠的人，你最重要的承諾應該是健康及安康。在每一天的結束時，你需要建立一個習慣去幫助你釋放白天累積的壓力，你需要在工作及私人生活之間建立一條明確的界線，讓自己能夠回到私人生活。

第六宮宮首落入射手座

射手座是一個具有遠見的星座，可以讓你感覺冒險、學習、旅遊、文化交流及刺激都是理想的職業，也許這看似好到太不眞實，但重要的是記住你要透過自己的正面態度、樂觀及哲學觀去創造財富，你在工作中運用多少這種態度，就有多少運氣去確保這份合適的工作。

射手座的本質是要探索遠方的疆域並越過已知的邊界，因此，你的工作可能會帶領你超越熟知的事物，離你出生很遠的地方。從表面意義上來說，這可能意指你需要跨州或到海外工作、在國際企業上班或致力於新發展領域中。教育及訊息散播可以鞏固你的工作，無論你擔任指導者、家教、聯絡者、翻譯者，或是在全球社群、人文價值、理想、原則及道德上教育他人、出版、指導或與別人互動，重要的是你的工作支持著你的人生觀，而你可以非常自由的與同事們討論你的信念，也可能你會透過海外工作或與外國人一起工作而接觸到新的信念，並藉此重塑了你的人生觀。

靈感、擴展、樂觀、旅遊、自由、學習及進步全都是你職涯中的重要面向，你需要被正在進行的事情啓發，否則你會變得煩躁、不感興趣而且無法安於一個正常的職位。如果你的工作無法讓你到處遊走，讓你感到受困而且無法讓你表達意見的話，你便無法安定下來工作。在職場上，你的理想及道德觀需要受到尊重，如果這些職業上的需要未被認知或被忽視的話，你也許會變得自我膨漲及懷抱不切實際的期望。如果你沒有專注在適合你的事業上，你很有可能會放任自己隨處飄盪，完全不具生產力的做白日夢，或是你會受困於一成不變、甚少可能改變的工作中，而產生抑鬱的風險。你需要在日常生活中找到熱忱及人生的精神，因此，工作會挑戰你前往一個比你的想像更遠的領域。

第六宮宮首落入摩羯座

規則性及結構是你日常所關注的焦點，爲了支持你堅強的性格，你的日常生活需要擁有架構及規則才能讓你感到安心。你的職業道德相當強烈，因此，你事業上扮演的角色會引發你的領導才能、管理能力、熟練度及清晰度，這有助於讓你找到自己在世上的位置。當你所擔任的職位具有清楚分明的職責範圍以及命令不會出錯的等級制度，你會發現自己更具競爭力，也更有效率。

如果你不認同慣例及體制的話，那麼，將這些特質帶入生活方式中是重要的事，當你這樣做的話，無論你是自己創業、合夥、還是爲大企業工作，你可能會發現自己能夠安於商場中。因此，保持開放的心態學習商場及行業中的事是明智之舉，尊重傳統及習俗也是重要的事，因爲它們會營造你職場的環境氛圍。

因爲天生接受父母及社會的期待，所以你會尊重權威，從某個部分來說，這是因爲你非常成熟又相當有責任感，雖然你不一定總是接受自己這一面，但它是你某部分的天生性格，因此，你最好將你的可靠及責任感帶入你的生活方式之中，並打造一個具權威性及自主性的事業。然而，某種模式可能會伴隨權威人物重新出現，也許你的同事或上司並沒有和你一樣的競爭力及勇於承諾的個性，縱使你覺得自己必須尊重老闆及上司，你也可能覺得他們缺乏領導才能及競爭力，因此，與其因而感到灰心喪氣，不如更有決心地發展自己的權威、理想及原則。

認同及肯定對你的工作十分重要，如果你需要認同卻沒有得到滿足的話，你可能會變得過度展現野心或掌控力。此外，同樣重要的是你要知道自己之所以會非常迫切地想要得到成就，是來自於自己的不足感，這也許會表現在懼怕成功或成爲權威時下達不恰當的指令。當你出現完美主義的傾向，這就是你該安排假期的時候，否則你可能會被工作壓垮。當你生病及厭倦工作時，你會從關節痛及腰酸背痛中感受到，壓力會使你的身體僵化，也會讓你感到冷漠及距離感。你必須留意到自己日常生活的習慣需要某種結構，因為工作是你日常生活的一大部分，因此，你需要安排休息時間，而這對你來說可能會是一件困難的事。

第六宮宮首落入水瓶座

你的日常生活中必須要有自由及空間，不只是呼吸的空間，情緒及心理上的自由也是你感覺連結的先決條件。有時候這會透過獨立工作或從事非正統及邊緣性的工作而達成。當你擁有足夠的獨立性、伸展空間而且不受限制的時候，那就代表你已經準備好更加專注投入於工作中。重要的是你的例行公事要讓你能夠獨特、創新，因為類似於他人的工作方式或者與同事做著完全一樣的工作會給你帶來窒息感。當你缺乏足夠自由及獨立性，可能會對權威及高層反應過度，而害怕受困的心態則可能讓你選擇走向體制以外，使你的工作不穩定。當你從事重複性和無關緊要的工作時，你會感到幻滅。當壓力慢慢累積，症狀會由神經系統顯現，焦慮感、恐慌感發作，或感到被隔離及中斷連結，都正是你脫離日常工作軌道的訊號，當這發生的時候，不妨嘗試做些不一樣的事情去打破習慣。

刺激及興奮感也是必須的，心思敏捷、警覺性又高的你需要在心智上受到激勵，否則你會感到煩躁不安，對工作失去興趣。你也可能會被科技吸引，因為那是你其中一個可以花心思的方式，而一些需要你具有原創性、遠見、創意、為未來思考的工作也能夠為你帶來刺激，並讓你有動機去專注地參與其中。同事的支持及參與也相當重要，但前提是不能犧牲你的獨立性。在工作中你傾向以團體而非個別成員的利益爲先，雖然別人可能會認爲你公正無私，其實那不過是你天生的立場而已。你天生具有在團體中工作的能力，只要你具有足夠的自主性並感到平等，無論是成爲領隊、協助者甚至只是成員你都沒有問題，你的部分職涯可能會與團體或團隊有關。

你可能會被社會議題、人類利益及集體關注所吸引，並身陷於辦公室政治或成爲團體發言人。整體來說，你會被進步、原創性的工作吸引，也會傾向選擇那些致力改善人類困境的工作，例如：環保政治、環境保護主義、永續發展或人文保育的工作。這些主題是你生活方式及職涯的一部分，因爲你致力於爲世界帶來改變。

第六宮宮首落入雙魚座

豐富的想像力能帶領你走入藝術、音樂、設計、舞蹈及攝影的領域，事實上，你可能會主宰這些創作，或是你強烈渴望幫助別人，這可以引導你去幫助弱勢族群、身障人士或被剝奪權利的人，你想要以工作去表現關懷及同情心的美德。你可以致力於工作，而如果你並沒有如自己想像的具表達性或振作的話，那麼你需要在生活方式中注入精神性，如果工作並不支持你需要的創造性或精神性的話，重要的是你能夠在工作之餘去發展它們。

你對於工作環境相當敏感，因此，重要的是要建立適當的界線，方法之一是尊重你的職務及責任。因爲你傾向於承擔他人的職務，樂於協助同事往往會帶來事與願違的結果，如果缺乏適當的界線，你可能會因爲責任太重而被壓垮，感覺焦頭爛額。另一條必要的界線是在情緒方面，因爲你會深陷於同事或客戶的問題中難以自拔，並把自己搞到精疲力盡。敏感的你傾向吸收職場環境、同事或老闆的負面情緒，但是你需要先照顧自己的身體及情緒，才能給予別人一個健康愉悅的工作環境。

當環境充滿彈性並有足夠空間讓事情自然發生的時候，你就能發揮到最好；如果有太多架構或僵固的事，你則會感到焦慮或受到壓迫。建議你順其自然的工作看似矛盾，但是最好能讓你放鬆、自然、具創造性地工作。例如：冥想或靜思的日常練習有助於你再度集中注意力並讓你恢復安寧，你需要隱退及時間去反省及沉思，當你沒有時間充電時，你可能會感到無精打彩、毫無生氣及失去方向，當你感到自己開始隨波逐流或瞎忙時，那就是需要停下來充電的時候。

第六宮的行星

第六宮的行星代表能夠鞏固我們日常生活儀式的原型力量，正因爲它們每天都在那裡，因此，我們必須找到管道去表現它們，否則它們會干擾我們的平衡及安寧。這些力量是我們的疾病、危機及失望的根源及回應，我們需要特別努力去將它們導至個人成長、安康及滿足中。最重要的是，我們需要工作及努力才能實現這些能量的潛能。

在我們出生的時刻，第六宮的行星剛剛從地平線落下，雖然它們本質並非是被動的，但由於第六宮的行星落到了地平線以下的宮位，因此，它們是本能性及反射性的，傾向黑暗而非光明。它們需要被考量及徹底思考，並且被有意識的導向均衡生活方式的發展及持續中。

因爲我們能夠在第六宮找到每天生活中的人，因此這一宮也與我們一起工作的人們有關。第六宮的行星是原型性模式，它們會在工作中出現，也會透過同事、老闆以及在日常生活中協助我們的人而讓我們體驗。無論是透過投射或認同，與我們共事的人也經常將我們與父母、手足及伴侶的議題帶入職場中，或是我們的同事、直屬上司、客戶及顧客可能會成爲我們生命中重大轉變的催化劑。

由於第六宮也是我們磨練技藝、趨於完美的學習領域，在這裡的行星相當有助於發展技能及手藝去支持我們畢生的工作，這些能量有助於賦予日常生活靈魂，因此，它們需要在例行公事及每日工作中帶來生產力。就像第六宮本身，這些能量雖然是兼容並蓄的，但它們也同時需要目的，因此，如果我們盡量留意到它們，也會帶來幫助。

太陽落入第六宮

你的自我認同與所做的事情相互交融，因此，工作是最可能讓你面對自己性格之處，也是你建立信心及自尊的地方。職場正是你的遊樂場、工作室或戲院，你可以在此建立自己的身分、信任自己的能力以及找到滿足感。這裡是一個重要而且具創造力的地方，而想要發掘其中的生氣，最大的挑戰是你自己，剛剛落下的太陽正好提醒你，對於自己所做的事情的讚賞必須是出自內心，而不是來自外在。

具備生產力對你的安康十分重要，也是成長及自我發展不可或缺的，因此，重要的是你要在能夠讓你出類拔萃、你的能力受到認同的地方工作。工作是你可以塑造自我認同及自尊心的地方，也是隨著你的成熟，同時增進自立及能力的地方。如果你是替你老闆工作，那麼你需要的是一個強大而且願意栽培別人的上司，而且願意給你方向及認同。因爲太陽象徵父親形象，因此，與老闆或同事的關係可能會反映出你與父親之間的議題，例如：偏心。

工作是有高度創意的地方，因爲這是你修煉自我認知的地方。在工作中獲得成功以及對自己工作引以爲傲是重要的事，如果你沒有感覺受到認同或無法從工作中找到任何想法的話，那麼你可能會感到精疲力竭。矛盾的是，當你與自己所做的事情產生連結時，工作則會賦予你能量及生命力；缺乏對工作的認同，你會感到慌亂及失去方向。然而，你也必須照亮你所在的地方，並且找到勇氣及信心在職場上爲自己發聲，你的任務是要在做的事情上留下自己的標籤，透過建立令人印象深刻的印記去打造自己的品牌。要記住工作是你發展人格的領域，也許適合你的位置尚未被創造出來，因此，需要靠你自己去創造你願意承擔的位置。

因爲你需要親身參與工作，因此你也許會被能夠表現你創造能力的職業吸引。你天生就善於管理創意生產，然而，你可能會因爲太全心投入工作而失去對生命中其他面向的關注，因此，記得平衡生活作息是明智之舉。你需要認同自己所做的事，所以重要的是你要認同工作的價值及滿足感，成功的祕密在於認同自己的工作能力，當你做到時，其他人就會看到你堅強的實力。

月亮落入第六宮

月亮在你依附及耕耘工作的方式上扮演重要的角色，它做爲最個人的行星，暗示了你需要將個人的需要及私人習慣整合至工作領域中。對於工作有安全感、對工作團隊有歸屬感以及讓人感到穩當的例行公事都能夠滿足你部分的工作需求。你需要熟悉的工作，也可能會將工作場所當成是自己的窩，桌子上擺滿個人照片、紀念品、小孩的圖畫及最喜歡的咖啡杯，在工作及家庭之間保持一種延續性。雖然建立安全的環境以及與同事相處像家人一樣是重要的事，但你想要照顧別人的衝動經常是導致你在工作中感到受傷的原因。

如果你將私人需求帶入職場，你可能會因爲得不到回報而感到受傷。另一種方法是透過服務業、關懷或對他人負責的工作，專注投入想要滋養他人的衝動。你天生就知道治療、復原及關懷他人，因此，你可能會受到與健康有關的職業，或與兒童、老人、助產、護理或部分涉及照顧別人的工作吸引。但是，此形象也可能透過其他方式展現，當月亮被「過去」吸引時，第六宮的月亮會對於收集古董、修復傢俱、歷史研究、家譜學有所回應，或是與食物、餐廳工作或餐飲業有關的行業也一樣吸引你。無論此原型如何呈現自我，蘊含的衝動都是想要依附於你所做的工作。

你的安全感不一定來自於薪水或退休福利，工作本身就已經爲你帶來安全感了，當你感到歸屬感及被需要，那就是一份能爲你帶來滿足感的工作。因爲工作受到月亮影響，你可能會選擇輪班職、在家工作、家族事業或家庭工業，無論它如何展現，重要的是你要認知到自己需要滿足個人工作上的需求。

你同時也對工作環境的氛圍、同事的情緒及你所在的行業特性極度敏感，當壓力慢慢累積，你的腸胃會感覺得到，它會以腸胃氣漲的方式告訴你是時候抽離工作照顧一下自己。如果你聽見對工作感到厭倦的內在聲音，那麼你就要小心一點，因爲身體可能會生病好讓你休息一下！因此，你必須好好照顧自己的健康、飲食及日常養生之道，但首先要確保工作是安全且具有恢復性的體驗。

水星落入第六宮

水星會以社交、溝通及適應的方式投入工作，當它在第六宮，分析、溝通及組織技巧是重要的運用技巧。在資訊導向的文化中，第六宮的水星可以找到相當多的出路，例如：資訊科技業、發展概念、書寫、授課、訓練、推銷及推廣。它的任務在於分析資訊及推廣概念，而符合此要求的職業名單非常長：會計及經濟分析、廣告業、電腦工作、編輯、資訊科技、分析員、新聞工作者、圖書館管理員、郵政人員、廣播、撰稿者、統計員以及傳媒，實在數之不盡。水星是一個多面向的神衹，祂是道路、市場及商業之神。

確定的是你需要流動性及互動，而不是被綁在辦公桌上。神經系統會承受工作的主要壓力，因此，你有神經緊張的傾向，你可能會因爲人投入眼前的工作而變得魂不附體，忘記定時吃飯、休息或出去呼吸新鮮空氣。如果是這樣的話，你會有四分五裂及充滿焦慮的危險，你的心智一直與需要完成的所有事情賽跑，而你認爲所有事都必須馬上完成。如果你發現自己對工作感到沉悶，那麼你一定是從事錯誤的職業，成功的部分關鍵在於與身體及身體所需協調，小心不要做太多事情而透支身體機能。

無論你擔任什麼職位，你都可以輕易的在指令傳送中成爲連結中心，並且成爲新聞和八卦交流中心。你在辦公室的角色可能是要接觸所有人，無論你是最先還是最後加入團隊，你都會將原創性及新穎的想法和能量帶入職場。你有能力將資訊帶給所有需要知道的人，因此，無論你是需要向老闆提出建議的私人助理、讀報員、娛樂專欄作家、教師、分析員、作家還是平面藝術家，你的訊息都需要被傳遞。

金星落入第六宮

包裝、形象、服裝及風格都是你在職場上的重要考量，你也需要它們才能感覺愉悅及工作的意願，你幾乎無法在毫不吸引人的環境之下工作，除非最後的完成品是具有藝術性或者是美麗的。同樣地，你也不太可能在充滿敵意的環境之下工作，除非其結果將得到和解。美感的原型在你的日常生活中尋求表達，成爲藝術專業、在博物館擔任館長、解說員或顧問，或是成爲藝術或美容治療師都可以帶來滿足感。時尚工業、香水或化妝品貿易、時裝設計、室內裝修設計、禮品及手工藝、花藝也可以表現這種原型。此外還包括美髮業、時裝、化妝及美容產品，底線是你要能夠感覺自己投入創造美麗的過程。尋求平衡及和諧的你可以在調解、人事工作、諮商或仲裁方面表現卓越，飯店業也是可能的選擇，因爲你可以在工作環境中發現天生的外交技巧及自然的魅力。

另一種運用此原型的方式是透過你的感官，無論是按摩、音樂、藝術、設計、佈置、精油或任何重點在於觸碰、味覺、聲音、嗅覺或視覺的職業。由於女性原型支撐你的工作生活，所以另一種可能性是與女性一起工作及處理女性議題，包括了以個人身分做爲諮商師及顧問，例如：專攻女性議題的醫生、心理分析師、政治家或教育家；另外，你也可能將生命及美感帶入工作中。

關係的平等對於你的日常生活非常重要，你的伴侶可能會以某種方式參與你的工作，或是你可能會在工作中遇到你的伴侶，也可能你將同事視爲伴侶。無論以何種方式呈現，在一天的結束之後，你都需要跟伴侶分享你工作的一天。愉悅原則與工作密不可分，當你與工作失去連繫或對自己所做的事感到空虛的時候，你可能會以其他方式去尋求愉悅，例如：食物及酒精。因此，體重可能等同於工作，當你工作快樂時，你會感到自己的吸引力及價值，但當失去滿足感時，你會感到自己被低估及缺乏吸引力，尋找一份重視及欣賞你的技巧及資源的工作，能夠建立較爲健康的自尊。

火星落入第六宮

火星做爲行動之神，當它在第六宮顯示日常的移動、行動及運用，重要的是尋找方法將這些侵略性本能導至日常習慣中。也許可以去健身房健身、跑步、游泳、散步或參與其他體能活動，這種能量是要實際的去做而不是自然就有的，當它進入你的工作領域時，你需要尋找一種充滿活力的工作方式。需要長時間的體力消耗才能平息這種驅力，但同樣重要的，是你能夠在工作領域中利用火星的創業精神及生命力。

你需要在工作生活中認知競爭性的本質，你也許會爲自己訂定目標及最後期限，在職場中與別人競爭，或發現自己投入了需要結合機智及意志才能得勝的高度競爭性行業。將工作視爲遊戲是健康的，因爲你會努力求勝。第六宮的火星暗示了強大的野心，而這野心最好是公開的，因爲當所有事情都攤在陽光之下，你就會覺得可以自由的去做自己想做的事情。

獨立、挑戰及冒險是工作領域的一部分，這並不代表你適合成爲一個冒險的獵人，但這比喻仍然是貼切的，無論你正在尋獵適合的商品、被物色、或追蹤問題所在，你的工作都需要是具挑戰性及競爭性的。當你創業時，你能夠獨立依循自己的本能好好工作，你也適合從事某種交易，無論是電工、水管工人或任何可以讓你處理問題的工作。結合你的策略技巧及準確度讓你成爲一個善於決策的人，因此，你往往會被要求倉促做決定，這種準確的本質可以藉多種方式呈現，包括從手術技巧到當機立斷的決策。

當你覺得工作欠缺挑戰、太沉悶或太一成不變時，你會變得不安、煩躁及難以相處。當你感到沮喪及缺乏耐性時，你會發現自己變得愛與同事爭辯，只是爲了得到回應。要注意你是需要移動、改變及刺激，讓它們成爲你日常生活的一部分幫助你保持活力，能力強大的你可以運用你的創業能力去確保所有的例行公事規劃良好並付諸實行。

木星落入第六宮

此原型尋求一份理想化及具啓發性的職業，木星在第六宮，會被吸引的工作是可以在日常生活中接觸到更廣闊的世界，其中一種方式是教育、指導及與別人分享知識；另一種方式則是旅遊、在國外工作、從事旅遊業、國外貿易或一份需要與國外接觸的工作。然而，你不一定要親身去旅行才能投入跨文化及充滿意義的工作，你可能會與來自異國或不同種族背景、不同教育、擁有特殊宗教信仰或不同性傾向的人一起工作。這讓你有機會接觸到開闊的想法、國外政策或陌生的信仰，這些都會引導你走向未知，並幫助你賦予每一天意義。你需要感覺到自己的工作正在成長、充滿各種可能性、並能夠使你帶來改變。

你需要工作去激勵及啓發自我，讓你走出過去種種保守限制的態度，由於你會質疑及思考公共倫理、政治政策、社會規範及文化習俗，你可能會被吸引進入政治科學、古代歷史或外國語言的領域。因爲木星是一顆社會行星，它的能量集中於公共及社會議題，因此，你可能會對於改革人們對待生態、道德或宗教的態度及意識感到興趣，你希望可以伸展自我，並活出一種能夠透過學習框架以外的事物而受啓發的生活方式，工作正是幫助你去看世界的媒介。

一旦你相信某件事，你就會有一股熱忱想讓別人也參與你那充滿熱情的想法，這可能有助於讓你推銷、並燃起別人對你所相信的產品或過程產生興趣。你有能力去宣傳，而你將所知推廣出去會爲世界帶來改變，你也能夠專注在指導及幫助他人的特質中，因此使別人過得更好並改善他們的生活方式。無論你是在運動場、修行、旅行還是學習中找到自己那旺盛的靈魂，你都需要在日常工作生活中接觸這股充沛的木星能量，否則當你不專心致志於自己所做的事時，你會變得煩躁不安及容易產生越軌的行爲。如果你的日常生活中欠缺這種踏實的精神，你可能會發現自己正在追逐下一波可能帶來啓蒙的潮流，或者沉迷於如何變得更加健康的方式。你追求具有哲理及意義的日常生活，而精神鍛鍊、迷人的嗜好或刺激心智的學習都能夠滿足這種追求。

土星落入第六宮

當土星在第六宮，其任務是要在就業領域中變得熟練出色並成爲權威。因此，當這種原型被有意的引導時，我們會因勤勞而成功，這正是土星在工作領域的潛能。但事實又是如何呢？土星做爲原型，往往會以批判的方式展現，因爲它標準高又是完美主義者，並往往會將這種態度投射於工作環境中，期望工作環境會配合你的價值觀及高標準，但現實是工作是不會完美的，而你也會在過程中犯錯，當你留意這一點，就會提高你的成功機會。

你的第一步是要認知自己的理想和目標，你天生就想要依循規則、盡心工作、堅持某種例行公事並且期待自己的成就被認知，可惜的是職場環境不一定存在著相同的職業道德。當你認眞面對工作及職責時，其他人甚至你的老闆的態度可能與你不同。事實上，你可能已經經歷過無數競爭力及奉獻度都不如你的老闆，或是發現你的所有努力以及奉獻終究無用。感到受挫的你也許會轉而抱怨自己的處境，以及缺乏管理或誠實正直的職場，這樣會對你的權威感及自主性形成挑戰。當你被賦予職責和控制權時，你就能發揮到最好的狀態，而往往是你自己必須讓這種情況發生。當土星在第六宮，其部分模式在於讓個人在塑造及建立自己工作的過程中感到孤單，但一旦你認同了自己的努力及奉獻是爲了自己的成功而不是爲了別人，你就能夠引導自己的道路。

控制是重要的，因此你可能會考慮自己創業或是某些具有清楚規則、發展機會的職業，在等級制度的環境中並且遇到讓你感到尊敬的老闆時，你就可以表現良好。可惜的是這可能極爲少見，當眞的遇上時，那麼你就可以好好的利用經驗學習彎腰；但如果你的上司不値得你尊敬，那麼可以將它變成對你有利的情況。你可以在任何工作中成長，所以不妨慢慢來，在你所選擇的領域中成爲權威，或至少擁有高超技巧是非常重要的事，因此你可能會發現學習及訓練是你工作的一部分。升遷對你來說也非常重要，所以定期評估自己的目標及進度可能是必須的。時間管理也同樣重要，因爲你需要確定自己能否完成承諾的事情，當工作壓力逐漸大到無法承受，你可以從背部感受到，身體疼痛、背痛、僵硬的膝蓋及頸部酸痛會提醒你是時候從例行公事中抽空休息，努力與休息同樣重要，你最大的資產之一是你的堅持和專注。

凱龍星落入第六宮

由於凱龍星是創傷及療癒的原型，因此這個動力可能在你的工作中扮演某種角色，從表面意義上來說，這可能描述了許多治療職業，尤其是當代的治療專業。凱龍星做爲神話中肉體、心理及靈魂治療技藝的創始者，與現代許多運用形象及象徵做爲治療工具的手法有關。包括：自然療法（Naturopathy）、順勢療法（Homeopathy）、草藥醫學、整脊、費登奎斯療法（Feldenkreis ）、整骨療法、針灸、中醫、危機諮商、薩滿療法（Shamanism）、夢境治療、心理治療、靈氣治療、占星學及其他型態，這可能不是你的職業，但你會在日常某些工作範疇中接觸到這些東西。

你的苦痛或經歷可能是引導你進入工作中的方式之一，你爲了自己而去了解一些事情，因此能夠爲其他有著相同苦難的人工作，也許你並不是眞的擁有創傷或疤痕，但內心深處你知道這種創傷或疾病的本質。你可能會在醫療領域中服務那些從上癮或創傷中復原的病人，也可能當一名社工處理難民或是那些流離失所、被社會遺棄的人。凱龍星也是指導者及教師，因此，與指導他人的工作有關，例如：人生教練、指導、啓蒙老師或只是當一個爲學生盡心盡力的家教及老師。

重要的是你要榮耀自己不容於體制的部分，你可能會被要求在某個機構、系統或組織中工作，而這可能是困難的事。日常工作中的凱龍星暗示了你可能會覺得自己處於工作體系的邊緣或是專業協會的外圍，但矛盾的是你並非如此，你知道體系以外的事情，而且不會爲了歸屬感而妥協放棄自己所知道的事，雖然你可能覺得自己是工作體系的局外人或是外來者，重要的是你要慶幸自己的不同，並將它們變成是你的優勢。

天王星落入第六宮

在心理上，你需要在工作時感到擁有足夠的獨立性，強迫性的規則、嚴謹的程序及重覆的工作都不適合你，因爲你的性格中具有革命性的一面，需要在工作領域中表現，當它找不到發聲的機會，你可能便會造反。當此原型專注於時代尖端、冒險及未來導向的工作時，就會非常認眞表現。你也許可以嘗試以未來規劃去幫助他人，運用科技及創意的設計、嘗試爲組織帶來改變，或各種致力於改革及爲人們提供機會的嶄新職業。

情緒上，你的工作需要提供足夠空間及自由去探索各種可能性，感覺不受束縛、能夠隨時移動、以及準備好隨時掌握機會，這些都是最理想的狀況。如果讓你在未來二十年留在同一個安穩的位置上，你也許會感到不安，因此，你需要尊重自己對自由及改變的需求。與工作的實際面及程序相比，你對於可能性及機會比較感興趣，雖然你在參與團隊工作時會表現良好，但是當沒有感情的依附時就能發揮最佳表現。你需要清楚地將情感及工作分開，因爲它們無法和平的共存於職場中，雖然你在職場中需要自由、不願意受到情緒的牽絆，你卻會透過工作認識到好朋友與同事，而他們往往也是你畢生工作中的見證與同志。

從現實層面來說，你需要寬敞的工作環境，如果沒有自己的空間，你可能會混淆這種需求，並孤立自己、遠離同事好讓自己能夠呼吸，因此，尊重這種對於空間及獨立性的需求是重要的。當工作充滿壓迫性，你會感到煩躁不安、反應強烈或陷入沮喪，你的工作及生活方式需要有足夠的空間，讓你感到自己有足夠的獨立性及自由去探索人生的機會及可能性。

海王星落入第六宮

工作對你來說可能是神祕甚至難以得到的，這可能是由於你的期望及理想主義。然而，事實上也可能是你一邊進行、一邊建立自己的工作及生活方式。就像相機底片一樣，你的工作如同照片一般需要時間沖印，你能夠察覺及想像自己想做什麼，但需要花時間去實現它。因爲海王星並不太適合第六宮，因此，你此生得到了一個重要的任務，海王星的本質是無法控制、沒有形體、流動及無邊界的，但對於第六宮來說，秩序及例行公事是重要的，你的任務是要尋找方法，將精神性及超脫性的創造精神整合到日常的生產及工作中。

你可能不太清楚自己想要做什麼，但有兩條路可供你考量，第一條是創造之路，讓你將海王星的魔法面向搬上舞台，或將其生動的形像投射到畫紙或螢幕上，當海王星在第六宮，你可以運用無邊的想像力去生產動人及具啓發性的藝術作品，你可以選擇任何媒介，無論是電影、舞蹈、演戲、繪畫、寫作、音樂還是其他方式，你都可以確定繆思的出現。第二條路是助人的專業，因爲你天生就擁有同情及憐憫之心。你天生想要服務他人的衝動同時符合這兩條出路，這是一種靈性的召喚，生於廿一世紀，你可能感到自己必須在日常生活中尋找精神性，這在商業社會中是困難的，但也不是不可能。你工作的主要重點之一在於建立理想與可能性之間的橋樑，因此，你可能會擔任各種不同的職位，這些工作都需要你航行於幻想世界與眞實世界之間。

日常生活的工作充滿了指引、例行公事、程序及規章制度，但這些也許無法輕易的適用於脫俗的你，因此，你必須透過興趣或習慣去榮耀這方面，這樣你才可以抒解靈魂對創造的需求。即使你每天都被一份不需要靈魂的工作所佔據，你也可以繪畫、上舞蹈課、加入合唱團、寫詩、做義工、冥想或到郊外散步，無論你選哪種方式，你都必須保留精神性及創造力的這一面。當你精神性的本質缺乏表達機會，它會透過疲勞、倦怠、失去專注力及健忘去表現。海王星的症狀難以從身體診斷，因爲它們屬於精神性而非肉體，因此，精神修練是讓你保持安寧的方法，當工作的壓力讓你難以招架的時候，你最好找一個避難所，讓自己沉靜、專心。

冥王星落入第六宮

在神話中，冥王居住在具象的世界之下，鮮少露面，然而，每當祂要讓世人知道祂的存在時，那便會帶來生命的改變，而這正暗喻你的工作具有轉化性及挑戰性。透過工作，你可能會被帶入更深層的自我面向中，你天生的工作性質具治療性，這迫使你去挖掘自己的力量。當冥王星在第六宮，工作領域讓我們看見自己隱藏的力量、發現自己的動機、及認同自己處理危機及結束的能力。從表面的意義來說，你的工作可能涉及死亡、隱藏的事務、祕密、或任何埋藏在所有字面上或心理上所立足的「表面」之下的事物。

在專業上，這會賦予你深沉的個性，它可能帶領你進入治療性的專業、涉及失去、死亡的職業或激烈的工作中。你就像考古學家一樣喜歡一層剝去一層的尋找眞相，你也天生善於研究、危機處理或變革管理（change management）；你也可能會涉足財經，尤其是投資他人的資源。你在危機中表現最佳，而當你的職業需要運用你的批判性技巧去管理或提供建議時，這特質就可能會出現。然而，最重要的是你要意識到自己對於隱私及被尊重的需求，當你需要的時候，你可以與別人好好工作，但你獨自工作時或許會發揮的更好。

不妨思考你的職業性質及工作的激烈性，你也許會傾向固執或沉迷於工作細節，需要謹記的是工作並不會將你消耗殆盡，也不會剝奪你的個人生活，因爲工作環境正是匯集你的長處及力量的地方。你經常體驗到其他同事或工作夥伴的親密接觸及嫉妒，可惜的是，對於這種情況你也束手無策，除非你認同這種不舒服的感覺是你忠於眞實的代價，當然，你也無法任由自己因爲他人的弱點而失去力量。另一方面，你也會吸引強大及深思熟慮的人進入你的日常生活，他們會改變你的態度及工作方向。工作會提供你機會去面對自己的正直誠實，並要求你忠於自我。

Chapter 10
專業之路

職業生涯與第十宮

第十宮的宮首正是天頂，它是我們出生時刻黃道最高的一點，它在星盤的高度暗示了各種因素的總合：這裡是星盤中最為公開的位置，代表我們與世界的關係以及我們在世上的經驗，它也代表了我們人生的目標。這些期望及抱負並不只是由我們自己立下的，更包含祖先對我們的期許，因為第十宮及天頂代表了父母的期待及價值觀，這些皆影響我們的職業選擇。

從傳統的角度來看，第十宮經常包括工作或交易的過程，而在較為近代的背景中，職業是其中最重要的特徵之一。現代觀點延續了第十宮專注於專業、職業狀況、在世上的角色及身分地位的傳統，總括來說便是我們這一生的職業生涯。在三個職業宮位中，只有第十宮位於地平線之上，因此它是較為公開或較容易被看見的領域。做為三個宮位中唯一的角宮，它也象徵了展現我們的職業並且受到認知及認同的地方。因此，天頂或第十宮宮首星座、其守護星及宮內行星都是我們天生企圖以職業表現自我的象徵。

第十宮	關鍵詞	第十宮宮首星座及其守護星	第十宮的行星
你與公眾及世界的關係。 你在社會中的位置及地位。 在此公眾領域中，你可能透過職業、聲譽或貢獻找到自己的角色。 你一生努力追求權威的領域。 父母對你的職業的影響。	成就 野心、理想 權威 畢生事業 對社會的貢獻 父母（往往暗示有條件性或世界性的父母） 聲望 專業 大眾 名聲 社會地位 父母尚未活出的人生 職業 世界	成功的關鍵，此星座及其守護星可能賦予你於外界角色的特質。 你的職業的重要特質，想要將它展現於世界。 宣揚及支持自己的名聲所需要的事物。 在事業相關的活動中，你需要意識、培養發展的特質。 你為自己以外的更大世界所帶來的貢獻。	需要在外界找到合適的位置；透過職業表達它們的力量。 需要回應的召喚以及賦予人生意義及成就的渴望。 想要掌控工作運的衝動；成為權威；成功及自主。 想要負責並專注於達到人生任務及目標。

由於事業暗示一個人的一生，因此第十宮在個人走向職涯的過程中扮演了顯著的角色，它提出了我們應該在哪裡尋找權威感及自主權、該在哪裡找到成就。位於星盤最高點的第十宮描述了我們與世界的關係中所追求的成就，它也代表了公眾領域以及我們想在其中如何受到認同。這可能是透過自己專業頭銜、成就或貢獻，也正是我們努力以自己獨特的方式對世界做出貢獻的地方。我經常將第十宮宮首想像為教堂、廟宇或佛塔的尖頂，這些尖頂將我們的注意力提升至天國，以及我們想像在這世上可能到達的高度。

第十宮宮首的星座

天頂——也就是第十宮的宮首星座[33]——與各種打開世界大門的職涯有關，尤其是那些有可能帶來成就及滿足感的職業。這星座顯示了我們想要成就什麼、有哪些特質可以支持這段旅程、以及我們需要立足於世界的何處。第十宮的守護星支持及挑戰職業產生的過程，無論它落在星盤中的什麼地方，在運用此守護星時需要格外留意，好讓它能夠成爲職業之旅的嚮導及夥伴。

在自然的星盤中，天頂會與上升點形成四分相，當使用非等宮制的宮位系統，例如本書所使用的普拉西度制（Placidus）的時候，天頂與上升點的四分相的角宮關係則會改變。在所有星盤中，當夏至星座巨蟹座及冬至星座摩羯座位於天頂時，春分星座牡羊座及秋分星座天秤座就會落入上升點，當這些星座的零度剛好是在天頂，兩點之間就會形成緊密的四分相。當我們從夏至點及冬至點移開，天頂及上升點之間的距離會被拉開形成三分相或收縮成爲六分相，而在高緯度或低緯度地區，這距離有可能會更加極端。但以形象來講，重要的是要知道天頂本來就與上升點不相合意，正如下表所示：

33 如果使用每一宮同樣是三十度的全宮位制（Whole Sign Houses）及等宮制（Equal Houses）時，天頂就不會是第十宮的宮首，而是星盤中另一個位置。

天頂星座	上升星座	天頂星座	上升星座	天頂星座	上升星座	天頂星座	上升星座
♑	♈	♈	♋	♋	♎	♎	♑
♒	♉	♉	♌	♌	♏	♏	♒
♓	♊	♊	♍	♍	♐	♐	♓

在自然星盤中，天頂及上升點的組合。

需要留意的是，在自然星盤中，天頂星座經常與後面上升點的星座產生四分相或下弦四分相，這告訴我們想要處理此種張力，需要的不是本能及行動，而是要意識到私人及公眾人格之間的不同。例如：上升點是我們個人生命的延伸，而天頂則是我們的公眾角色；因此，我們想要行動、想要表現自己的方式也許並不適合於職業生活，或是我們在私人生活中所選擇做的事情往往並不適合於公開表現。當私人生活變成公開，就無法幫助我們的職業，因此，重要的是要注意兩者之間的不同，並留意兩者所需要的行動，漸漸地，加上覺知的努力，我們就能取得兩者之間的平衡。

在考量天頂星座的時候需要留意，雖然上升星座在你選用的宮位系統之下可能會與天頂星座特質相合，但天頂與上升的組合卻是充滿緊張，這與占星學的星座無關，而是因爲天頂及上升點本身的不同傾向。

第十宮宮首落入牡羊座

在專業上，牡羊座的精神暗示要自己做決定及建立自己的事業，因此，任何鼓勵自我掌管及創業特質的行業都非常適合你。由於你的事業領域可能經常改變並不斷帶來挑戰，因此，在不確定性及危險性的領域中，讓你能夠自由且憑藉本能工作也許會比較適合你，但關鍵是如何將此特質整合到你的性格中。

牡羊座的性格需要活動，如果等待太久，它會失去耐性。無論從事什麼工作，你都會渴望讓自己的探索精神高漲，它渴望拓荒、冒險、成爲先驅、踏上未被開發的處女地、探索所有尚未被發現的事物，在一天結束之後，你往往會渴望能夠完成一些不可能的任務，或至少已經遠離開始的起點。「自我」的形象是很重要的，而個人身分認同也需要成爲焦點，因此，你適合一些運用及鼓勵性格及個人認同的工作。你能從錯誤中學習，與其照著書本做，你會選擇打破規則並面對後果，充滿自發性的你樂於接受競爭及別人的挑戰。

火元素的精神需要促進自我，因此你適合體力勞動或是需要勇氣、緊張感、興奮感及體能的工作。擁有目標、截止日期或存在危險因素的工作同樣也會鼓勵這種驅動精神。你喜歡展開新的工作計畫，但不一定會看著它們直到完成，因此，你最適合計劃、腦力激盪、展望及創業的技巧。當這些職業渴望未被滿足，可能會持續產生沮喪及沉悶感，並激起一種侵略性、弄巧成拙的態度。因此，重要的是瞭解你的性格中需要包容競爭心及勤勉奮發的本能。

第十宮宮首落入金牛座

當天頂落入金牛座，它暗示需要在職業中運用感官、觸覺及土象本質元素，可能是透過建設、視覺藝術或手工藝、園藝、按摩或各種需要身體及「用手觸碰」方式的工作。你需要從自己所做的事情中得到實質的結果，因此你比較可能勝任與身體有關，而不是注重智慧、精神性或感性的工作。雖然你也可能適合其他領域的職業，但是它們需要帶來實際、具體的成果。

穩定性及職業壽命都是重要的，因爲在事業的路上，你需要一步一步以自己的速度慢慢前進，你的步調就是需要花時間去適應某個工作儀式、尋找自己的韻律及完全地掌握工作。當你感覺倉促或被催促時，你可能反而會慢下來，在每一天的結束時，你需要知道工作已經完成，以及在那「必須完成清單」上至少有一個項目已被完成並剔除。當你考量是否合適某份工作時，重要的是考慮它的安全感、可靠性及公司或機構的優良紀錄。你喜歡依附在自己所做的事情上、需要在職場感覺到穩定性，並且感覺可以掌握工作，但是你也必須重視自己所做的事情，而你所創造的事物也同樣受到重視，正因爲你的事業需要被重視，因此除了金錢上的回報之外，你也需要得到同等的內在價值。

當你的職業需求尚未被滿足時，你可能會覺得束手無策、沮喪或無精打采，並且無法運用自己本能的資源及創造本質。當你的職業缺乏意義及吸引力，你就會轉向物質世界以滿足自己的空虛。倘若你無法在世上表達你那富有靈魂的創造力，也很難以物質彌補這方面的缺憾。在職業選擇上，你需要尋找一個安全之處去呈現你豐足的資源，好讓自己感到滿足。

第十宮宮首落入雙子座

雙子座在職場需要很多空間呼吸及行動上的自由，充滿不斷變換的風景，以啓發他們的思考、想法及技巧。溝通能加強你的工作表現，並讓你以許多方式與他人交流創意，你總是想要散播資訊及表達意見，無論是透過設計、書寫、講學、身體的移動、歡笑，或是透過例如：記者、新聞從業者、作家、老師、翻譯者或廣播員這些工作，溝通方面的彈性及自由對你尤爲重要。無論你如何選擇，你總是需要空間好讓自己不受體系支配。

敏捷、靈巧及多樣性是其他需要考量的特質，因此，你適合與製圖、繪畫、設計、素描這些同時需要心思及手藝的專業，也許還包括了草圖、書法、平面設計及插畫，只要訊息流通，你就會感到滿足。永遠年輕的你同時也善於利用潮流的改變去調整職業的方向，二元性在你的工作中也扮演了主要的角色，無論它表現在同時從事兩份工作還是在兩種行業之間焦頭爛額，重要的是它暗示你職業生涯中的改變及彈性，以及其所扮演的角色。

想法並不等同於意識形態，溝通也不等同於交流，能夠隨著想法行動、分享思想、寫下自己經歷及訴說出自己的感受就已經足夠讓你滿足了。當工作無法賦予你寬廣的實驗場所或測試各種可能性的空間時，你就會變得緊張急躁、隨意分享概念、考慮不周。正因爲你的神經系統如此活躍，你的工作需要給予你非常多精神、身體及情緒上的空間，侷促的環境、僵化的例行公事或重覆性的工作則會增加你的焦慮及壓力。你對知識的熱愛及對意義的追求如此重要，因此，需要溝通、學習及心智上的刺激。每一天的開始，你都渴望參與活潑的交流、討論構想及知識、甚至是八卦；但當一天結束時，你需要知道自己已經學習到一些新的東西。

第十宮宮首落入巨蟹座

如果工作環境讓你覺得安全及被包容時，你就可能得到情緒上的安全及歸屬感，你偏愛家庭環境，會嘗試將工作環境轉變成自己熟悉的環境，事業可能參雜著家庭議題，例如：你的工作環境可能延續了某種家庭氛圍、家族事業、在家工作、或需要跟隨某種職業的傳統及習俗，尤其是與母系家族相關的傳統習俗，甚至是專注在家庭動態及議題的職業。你可能會被與家庭服務有關的工作吸引：家庭照護者、幼兒教育者、日間護理或提供家庭服務。

你天生就是想要為有需要的人提供安全、舒適感及關懷，想要滋養他人的衝動需要在世上被滿足，因此，滋養、關懷別人及為別人提供支援的工作都相當吸引你。這可能會讓你考慮是否投入於健康照護專業或是小學教育、護理或諮商的職業，所有助人的工作，例如：家庭治療師、社工或公共服務的工作都是你的職業考量。

另外，字面上與「滋養」有關的職業，例如：食物、烹飪、餐廳或飯店管理的工作，到府外燴及家庭工業，都能讓你的關懷及創造本能發揮出來。你的工作也可能是與家有關，或者與家、房地產或家務產品有關，甚至也可能是投入更加以人為本的建築或設計職業，這些協助別人安定下來的工作也是適合你的。

你需要私人生活中的情緒安全感才能在社會上出類拔萃，如果你在情緒上得不到支持或者安全感的話，你會感覺精疲力盡，並覺得自己被職場上的人利用。因此，明智的做法是尋找一個庇護所，得到你所愛的人的支持、並向主事者尋求協助及支持。

第十宮宮首落入獅子座

在身體上，獅子座守護心臟——這是一個非常精確的隱喻，因爲你需要處於職業的重心，在你選擇的終生職業中受到鼓舞並且熱衷的投入。你的願望是想要表達自己並參與具創意的創作，只要工作能夠滿足你想要探索個人才華及技藝的渴望，無論這些創作是藝術或科學、治療性或是實際的皆無關緊要，當你的職業受到認可及欣賞時，你會較爲滿足。由於你的創造力需要受到認同並且展現出來，因此在你所做的事情中，讓你的身分成爲重心是很重要的。無論你是生產自己的產品、設計自己的品牌還是管理自己的事業，不同的是你的名字依附在這些創意產品上並被他人認知。

別人的讚賞相當能夠鼓勵你並讓你表現良好，事實上，這是你職業需求不可或缺的部分。認同是十分重要的，尤其是來自父親的認同，才能讓你在世上得到安全感。而這就像是刻意安排似的，你同樣會在世上遇到一些替代父親原型的人物，例如：上司、老闆、官僚、麻煩的客戶或要求很高的顧客，你職業的特點之一正是與權威的相遇。

忠誠、可信、可靠、溫暖及慷慨都是能夠讓你的事業屹立不搖的特質，自尊及信心與你的工作有關，因此，重要的是你要欣賞自己所做的事情，並能夠以此爲榮，你需要受到鼓勵往後退一步，看一看自己付出努力所換取的創造成果。因爲獅子座需要與觀眾建立關係，所以你也許可以在需要與他人互動並運用你的創造技巧的職業中成長茁壯。推廣員、老師、演藝人員、指導員、激勵者、作家及演員這類專業都會受到呼喚，讓你走上能夠發揮創意的舞台中央。此外，獅子座的性格天生也非常適合從事與兒童、兒童產品或兒童娛樂相關的工作，因此你可能會在娛樂及創意產業、戲院、娛樂設施、休閒及各種與興趣相關的工作中表現良好。在每一天結束之前，你都需要感到自己在創意方面付出了努力，並反思社會是否重視你的貢獻。

第十宮宮首落入處女座

你的職業優點是能夠榮耀想要服務別人的渴望，無論你想從事何種職業，這種衝動與力求完整性都是需要考量的面向。雖然這種衝動會被投射到表面的「事業」上，你眞正的天職是在追求完整性的過程中幫助自己，因此，重要的是你的職業需要能夠滿足你想要自我進步及自我了解的欲望。這種追求可能會引領你踏進一個寬闊的職業範圍中，包括：健康照護、社會服務、整體治療、或其他神聖的職業。這些神聖的職業包括牙醫、醫藥、護理、心理健康、社工、心理治療或教牧輔導。整體治療牽涉到草藥、自然醫療及療法、營養、衛生及身體調整等等，這些也非常適合處女座同理於大自然的性格，無論在字面上及意象上，自然療法都概括了想要找到趨向完整之路的衝動。

處女座想要服務別人的渴望也能夠透過維修及服務業得到滿足，你對此也比較感興趣，你甚至擁有一種天賦的技能，能夠運用於科技或醫學方面的職業，例如：實驗室技術人員、科學研究、健康檢查或醫學研究及科技，或是你可能會對充滿植物及動物的大自然產生共鳴。在職業上，例如照顧植物的園丁或關懷動物的獸醫；分析事實及數據是另一種可以運用於各種行業的技術，例如審計數學及會計，在這些工作中你可以發揮細節及準確度的才能。處女座認爲將整體拆成不同細部以改進其功能，無論此目標是透過解剖、編輯或是批評而達成，你的目標是要改進所有你所投入的事物，需要承認你對完美的追求並引用到所有專業上，否則你可能會感到不滿足，並執著於不對的事情。

你需要持續地的改進你的工作，在每一天結束時，你需要感覺自己已經完成任務，而付出的努力改善了你工作的體系。爲了增加一致性，例行公事和儀式都是必須的，因爲職場中的混亂會使人心神不寧。持續進步的渴望及追求完美所帶來的壓力，可能會使你工作超時及過勞，因此，重要的是要記得在工作需求及個人需要之間取得平衡。

第十宮宮首落入天秤座

你強烈需要美感、和諧及建立關係，這使你對藝術產生興趣，但你不一定要選擇成爲一名藝術家，你的美學衝動可以在藝術、音樂、設計或時尚相關的職業中以組織、推廣、生產或貿易找到其表達方式。你可以選擇的職業範圍相當廣闊，例如室內設計、風水、裝潢、時裝貿易、美容、化妝、舞台設計或當模特兒。

天秤座的秤子同時提醒我們這星座的判斷傾向，在心理上，這是天秤座尋找自己重視、欣賞及喜愛的事物的方式，選擇判斷及評估可能性就是一種權衡。在職業上，這種判斷本能可以運用在需要調解、認知及釐清想法的專業上，你可能同時發現自己擁有處理衝突、協商、建立關係及溝通的技巧，使你從事與人員招聘、調解、政治協商、輔導、諮商及判斷的專業。當你調解出和解方案、解決一個尷尬的局面，或將適當的人引介到適合的位置時，你會感到滿足。由於天秤座人天生擁有社交技巧，你可能會被吸引從事飯店業或必須運用機智及外交手腕的工作。天生想與別人建立關係的傾向可能使你從事輔導專業，因爲聆聽及回應別人的感受、情緒甚至欲望都是天秤座的特質。

你有忽視衝突及負面可能性的傾向，可能會爲你帶來不滿意的工作夥伴關係。由於你在職場中相當需要和諧及合作，所以不和諧的環境或不互相支持的同事關係會讓你焦慮沮喪，如果缺乏正面互動及支持時，天秤座會發現自己難以專心於任何工作。對你來說，人際關係及參與度都相當重要，同樣重要的是你需要透過社會上的工作去發現這一點。

第十宮宮首落入天蠍座

對你來說，深入參與自己所做的事，讓自己投入關鍵及危險的事情，都是具有激發性的，因此，與危機處理、維修及革新有關的職業，或是專職於重建及轉化的工作都符合此形象。但是，你可能也會被吸引去從事醫療及治療專業，這讓你有機會深入自己及別人的內心，揭開來自過去的負面模式。透過你的職業，你學習到如何忍受別人覺得困難的事，你對生命循環的理解加深你處理危機的能力，當中包括了接近死亡的經驗以及那些駭人、困難的救援現場或調查。法醫檢驗、犯罪調查、醫學研究、創傷諮商、安寧照護都是能夠與天蠍座產生共鳴的職業。

你需要相信與你共事以及你爲之工作的人，在工作的人際關係中，你能夠與夥伴完成一些你無法獨力完成的工作，這些工作通常是珍貴及具轉化性的。雖然夥伴十分重要，但你同時也需要時間獨處。你能夠有效率地獨自工作及專注於眼前工作，使你鍛鍊出研究及調查工作方面的技巧，當你受到身邊同事的信任及得到管理者的授權時，你就能夠以最有效率的方式工作。完成度同樣也十分重要，因此經常變化職業可能不太適合你。

權力的議題成爲你職業生涯的其中一部分，具有影響力及轉化性的專業人士可能在你的事業中扮演重要角色，或是你會被指揮及權力的專業吸引。如果你在事業上感到力不從心，可能會將之轉移至與上司之間的權力鬥爭、辦公室政治及背叛，或是職場中的權力議題。重要的是，你要知道自己受到信任去履行自己的職責。

第十宮宮首落入射手座

行動的自由、上進心及無限的可能性都是你希望從職業中得到的部分，你能夠帶入職業的特質包括遠見、熱忱與直覺力。原則及理想對你來說都是重要的，因此，你的職業道路必須反映出你的個人道德。你具哲學性及人文的世界觀可以用來激發鼓舞他人，可以啓發及鼓勵他人表現出超越他們能力所及的事，此方面的發展可能使你從事教育、訓練、指導、出版或運用知識使自己及社會更好的工作。

你極需自由，因爲你需要光明正大地追求目標，射手座的原型熱愛自由、自然及旅行，而這些也是職業重要的考量因素。能讓你探索異國風景、參與跨文化相關事務，或與自然有關的工作都有益於此種性格，例如：四處旅行的獸醫、國外嚮導或教師，探險領隊也是相當吸引人的形象。然而，你不一定必須身體力行去實現探險的需求，它往往可能與學術或智慧有關。

你的理想主義以及對社會教育及社會改革的興趣，使你的職業需要某程度的社會參與，你需要拓展你的世界觀，接觸那些能夠擴展你的人生觀及感知的概念和人們是你重要的考量，而教育和人道關懷能夠促進社會及哲學的發展，所以它們也是理想的事業選擇。如果你感覺職業中的狹隘或限制，或者你的工作既不斷重覆又在預期之內時，你可能會感到受困、抑鬱或沮喪。你需要讓自己的事業超越由過去的機制所定下的限制以及界線。

第十宮宮首落入摩羯座

榮耀傳統及階級制度、尊重架構及法律、創造清楚劃分的界線及責任，都是你職涯上所必備的。當摩羯座落入星盤的頂點，你需要去榮耀職業中的慣例，但不要讓此變成是操控或是權威上的強制性。劃分清楚的工作內容使你表現最好，了解自己的工作任務也是重要的，使你不會試圖將目標定得太高或爲他人的工作負責，你可能會覺得自己必須對整個體系負責，但這將減損你的表現能力。

在階級分明的職場文化中一步一步爬上企業高層的升遷機會正

符合此一形象，摩羯座充滿野心，首先，如果你的野心只不過是「盡力而爲」的話，這種野心是健康的。然而，當它結合了不安全感、焦慮表現、及缺乏一個願意支持自己的父親型人物的話，你的野心會投射到地位及外在成就上。在職場中擁有自己一席之地、能夠對自己的工作範圍負責、擁有頭銜、認同及回饋、定期檢討及指導，皆有助於你在職業中尋找安全感。

承諾、忠誠、應用及原則，這些特質是天生而來的，具體成就也同樣重要，因爲概念性或欠缺清楚定義的工作可能無法使你茁壯成長。雖然你的技巧可以從商業頭腦到園藝設計、從建築到建造都具備，但其中的共同元素是具有生產力，能夠應用及任務傾向，對你來說是必須的。就像一隻山羊一樣，你需要在你的職業道路上，踏穩腳步，你所選擇的路線需要是穩定、可以控制及計劃周詳的。當年輕的你背負了太多想要成功的壓力，你可能會發現自己的路是由他人的需求及期望所建立，而不是屬於自己的。在每一天結束時，你需要知道控制自己命運的是你自己而不是你的老闆，你撰寫自己的劇本並跟隨自己的指南行事。

第十宮宮首落入水瓶座

水瓶座的理想通常是利他主義的並且渴望自由平等，因此，投入於人道主義追求的團體或加入慈善、環保或關愛動物團體可能相當吸引你。你的職業受到理想主義及慈善的影響，就像天頂的守護星天王星一樣，你需要在事業中表達自己步步向前、直覺性及未來傾向的特質，這樣你才知道自己用創意貢獻於未來的規劃。你擁有科技及創意研究方面的天賦，並能夠在使用最新科技的創意及現代環境中成長茁壯，最終你的職涯可能會朝著科技、視覺或建築設計方面發展。你需要在職業之中運用自己直覺的遠見去塑造未來，你可能會在政治活動、經濟改革或社會正義平等中得到滿足。由於你對於獨特事物的才華必須得到認知及考量，你可能也會適合各種另類或替代性的助人專業。

與夥伴、朋友及同事在同一團體工作可能會帶來回報，但團體中的個人表達及平等的需求將會是最重要的考量。無論你從事何種職業，個人主義、社交互動、知識上的刺激及人我互動都會是重點所在。對於表達個人特質及獨立行事的需求，可能使你適合從事與眾不同，甚至是邊緣化的專業。如果工作環境一成不變、太過於權威或是高度的情感需求，你可能會選擇以突擊、付諸行動或直接離職來表達。你在履行職務時需要不受拘束，而且相較於階級制度，你在民主的環境中表現得會更好。

水瓶座是社交性的，但不一定想要依附著誰，因此在職場中，你可能喜歡社交但不一定希望有更深一層的情緒連結。例如，與其與別人一起工作，將工作的大部分時間以科技和同事溝通或者獨自工作可能會讓你更加滿足，你的空間愈大，你便表現愈好。缺乏職場上的空間，你會感覺快要發瘋及窒息。你天生職業的關鍵在於要讓自己得到足夠的自由以脫離人群及過去的傳統，並在世上走出你自己獨一無二的道路。

第十宮宮首落入雙魚座

蘊含在雙魚座下的原型衝動是想要將職業奉獻給更偉大的事

物，讓自己臣服於靈性試煉、呼應想要治療或幫助他人的感召，或是發揮靈性方面的創造力。正如之前所述，這些想要奉獻的衝動將走向兩種方向：展露在服務業或是潛心於靈性層面的創意探索。無論入世與否，它們同時都受到雙魚座天生神祕、精神性特質的影響。

你那具創意、直覺性及藝術天份的性格，可經由職業尋找自己的聲音，雖然你的事業需要統合這些面向，但在這個以科學爲本的世界中往往是難以達成的事情。因此，你的很多創意作品都是在背後完成，爲它們展現於世的時機做好準備：詩人、畫家、攝影師、製片家、作家、音樂家都會聽見雙魚座的靈感召喚，無論你的創意職業是否能在外在世界找到位置，它當然需要被你的內在包容及榮耀。雙魚座也與慈善機構及尋求避難、退隱和治療的渴望有關，因此你可能會受到安養及安寧照護的職業召喚，並在醫院、難民營、避難所或推動治療、庇護及安寧的慈善機構中工作，爲弱勢團體或無助的人工作，也是你創造力的一部分。

想要融合的衝動也是雙魚座的重要原型，這可以透過你缺乏界線的特質呈現，你可能會吸收周遭環境的情緒，或是你可能沒有注意到自己需要的獨立性。你所需要的環境是能讓你伸展而沒有壓抑感或沒有負擔，並且知道自己被期待的是什麼。因爲你實在太易接收到環境中的訊息，也容易傾向負擔太重，因此你需要一些時間及空間去遠離他人期待下的強烈需求。無論你的職業是什麼，爲了使你與自己的靈性能量能夠重新產生連結，你必須規劃獨處的時間，如此你便可以充分爲自己的創造力及關懷他人的特質充電。如果沒有持續運用內在的靈性之泉，你可能會因爲人生的各種需求而感到精疲力盡，在工作中感到困惑迷失，爲缺乏同情心的世界感到失望。藉由榮耀那深埋在你本質中創造及神性的特質，你可以用自己的方式在人世間找到自己的路。

第十宮的行星

第十宮的行星經由職業的追求表達其原型力量，並且承載著父母及社會的期望，它們希望透過公共領域被認知，因此比較傾向投射於外在世界，或經由活動、成果及成就去表達。

第十宮的行星即將達到巔峰，因爲它們在你出生之前便已經朝向天頂爬升，因此是持續在建立發展中。這暗喻它們想要以適當管道向外界表達自我的強烈衝動，正如這一宮正是承載傳統的宮位。有時候，這種原型力量會在職業路上透過外在表現或在外界舞台上扮演其角色找到它的聲音，但第十宮的世界是個人的世界，因此這會發生在個人生活及身分地位中。

我們可以隨著時間的經過改善這些能量，它們塑造了我們在世界上的角色，並且有助於我們的創造成果，它們同時也暗喻我們的事業。因此，思考這些原型符號及形象，有助於讓我們思考事業選擇及職業機會。

太陽落入第十宮

傳統上，太陽的職業一直與投機及具風險的創業有關，雖然在心理上太陽與冒險無關，除非是自我發現的冒險，但太陽在第五宮的領域守護投機及賭博，因而喚起一些職業形象，貿易商、推銷員、股票交易員、投資銀行家及高風險投資者等職業，也因此變得與太陽的專業有關。

太陽也代表成為別人的父親、栽培他人的職業。當太陽出現在第十宮，領導才能成為職涯的一部分，因此，諸如領班、總裁、行政官、社會領導、商業經理、導師、校長及團隊指導，都會反映太陽在第十宮閃耀的特質。從個人層面來說，可能會強烈需要得到親生父親的認同，當缺乏親生父親認同的感覺或當他吝於認同時，這種需求可能會潛意識的轉移到職場的上司身上。父親可能也會影響職業的選擇，而這經常不被察覺，而他未活出的事業生涯可能會在你的職業道路上留下陰影。

太陽同時也與演藝、娛樂、自我改善、創意表達或需要與群眾建立關係的職業有關，演戲、劇場、表演藝術、激勵訓練、教學、銷售、廣告及推廣皆與想要表達自我的渴望一致，它也會展現在涉及娛樂場所的職業中，或是與提供休閒活動的專業有關。做為第五宮的自然守護，與兒童有關的職業及兒童產品、早期兒童教育、兒童輔導、兒童興趣活動或娛樂、兒童及教育玩具、童裝等等皆是太陽的典型行業。

在所有行星類型之中，太陽是其中一個最難以發揮其特色的行星，你必須享受自己所做的事情，以及在個人層面上認同自己的職業。你對創造力有著強烈情感，你創造性的努力需要受到被認同及慶賀，最終，重要的是你要能夠認同自己的職業，並能夠在所做的事情中以自己及自己的創意為中心。

月亮落入第十宮

月亮在古典占星學中與公眾有關，將此觀點結合月亮對滋養的需求，包括保健、社工、家庭諮商或治療、護理及與公共服務有關的職業，都有可能是月亮的職業。月亮與大眾有關的職業包括廚師、麵包師傅及釀酒師、服務生以及其他需要處理食物及農作物的工作，例如：食品加工業，也包括了餐飲業、飯店管理業及推廣。

除了公眾以外，月亮也象徵了女性及女性議題，這帶來了關注女性權益、女性健康及社會服務的專業，婦科或不孕症議題、懷孕、荷爾蒙改變及成年相關的專門醫療領域都可能在職業上扮演一角。月亮也關注家庭及許多從事家庭服務的專業，這包括了房地產、家用產品、家居設計、家事服務、傢俱、古董或家居安全都在月亮的領域之內。月亮照顧及滋養的那一面可以投入於與兒童照護有關的專業，例如：日間託兒、教師、幼兒教育專家、諮商師、家庭照護者、婦產科醫生、助產士及兒科醫生，在這星象配置之下，以上任何專業都可以被考慮為能夠帶來滿足感的職業。

占星學研究將月亮與寫作專業連結，也許比較廣義來說，這是因為寫作專業運用右腦並以想像的方式工作，包括：作家、詞曲作家、詩人、劇作家、藝術家、編劇、小說家及創作新聞工作者，都受到月亮魔法的影響，並可能會將創作視為職業的重要部分。重要的是，你要在職業中感到猶如在家一樣自在，並能夠在你的工作中運用自己強大的覺知及直覺。

水星落入第十宮

水星做爲雙子座及處女座的守護星，水星的職業同時包含搜集及分析資訊，水星的原型傾向涉及資料、構想及資訊科技的專業，例如現在涉及電腦及網路的資訊工業。統計分析、統計學家、科學家、會計、經濟分析及圖書館管理員等，同樣也是涉及研究及處理資訊的水星職業。

水星是眾神的信使，它在占星學中的功能在於傳達訊息及宣告，因此水星涵蓋了很多不同專業，包括講師、教師、作家、分析員、新聞工作者、播音員、編輯、郵政人員、電腦及資訊工業、媒體及新聞報導、廣告業都是你考量職業時會有興趣的選擇。水星同時也是旅人的守護神及嚮導，而在占星學上，水星守護「短途旅行」，因此，涉及旅遊業、駕駛、快遞、導遊及行程安排、翻譯解說、空服員及計程車司機都與第十宮的水星吻合。神話中的水星也是商業及其才能之神，包括貿易、協商、合約、口語技巧、辯論及說服都與祂的本質相近。你也許會考慮商業、商品貿易或股票交易的領域，因爲這些領域有助於專注你那充沛的神經能量。

水星具分析力的面向，同時也與關注健康的職業衝動結合，例如：臨床心理學家、精神病學及精神疾病照護、營養學家、保健人員及醫學分析。水星處女座的面向在所有行業中也同樣重要，它爲客戶們提供服務。當此原型位於你星盤的最頂端，重要的是在職業中擁有彈性並且可以不斷的改變，如果職業欠缺足夠的移動，或是缺乏多樣性，你可能會感到焦慮、壓抑或散亂。然而，在年輕的水星影響之下，你所選擇的事業中注定充滿許多有趣的派遣及位置。

金星落入第十宮

金星的專業可以讓他們成爲藝術方面的專家，這包括了藝術博物館員或館長、藝術或美容治療師、模特兒、時裝設計師及行銷員、香水或化妝品業、音樂工業、歌手、室內裝潢及設計、手工藝及禮品製作、花店、陶藝工人、劇場及道具設計。你天生的風格品味及文化可以帶領你從事各種與潮流有關的職業，無論是時裝採購、傢俱用品或是室內裝潢。

金星同時傾向社交技巧的發展互動，並與強調此特質的專業之間產生連結，飯店業、社區連結、託管服務、飯店管理、接待員、婚禮策劃及餐飲服務都在金星的領域之下，外交及協商技巧的專業包括外交人員、大使、客戶服務、律師、社交安排及人事經理都由金星掌管，這些事業全部都可能在你考慮之列。

金星同時也與夥伴關係及一對一的工作環境有關，第十宮的金星暗示了事業可能會牽涉夥伴關係，需要在兩者對等的情況下與對方產生緊密關聯，或是一些需要輔助他人的工作。這可能包括諮商工作，尤其是職業輔導或人際關係治療、補習導師、事業夥伴、私人聘雇、私人助理或人事管理。你也可能傾向從事推廣某種價值觀的行業，無論那價值觀是心理或是經濟上的，例如，你可能對於個人指導或投資策略擁有天賦的技能，你也可能天生懂得處理財務，或是幫助別人更加留意財務或在財務上得到安全感。

金星做爲金牛座及第二宮的守護星，同時也與涉及財務以及與農業相關職業產生連結。在職業中運用感官及創意是重要的事，而你在按摩、香薰治療、甚至是食品及酒商及品酒這些行業中會得到滿足感，你也可能會被吸引去從事與感官有關的工作。無論你的熱情在哪，你都需要將自己的感官風格及優雅的面向，整合到自己所做的事情中。

火星落入第十宮

火星代表鼓勵獨立、創業精神的職業，例如需要競爭力、目標導向、但也容許你自由表達的工作。火星在此是一個強勢位置，暗示了你擁有強烈野心，天生擁有前進的驅力。如果你的競爭心無從發揮，那麼你可能會發現這種競爭心會宣洩於工作環境中，在你的客戶、同事或上司身上。當受到挑戰或有機會領導某項工作計劃時，你會發揮得很好，而你也會在發明及探索相關行業中表現良好，尤其是鼓勵你運用創業精神的時候。

與危險、冒險或刺激的有關行業都由火星掌管，此原型需要親身參與及挑戰，因此，競爭或冒險性的運動、消防隊、警察、急救人員及救護工作都是不錯的出路。火星同時也與身體及運用身體能量有關，因此，身體的能量可能藉由運動比賽、訓練或體力勞動在職業中扮演一角。運動教育訓練、教練、舞者或舞蹈老師、體操、田徑、體育、體力勞動、建築工人皆是回應提升的火星能量的形象，也可能在你的事業中扮演重要角色。

在古典占星學中，火星的職業總是與「尖銳」物或工具產生關係，這使它與外科醫生、牙醫、或是機械師、技工及木工這些使用機械工具的職業產生連結。火星做爲戰爭之神，也與軍事職業有關，例如：軍旅、國防、保全人員及提供保全服務者。另外，激烈的訓練、紀律、全神貫注及保持警戒都是火星職業的面向，根據統計，火星在運動冠軍人士的星盤中總是扮演領導性角色。無論你如何在職業中遇到火星，你都必須感到自己擁有全力出擊的自由、自我調節的能力及自我推動的空間。如果缺乏挑戰或推動力時，你可能會感到煩躁鬱悶，並變成自己的敵人，如在此情況之下，請記住行動是能夠再一次激發你體內腎上腺素的強大力量。

木星落入第十宮

對於落入第十宮的木星來說，能夠擴展人們對自己及對世界的認知，或能夠落實個人在宗教及靈魂層面需求的專業都相當適合。哲學家、哲學導師、文學家、神職人員、激勵他人的導師、教育家及教練都在木星的影響範圍，所有這些角色都會爲此種擴張性能量帶來焦點。木星也與團隊運動、運動業、歷險、賽馬、運動用品、冒險家、冒險嚮導有關，因此木星有廣泛的職業選擇。你擁有一股衝動想要超越早期人生所立下的期望，所以你會努力讓自己擴張，去超越由家庭及文化設立的界線。

木星的職業教育能啓發他人邁向更深層的知識，因此，教授、大學講師及導師、高等知識的老師皆在其事業中運用木星的原型。跨文化交流、旅行及處理國際事務皆是此模式的一部分，包括涉及國外服務或進出口貿易、協議、大使、國外買賣、分析員、傳教士、旅遊顧問、外國事務、國際交流等職業；木星做爲教育的一部分，守護知識及思想的傳播：出版、寫作、廣告及電訊等行業。

宙斯（木星）做爲奧林匹克山的領袖，是眾神之中最具影響力，而此原型一般透過「教育」想要以自己的想法影響他人。教學、教授、出版、指導、引導及傳授是所有木星職業的根本，你天生的衝動想要爲了鞏固並改善生活素質而傳播知識，無論選擇哪種事業，你都必須將自己的視野及道德觀帶入其中，你也許是一名學生或旅人，但無論你從事何種行業，你都必須將自己的視野及樂觀精神投入於現世所扮演的角色中。

土星落入第十宮

由於土星追求完美而且需要脫穎而出，當此能量累積時，你可能會受到激發，比平時更加努力。鼓勵追求卓越及準確度的專業能夠引導此部分能量，然而，你也需要留意到此種完美主義的傾向，因爲它可能會阻礙你發揮創意及耐力的自由。如果你以強迫性的態度去滿足追求完美的需求，可能會變成工作狂。當土星在第十宮，你可能從小就注意到別人加諸於你的期望以及被塑造的角色，這會讓你感到壓迫及窒息。然而，造反卻可能是反抗自己的行爲，因爲當卸下你的防衛性，你會看到自己天生的野心及確實想要成功的衝動。再者，你天生就能夠自給自足、擁有想要好好表現的推動力，落入第十宮的土星努力想要塑造你的自主性並讓你成爲自己的權威，雖然你的職業方向包括爲別人工作，但當你自行創業時，可能會感到更加滿足，當你發現自己比老闆更用心、更具競爭力的時候，可能便難以尊重他了。

在職業上，容許權威感的存在是重要的，你高度需要責任感及自主性，因此，諸如：行政人員、外科醫生、技師、科學家、企業經理、校長、老師、立法人員、政客及議員等職位皆可以滿足此種需求，自行創業及指導職位也都適合你滿足自主權的需求。

土星同時也與許多行業有關，尤其是建造業，也可能與農業及房地產產生連結。承包商、泥水匠、建築工人、園丁及景觀設計、建築及建築設計、建造業、勞動工人、房地產交易員、土地開發商、工程皆在土星的管轄範圍之內。對土星來說階級十分重要，正如他們十分需要尊重自己的上司一樣。由於你對自主權及權威的需求，常見的模式是當你嘗試爬到一個具影響力及控制權的職位時，你可能會與管理層發生衝突，你的老闆及上司會同時具挑戰性及支持性，這幫助你在現世找到權威感及自信心。

凱龍星落入第十宮

在傳統神話中，凱龍星與治療者／英雄原型有著古老的連結，這提醒我們這種想要治療自我的原型衝動。在當代，凱龍星象徵追求完整性、個體化的過程、以及整合身心靈的嘗試。在職業追求中，凱龍星傾向整合身心分裂的輔助性治療專業，由於此原型在你的職業領域中占有非常重要的位置，你可能會感到自己受到吸引，朝向治療藝術方面發展，尤其是當代另類的藥物及治療方式。

當凱龍星落在第十宮，存在著各種朝向治療專業的職業可能，當中包括自然療法、順勢療法、草藥療法、整脊、中醫以及所有各種嘗試調理身心的另類治療方式。解夢、通靈、靈氣以及其他新時代治療模式，占星師及其他以圖象和符號做爲治療工具的職業，都與此種形象產生共鳴。凱龍星同時也是指導和老師，因此，你也可能會被吸引投入指導別人的專業，例如：人生教練、導師、啓發他人的老師、冥想指導或健康教育。

雖然你在自己的職業抱負中可能會覺得邊緣化，甚至似乎是處於你身處的體制之外，但你卻扮演了獨一無二的角色。凱龍星做爲一個養育他人的角色，同時與被邊緣化有關，因此，與難民、街友、傷殘有關的專業，以及協助弱勢團體和被遺棄者的職業可能是你感受到的天職。你天生就能夠理解被社會剝奪、遺棄者的感受，所以可能會被吸引去從事幫助那些相對弱勢者的職業。無論是透過當社工、關懷別人還是治療別人的專業、心理創傷諮商甚至是私人開業，你都會發現自己治療別人的能力是來自於對自身創傷的理解及接納。當凱龍星在第十宮，透過你的自身經歷，你建立治療他人的天生能力以及對於創傷的認知。矛盾的是，你的創傷及情結正是召喚你成爲治療者及教育家的原因。

天王星落入第十宮

創新的天王星守護科技革命、創新及尖端科技、電子業及電子工程領域中具有開拓性的一面，未來主義的天王星受到科學研究及發明吸引，電腦工程師及技師、網路業、電台、電視及廣播媒體都接近其本質。而天王星做爲一個利他主義的行星，它守護人道主義及社會改革，包括政治領域、發揮同情心的職業、推廣某種構想、專業的人道機構及社會服務，此原型帶來了鼓勵創新、科學及科技的職業處理人類處境及爲人們帶來進步的職業是天王星原型感興趣的範圍，例如：心理學，尤其是群體心理學、阿德勒學派、格式塔學派及心理劇；占星學、社區工作及改革，諸如：靈氣、水晶、通靈等各種不同的新興職業，輔助性療法及藥物，皆與天王星非主流面向吻合。召喚你的往往是那些特別、非傳統的職業，因此，成爲搖滾樂手、形而上學學者甚至是科幻小說作家，對你來說也非遙不可及。爲了忠於自我，你需要尋找一條不尋常、獨一無二的路，並期待那些意外的事情。當你出生時，適合你的職業也許尚未存在，或是它已存在，卻不是你的父母會爲你選擇的職業。倘若你想要找到一個會帶來滿足感的職業，你要認清自己那未來主義、獨一無二的面向，以及你會如何將這些特質整合到自己於世界的角色中。

海王星落入第十宮

海王星暗示你受到感召而追求的職業，這職業通常會滿足你在創造上的渴望、靈魂的衝動及服務他人的需要。但你的職業之路並不清楚，也非如你所想象。不過，可以預期的是你將會陷於人生的混亂之中，並需要學會安心讓它引領你前往你需要到達的地方。

無論海王星位於你星盤何處，你都會體驗到與神性接觸的衝動，當它落在你星盤的第十宮，這暗示你會在職業中尋求神聖，以及渴望在外在世界中追隨祂的召喚。海王星與想要找到靈魂的期待產生共鳴，因爲它會爲了世俗、字面上、瑣碎的人生面向而感到窒息。它渴望連結，並往往以靈性上的不滿足表達自己的憔悴，它那想要擁抱神性或臣服於神性的衝動可能以憧憬、理想主義及幻想呈現，並往往透過助人的感召而體驗到海王星的衝動。

海王星可以找到滿足感的方式之一是透過助人專業，例如：護理、社工、醫院工作及心理學，也包括幫助身體或心理障礙者的工作，擔任牧師以及其他靈性的職業。此外，也包括幫助老人、窮人、病患或弱勢團體及當義工，還有所有需要直覺的工作，預言者、心理治療師及靈性指導、夢境及圖像治療師，這些工作皆吸引海王星的原型。海王星也與藥物及化工有關，藥劑學、精神病學、化學、處理油及精油類等，戒毒及戒酒也反映出海王星的關聯。

另一種方式是透過靈感、創作及藝術的感召去表達神聖的一面，詩、藝術、音樂、攝影及拍照工作、電影及錄影帶、舞蹈、時裝及時尚業皆可滿足部分的創造衝動。當海王星在第十宮，你可能會擁有藝術家的靈魂，在此缺乏靈性的世界中，往往會是註定受苦的。海王星在第十宮的部分命運是要感覺到自己並不屬於這個世界，但你的命運卻在這個世界中等著你，與其困於矛盾的精疲力盡中，理解自己對創意表達的需求反而會比較有幫助，而不是期待這個世界會成爲你的靈感來源。

在神話中，海王星同時守護海洋，你可能深切渴望在海上工作，這會以各種不同方式展現，例如：海洋學、在小艇或大船上工作，以及其他與海洋相關的工作。然而，這往往象徵深刻的衝動，想要透過你的世界去表達感受及靈性。當海王星在第十宮，在你找到自己正確的道路之前，你可能先要放棄自己的理想、想像及期望。

冥王星落入第十宮

冥王星之名（黑帝斯）意指財富，無論冥王星在你星盤何處，在意象上你都會在那裡找到埋藏的寶藏。處於「地底之下」以及家庭中未被表達的感受的埋藏之地，這暗示你的職業之路可能是挖掘出家庭過去的陰影、鬼魂及祕密。然而，這也暗示著你會發現你的家庭尚未察覺到的珍貴、使你感到富足的東西。

冥王星與失去、未被表達的悲傷、創傷陰影、羞恥感及祕密有關，也象徵了許多不被接受的感受，例如生氣、憤怒、怨恨、嫉妒、羨慕等等。在職業方面來說，冥王星往往與需要往下挖掘的工作有關，無論是字面或心理上的「地面」意義，其目的是爲了找出眞相並鼓勵將壓抑釋放，因此，心理治療、腫瘤學及喪親輔導全部皆是值得考慮的職業內容。冥王星也守護研究及調查工作，包括深層心理學、醫生、創傷及喪親輔導。此外，此星象配置象徵著地下工作，包括水管工人、醫學研究、調查報告、警察及政府的臥底機構、偵探、考古學家，這些職業皆符合星盤中冥王星落入第十宮的位置。

冥王星是亡者的領域，從職業方面來說，你可能以字面上的意義牽涉其中，或是涉及破壞及更新的不斷循環中，殯葬、殯儀業、驗屍、送葬工作、遺囑和遺產相關行業、亡者及與其利益相關的法律專業、保險經紀，拆遷及翻新工作皆與此形象一致。冥王星的力量在於影響大眾及轉化大眾的意見，這種力量可以反映在市場調查、媒體、具影響力的職業、政治中。

當冥王星落在第十宮，其中主要的矛盾之一在於你的職業路上需要安靜及獨處，這可能暗示你對於成爲公眾人物或被大眾認識感到矛盾，並讓你相當重視工作中的隱私及獨立。當冥王星位於你的天頂，命運會讓你與位高權重的人、具影響力的機構及轉化性的職業有關，重要的是，你要明白即使你沒有察覺，但你會爲世界帶來影響。

Chapter 11
職業變動

行星循環及行運

職業變動

兩個最大的職業變動，分別是投入勞動力以及離開我們的專業或職涯，在此二者之間，我們多次轉換工作，有許多升遷、工作機會甚至職業調整。在職業生涯中，轉換工作是常見的事，尤其當我們的後青春期及二十來歲，也就是當我們剛開始尋找投入勞動力的方式。根據美國的統計，顯示人們在 35 歲左右平均已經換了一打的工作，有可能是在同行之間轉換工作，但也有可能是轉變行業。當我們來到 35 歲左右，我們可能在職涯上已經做出許多變動。

每一個世代都有其嶄新的態度及經歷，隨著時間的改變，很多事業目標也會變得不在我們控制範圍之內，例如：退休年齡、就業機會、社會保障福利、經濟穩定性等等。社會、政治、科技及經濟的發展會改變我們所熟悉的工作環境，我們投入勞動力時所遇到的環境，往往與我們離開或退休時非常不同。在我們的事業路上，其中一個必然性是「改變」，而充分利用事業的各種過渡是明智的做法。

我們既可能主動轉換職業，也可能是非計畫性的。往往基於多種不同的原因讓我們主動改變職業，例如：不滿意目前的職位、覺得工作缺乏挑戰、無法運用自己的技巧及才華、不喜歡該職場文化或是經濟因素。當個人及精神價值變得成熟，我們可能不再認同自己所做的事而想要轉換職業，這在中年及其他重要的人生階段中是常見的事。但職業改變的渴望無法保證讓我們轉變，主動改變職業需要策略及計畫，並需要勇氣和熱情的支持。

不在計畫之內的改變則往往超越了我們的控制範圍，例如：緊縮開支、公司倒閉或搬遷、階級及組織的變換、新的管理階層以及一些個人狀況，包括：心理或身體上的健康狀況、受傷、離婚或財務上的問題，在這些情況下，我們仍然可以選擇回應及投入這些改變的方式。雖然未經計畫的工作改變令人煩惱，但它們也是那些未被發展及更大的事業版圖之一。

透過個人行運及一般的行星循環，占星學可以為這兩種狀況帶來深入的見解。為了理解它們與職業上的過渡期如何同時出現，我們首先概述占星學上的各種過渡轉變期。

占星學上的轉變期

行星的移動往往揭示並且可以用來分析時間變化的面向，自古以來，人們嘗試利用行星去度量時間，例如：月亮的陰晴圓缺幫助古人度量及紀錄時間的經過。每一個行星循環都有其獨特的時間點，無論是快速移動的月亮需要 27.3 日繞行地球一周的循環，還是移動緩慢、需要 84 年——差不多等同人的一生——繞行太陽一周的天王星。每一個循環都紀錄了一次穿越黃道的公轉，當天王星穿過黃道完成一次公轉，月亮已經完成 1100 次的循環。我們日常的時間由移動較快的行星紀錄，而移動較慢的行星則區分人生的重要階段。

社會行星（木星及土星）和外行星（凱龍星、天王星、海王星及冥王星）是帶來改變的催化劑，它們挑戰我們的習慣模式，當外行星的行運與個人星盤形成重要相位時，往往預告覺知、分離及改變。這些行星同時也象徵職業上的改變。因此，當這些行星來到重要位置時，迎接它們的到來及運用它們的能量才是明智之舉。

行運是集體性的主題，因爲每個人都會經歷相同的行星移動。然而，對於行星的歷程，每個人都有其獨特的傾向。當行星觸及個人星盤或形成相位的時候，個人會各自體驗行星的影響，並以獨特的方式做出回應。行運的影響可能首先以某個事件或某個人顯現出來，雖然我們可能透過外在事件體驗行運，但是它同時會挖掘出人們天生的精神架構，藉而挑戰我們以更眞實的方式存活。這種過程可能會伴隨而來的是中斷連結、混亂或心理陰影的感覺，而這也是我們覺醒、面對自我未知面向的時刻。當天生的心理情結開始拆解時，人們的心理可能以防衛的方式回應，但矛盾的是，也可能因爲這種潛在的改變而覺得興奮。在占星學上，行運行星的象徵能夠清楚說明此逐漸展開的經驗及過程的本質。

當我們在過去、現在及未來的時空背景中深入或檢視星盤的時候，行運往往是最受歡迎的方法。個人的行運方式是以特定日期的行星位置，與個人星盤的行星以及四個軸點做比較，並需要注意行運行星所經過的星座及宮位。占星師做爲此過程的一部分，需要列出行星經過星盤這些部分的時期。

但行運並不僅包含外在的事件，它們也蘊含內在的情緒及心理因素，不過它與本命盤密不可分的二次推運不同，行運並非天生，因此，行運往往讓人覺得它是來自於外在、加諸於我們身上，而非自然就有。行運有時候會被形容爲命運或意外，推運讓人聯想到 DNA，就如同是個人的基因密碼一樣；而行運則象徵個人在人生旅程中所發生的事，這包括了外在及內在層面，它是強迫性的力量，也是巨大轉變及成長的預兆。

行運就像是不同時間點的快照，這些不同的階段賦予生命轉變特色，「行運」這個詞彙也意指行星與其本命盤位置兩者關係的發展過程，例如：行運土星與本命土星之間的相位，這些行運紀錄了年老的過程，並回應了生命循環的早期啓蒙階段。對年齡相仿的人來說，較大的行星循環所產生的相位通常會在差不多的時間發生，它們被視爲是共同的循環，其意涵指向整體世代，並標示成長的必經儀式及人生自然發展的章節。

職業的時機

當個人已經準備好改變生活時，指引就會出現，這些指引可能會是夢境、外來的機會、環境的轉變或者只是簡單的內在覺知。一般來說，當你投入人生中的各種轉變、放棄過時的生存方式並踏入未知之時，這些指引就會出現，這段模糊不明的時期往往被稱爲「閾限」，意指已經發生及尚未發生之間的階段。在日常習慣的安全感之間的流動空間中，我們會慢慢接收到這些指引，當我們投入於這些轉變並留意過程中的潛意識面向，慢慢我們就會清楚如何踏出人生的下一步。在改變及開始之際，往往會出現事件及情緒交雜的複雜感受，隨著我們踏向職業的每一步，代表我們也從「群眾」中走出來，那是我們職業追求中富有挑戰性及刺激的階段。

職業的時機、人生方向及目標的重大轉移都藉由行星循環、行運及推運反映出來，當主要的行運或推運經過職業宮位或與星盤中的職業符號形成相位時，改變職業的方向成為重點。行運及推運以各種不同方式去反映職業的時機，占星師透過經驗，能夠更有自信地指出重要的職業機運，以下總結了一些有意義的職業行運：

人生中重大的事業轉變期由行運外行星（包括土星及凱龍星）行經星盤的軸角所標示，海王星及冥王星在人的一生中也許只會越過軸角一至兩次，因此，我們會高度優先考慮這些行運。當這些行星行運穿過天頂，他們與世界的關係也正在改變，個人會受到挑戰，眞實地面對自己的人生方向及目標。

越過天頂的行運特別切重要點，因為星盤的此一軸角與人生目標有直接關聯，由於星盤的四個軸角皆專注於人生方向，所以它們必須被分開考量，例如：讓我們想像一下外行星行運至天頂：

- 冥王星暗示權力及影響力上的衝突，而且這些衝突往往在你的控制之外。在心理上，這象徵了我們在世界上可能成為怎樣的人，這一理想及幻想的死亡。圍繞我們的是商場上的權力遊戲，並以某種方式揭露權力的濫用，而我們會被迫在人生旅程中盡量保持眞實。

- 越過天頂的海王星會消融我們在世上的身分的這個幻象，但它同時保留我們可能成爲怎樣的人的這個夢想及願景。它會讓我們與創造力重新產生連結，並協助我們揭開自我身分的虛幻面紗。

• 越過天頂的天王星會照亮我們的路，並提供各種機會啓發我們，讓我們獨當一面。

• 行運經過天頂的凱龍星讓我們面對邊緣感及外在傷口，找到一個眞實的位置，而不是選擇別人期待我們的路。

• 爬上星盤頂峰的土星會對於過去至今的進程做出回饋，在我們的一生中，它會到達這個位置 2-3 次。當它第二次或在成年之後來到這位置，它將協助鞏固我們在世界上的身分，以及讓我們得到自己的眞實感及自主性。

當這些行星越過星盤的軸角，它們會重塑及改變人生方向，當我們評估職業時機時，這是最需優先的考量。

土星、凱龍星、天王星、海王星或冥王星行運經過軸角暗示著個人面對自我人生的機會，每一軸角皆對應著特定的人生方向。例如：經過上升／下降軸線的行運預告個性、自我、人際關係及伴侶關係上的改變；經過子午線或天頂／天底軸線的行運則導向個人安全感、家庭生活以及在世上的目標和方向。因此，重要的是注意移動緩慢的行星經過星盤的軸角，而當討論職業方向時，則需要注意天頂的軸角。

經過不同宮位的月交點軸線行運描述了我們的人生路徑，並引領我們朝向所需要的方向前進，北交點指出需要發展的主題，而南交點可能暗示需要清空的東西，當月交點經過物質宮位或與星盤軸線合軸時，重要的是要注意職業的議題。外行星與本命月交點的行運相位需要被考量，因爲這些行運會喚醒召喚，讓我們與人生的目標及方向重新產生連結。

土星的行運有助於定義及塑造我們與外在世界的關係，其行運往往呼應挑戰及責任，這些特質建立了貫徹人生的道路。特別重要的是當它行運經過第二宮、第六宮及第十宮時，因爲這些行運能夠識別我們在世界上的位置，當它爬上天頂的高峰時，我們在世界上建立自我的努力變得明顯可見。土星行運會鞏固及定義個人在世上的角色，留意它經過第二宮、第六宮及第十宮的行運，將它視爲建立及專注於職業的重要時刻。

推運月亮指示我們的情緒反應、安全感及舒適感，從職業角度來看，當它推運沿著星盤移動，特別是經過第二宮、第六宮及第十宮的時候，我們的職業期待會變得更爲成熟，也會爲我們帶來深刻感受。因爲推運月亮所象徵的，是我們對於自己的工作及職業所感受到的舒適度。

外行星的行運是星盤的重要敘述，它們暗示了個人體驗到自我更偉大的面向，這往往是重要的職業時機，並與人生方向的轉變同時發生。從職業上來說，與本命盤形成重要相位的行運往往是値得探討的，因爲個體化的過程往往與職業有著深刻的關係，較深層的自我往往會與外行星行運同時出現，因此，此時個人除了經常得到自我啓示之外，也會深入檢視自己的方向及目標。

考量自然的行星循環及一般的生命循環，思考行星循環的關鍵時刻往往與生命循環中的重要階段同步。例如：木星循環的對分及回歸，往往呼應教育上的重要發展階段、人生的延伸及職業的可能性；在土星循環的四分相、對分相及回歸時，往往是鞏固及根本改變的時刻；當木星循環及土星循環的關鍵時刻在尋找職業的過程中扮演重要角色時，冥王星的上弦四分相、海王星的上弦四分相、天王星對分相及凱龍星回歸也是生命循環中其他需要考量的重要時刻。

社會行星、外行星、月交點及二次推運月亮的移動塑造了蘊含於生命循環之下的模式，強調人生中的某些特別階段，這對於職業的轉變是重要的。我們現在回頭研究每個主要的行星循環，以及考量職業轉變及發展時如何運用這些循環。

社會行星：木星及土星

這兩顆屬於「社會」的行星，它們在星盤上的行運反映出社會化過程所帶來的體驗及影響，例如：社交發展、技巧及訓練、教育機會及改變、責任感、權威感、自主性、野心以及對於成爲社會一員的意義。對於職業異動而言，這兩個行星的行運是相當需要注意的，留意這兩者的循環可能標示了職業轉換的人生階段，以及其行運所行經的宮位，並且與本命行星產生的重要相位。

木星

木星反映個人追求理解、以及人類本能上想要擴展意識領域的方式，它是宗教追求的原型，也是對意義及見識的渴望，它對眞理、智慧及學問孜孜不倦地追求，從而發展技能及獲得成功。木星描述了社會、教育及文化的經驗，這些經驗能鞏固及擴展知識。

本質上，木星想要擴展其行運所經過之事物，它可能指出新見解、可能出現機會、即將成長的地方。然而，木星的擴張特質是在限制之內運作的，它既非無遠弗屆，也無法帶來無限的可能性。因此，木星的潛能最能夠以設立目標及意圖的方式實踐，當它不被包容時，木星可能會變得膨脹、不腳踏實地、懷有偏見及享有特權。

木星循環大約十二年，準確時間是 11.88 年，平均停留在黃道上的每一星座為一年左右，每年有四個月處於逆行階段，它會在黃道上逆行大概 10 度的距離，然後繼續順行約 40 度。**木星循環的重要年齡是當它處於對分相時，大約是 6、18、30、42、53、65 及 77 歲時；以及其回歸時，約在 12、24、35、47、59、71、83 歲**。記住這些轉變時間，因此也須留意這些年紀的前後歲數。

木星可能行運經過黃道某個位置一次或三次，當它只經過一次時，行運的時間可能發生的很快，但當它行運經過某黃道位置三次時，時間將至少持續九個月[34]。即使行運可能會快速經過並且並未帶來任何明顯的好處，木星的本質仍然會帶來不顯眼的機會，讓我們擴展並認識自己的事業追求，木星行運會為我們的人生方向注入見解及目標，鼓勵事業的成長及發展。

七次木星循環標示出平均壽命，而每一個十二年對於職業計劃及發展來說相當重要，每次回歸也都標示了一個全新探索及成長的階段，而每一個十二年就像是我們職業的發展課題。鍊金術師在他們的鍊金作品中需要考量七個階段，同樣地，我們可以將此七個木星循環視為人生功課的轉化過程，因為從職業的角度來看，每一個

34 時間點的計算是根據行運行星與本命行星之間所產生的入相位及出相位中所使用的角距容許度（orb），在此我所使用的角距範圍是一度。

十二年都會召來特定的任務。

每一次循環的展開都相當重要，因爲個人會進入「閾限」階段。此時，上一次循環即將結束，而新的循環正逐漸浮現。但是此階段尚未完整建立任何事，舊循環的精髓正是新一次循環的基石，在此轉捩點中，往往出現新的視野、新一套的信仰及原則，並往往會伴隨一種想要更開闊、包容更多的職業經驗，以及想要走得更遠的渴望。此時可能想要進一步探索知識、旅遊或尋求新的社會體驗，做爲運用新循環的方式。因此，我會特別記下個人人生中經歷木星回歸的年份，因爲這些對於重新展望未來相當重要。我會鼓勵人們反思這些轉變時期：是否出現可利用的新機會呢？你如何夢想及想像這些可能性呢？這些想像會帶領你去哪裡？在占星學中，這時間段會歷時十二年，因此，此時重要的是要激發遠見及鼓勵想像，這是檢視及重新構想方向的時刻，回顧過去十二年的成就，然後期待接下來充滿可能性的十二年。

木星循環的另一個關鍵時間點是對分相，大約發生於回歸後的六年左右，在此階段中，個人會對當下的循環有更多不同的看法，也會更加客觀。這是得到更多工作前景、考量進修機會、推動計畫或爲未來事業計畫設立目標的時刻。在循環中的此時，不妨反思從上一次木星回歸開始過去的這六年：當時出現的新想法與願景呢？它們進展如何？在職業抱負上，什麼是過去六年持續發展並漸漸成形的？可以一起檢視其他木星循環與目前的循環，確認對分相時可能會發生的模式。根據過往木星循環的經驗，然後考量其他木星循環的時間點，可能顯示出某些動機或模式[35]。嘗試從職業的角度去思考木星循環，下表列出了木星循環、木星回歸及木星對分發

35 每年的逆行週期會影響週期的時間。

生時的大約年齡：

木星循環	發生年齡	木星回歸的年齡	木星對分的年齡
第一次循環	出生至 12 歲		6
第二次循環	12 – 24	12	17 – 18
第三次循環	24 – 36	23 – 24	29 – 30
第四次循環	36 – 48	35 – 36	41 – 42
第五次循環	48 – 60	47 – 48	53 – 54
第六次循環	60 – 72	59 – 60	65 – 66
第七次循環	72 – 84	71 – 72	77 – 78
第八次循環		83 – 84	

思考木星在職業中的角色時，很明顯地，當木星在我們十二歲首次回歸時，此時強調的是升上中學的轉變期；而當十八歲木星對分時，強調的則是升大學的轉變期。第二次循環與職業探索以及我們想要在世界上做什麼事有關，第二次木星回歸帶來了第三次循環，並呼應了我們在世上的學習階段，而發生於 35 -36 歲的回歸則標示了我們中年的職業發展。每一個轉變期都是獨一無二的，但蘊含於每一個循環之下的皆是同一個原型的共鳴，這對職業來說十分重要。

從第十二宮越過上升點的那一刻開始，個人木星循環中的木星繼而穿過其他宮位，平均停留在每一宮大約一年左右。因此，它從上升點開始直到攀上天頂大約需要九年的時間，並將個人成長的完整性帶入事業領域。經過職業宮位的木星行運會刻記個人價值、資源、技巧、工作經驗及信心上的成長。

木星在第二宮的行運發生在第一宮的一年行運之後，也就是個人循環剛開始，新的夢想、期盼及目標剛出現的時候。當木星進入第二宮，這些目標就能夠以更加眞實的方式被檢視，也可以奠下基石，而能夠在此新一次循環中達成這些目標。木星的本質是擴展性的，因此第二宮的主題也會被擴張，包括了個人的技巧及天賦的成長、自尊的發展、價值的提升、以及能夠自由的花費資源去支持及發展職業的追求。

當木星進入第六宮，代表它前一年停留於第五宮，在那裡，你更懂得表現自信，也更是改革創意及想像力。當木星進入第六宮，也許會發展更具探險精神、更勇於冒險的勇氣，而個人可能也已經準備好改變工作或生活方式。木星會伸延我們的世界，因此，可能會更加擴展工作、變得更爲忙碌或更具活力。這一年也會擴展就業機會，因此，個人可能會有機會因公出國或進修。

當木星越過天頂進入第十宮，整個循環將攀上頂峰，當前一年木星在第九宮行運時，無論當事人覺察與否，他都爲了事業的擴展而做了許多準備。透過學習、教育、旅遊、個人成長、信仰以及價值建立基礎，賦予事業更偉大的意義及更多的機會。當行運木星經過第十宮，個人會發現自己在世上的工作漸漸符合自己的才華、信仰及道德觀。在第一章中，我們討論了丹恩．魯伊爾及蘇珊．波爾兩個簡單例子，當木星行運至他們的第十宮時，使他們體驗到自我世界的擴展。

如果這些宮位內有行星的話，木星與之的合相會提升它們在職業追求過程中的角色，這些行星的原型精髓會得到活力並被賦予意義，有助於個人在那一年於事業中表達自己。木星可以協助我們掌控這些能量，因此，可能會出現一些具啓發性的課程或具推動力的老師，它們能夠鼓勵行星的原型，在事業上更能夠操作及發揮功能。

土星

土星承載了成熟發展的過程，它代表了透過原則、專注、承諾及工作去追求自主性及個人的責任感，它的原動力是使人盡力而爲。然而，這種追求的陰暗面卻是完美主義及喜歡批評。土星同時象徵了適當的機制、規則、權威及根基，這些特質使個人在社會上變得成熟，並在社會上扮演合適的角色。這些機制可以帶來滋養、指導並給予支持，但另一方面它們也可能是死板的、限制性的及愛控制的。土星是關於階級的經驗，特別與父母的管教及法律方面的經驗有關，這會透過社會的規則及規範而得到體驗，並往往會投射於老闆及其他的權威和世俗人物身上。土星也描述了你如何在世上透過事業、工作、興趣、從屬關係及組織去定義自己，它會透過行運表現出這些原型主題。

就像木星一樣，土星也負責監管社會化的過程，它比較關注遏止及界線的主題，不像矢志跨越社會藩籬的木星，土星專注於傳統的保存、尊重習俗及遵守規則，它同時也專注於爲社會帶來貢獻及維持其凝聚力。因此，此原型在職業上相當重要，因爲土星會管理及判斷個人對群體的貢獻。它象徵了理想、權威、自主性、地位、素質及品德，我們在家庭、社會及文化中所經歷的規則及規範，影響了做爲小孩、青少年及成人的我們如何參與群體，甚至在我們反抗政策及機制的過程中，土星的原型也依然在運作。因此，我們每個人都需要尋找自己的方式，將土星的原則及律法整合調適到自己的人生之中，這也是我們職業學習中重要的一環。

29 年半的土星循環可以分成歷時 7-7.5 年的次循環，大約在出生後 7 至 8 年後，土星就會與其於出生盤的位置形成第一次上弦四分相。在出生 14 至 15 年後，它會來到對分相的階段；22 歲時候，它會來到循環的下弦四分相位置。土星會在 29 至 30 歲回歸時，完成第一次循環並展開下一次循環。循環中的所有階段皆可被歸納成一個發展成長的循環，我們可以用以下方式去觀察整個人生循環：

土星循環	發生年齡	土星回歸的年齡	土星上弦四分相的年齡	土星對分相的年齡	土星下弦四分相的年齡
第一次循環	從出生到 29.5 歲		7 – 8	14 – 15	22
第二次循環	29.5 – 59	28 – 30	36 – 37	44	51 – 52
第三次循環	59 – 88	58 – 60	66	73 – 74	81
第四次循環	88	88 – 89			

土星的相位指出每次循環中的關鍵時刻，由於土星的任務是要讓人變得成熟、懂得自我監督及背負自己的社會責任，因此土星回歸標示了一次重要的成年儀式。接近三十歲時發生的第一次土星回歸讓我們成年並踏入成人期，這是我們慢慢學會爲自己的事業負責任的時候，而此循環的尾聲將回顧我們的作爲以發揮自我的潛能。土星可能是一位難以應付的上司，它喜歡接受指導、專注及參與一些具建設性的工作計劃。

三次的土星循環皆標示了我們的事業之路，第一次循環是我們的職業訓練所，第二次循環是我們在世上專心從事職業的階段，第三次則是我們如何在內心及外在世界同時持續做出貢獻的階段，此時我們不再以曾經從事的職業而認同自己。在這三個階段中，我們需要以不同的方式表現職業，我們可能會把循環中的上弦四分相視爲開始有意識地建設一個全新循環的衝動。對分相是大量投入資源、理解自己所做的事並能從中得到回饋的階段；而下弦四分相則具有讓人反思及考量的特質。此時我們需要更加注意自己在整個循環中做過的事，以及我們應該如何重新評估、重新規劃自己的目標及目的。回歸標示了踏入人生新階段的成長儀式，也是我們投入職業的全新階段。

行運土星聚焦於建設及架構，透過行運，土星可能指出生命中需要更多紀律、責任感及努力的領域，由於土星是與結果有關的行星，它也許會透過權威人物同時帶來回饋及對現實的檢視。從土星越過上升點的一刻起，個人循環的劇情就已經被鋪排好，然後大約 21-22 年後，它就會接近天頂。個人的循環會紀錄土星穿過星盤中的個人及人際關係領域，然後攀上第十宮的過程，然後會踏入消散階段並最終退隱於第十二宮，準備好在上升點再次展開新的循環。

在此循環中，當行運土星經過物質宮位，我們會更加有意識地注意自己的個人價值、珍視的事物、能力、責任、理想及想在世上爭得一席之位的渴望。一般來說，土星會於每一宮停留 2.5 年，當它進入第二宮時，新的循環仍然處於嬰孩時期，土星會透過此一領域建立架構及根基，從而支持新循環的成長。土星帶著它的理想及對專業態度的渴求完成整個循環，這也是爲了未來的成功鋪好根基的時候。由於第二宮也說明財務資源，因此，此時是編制預算、進行計畫和儲蓄，以及致力於長期投資的時機，當未來需要這些財務時，才能水到渠成。這行運經常被視爲出現財務困難的時候，然而，問題可能並不是金錢，而是不負責任、未能做出適當投資或缺乏精明商業眼光的後果。這是珍視及妥善保管自己資源的時候，當自我價値及自尊中的負面模式在此階段被努力重整時，它們將會在整個循環中持續下去。

當土星來到第六宮，這是評估日常習慣的時機，包括其中的主要部分——工作，此行運可能凸顯令人失望的事情，以及工作的長期模式與態度，但重要的是這是有效整合及奉獻的時刻。此時也許不是變換工作的適當時機，除非你已經清楚明白爲什麼工作不再帶來滿足感。這是改變無用習慣、也是展開新的例行公事及習慣，用以支持日常生活的安康的時候。假如不去反思或考量行不通的事，不滿情緒所產生的壓力會累積在體內，以痛苦、不適或疾病的方式潛伏於身體中，第六宮以隱晦的方式將工作與健康連結，身體會提醒我們因工作而來的沮喪及壓力。當行運土星經過第六宮，我們會對自己眞正的工作變得更有責任感、更加投入，並會透過工作進程或計畫而探討其他的可能性。這是重新累積工作履歷、改變無用習慣、找出工作中所欠缺的事物、並致力於工作壓力與自我照顧和管理之間的平衡。

土星爬上其自然居處——第十宮並跨越天頂的一刻，是職業分析的重要考量之一。以個人循環來說，這是 20 多年工作的累積，雖然不同年紀的人以不同方式得到此經歷，但相同的是，這是明白事業的重要性、認同個人技巧及能力傾向的時刻。越過天頂的土星暗示成就，但這是根據在循環中所完成的工作，在成年的循環中，如果工作有所回報，我們可以想像升職、更多職責、新的職稱、管理職位等等；如果沒有投入於工作時，此行運則可能會帶來反高潮，事情可能都無法完成。當土星進入第十宮，生活的焦點是職業以及它與個人生活、我們的世間角色的結合。這是獲得認同及尊敬的時機，雖然這並不一定是指外在的認可。當土星行運於第十宮，重要的是要認同你的工作及職業，這也是自信與自在處世的時機。

另一個與職業有關的主要相位，是行運土星與內行星、特別是與太陽形成相位的時候，我使用的主要相位是四分相、對分相及合相。每顆行星都有其創造上的重點，而土星的行運會鼓勵人們建構、訓練及有建設性地應用這些重點，如此一來，行運土星與內行星產生的相位可以將它們的角色更有效率地組織到事業上。土星與太陽的有力相位會塑造自我認同、權威感及確定感，這些特質皆可以應用在事業上。

凱龍星

凱龍在黃道上移動的速度並不穩定，它在牡羊座會花上最長的時間，在天秤座的時間則最短。下面的表格總括凱龍星在上一次的黃道循環中停留在各星座的時間：

星座	大約的行運時間	星座	大約的行運時間	星座	大約的行運時間	
♈	8.33 年	♌	2.23 年	♐	2.6 年	火元素的時間總和 = 13.2 年
♉	6.93 年	♍	1.83 年	♑	3.56 年	土元素的時間總和 = 12.3 年
♊	4.46 年	♎	1.66 年	♒	5.48 年	風元素的時間總和 = 11.6 年
♋	3.09 年	♏	1.96 年	♓	7.83 年	水元素的時間總和 = 12.9 年
整體循環						50 年

凱龍星在我們五十歲時回歸，循環中的關鍵時間點包括上弦四分相、下弦四分相及對分相。對於各種凱龍星星座的人來說，這些關鍵時刻都是獨特的。（在附錄二的表格中，歸納了各種凱龍星星座的人們會在哪些年紀經歷這些關鍵時間點。）

凱龍星的行運讓我們透過接受生命有限，從而喚醒治療的可能性，凱龍星做爲土星及天王星的中間人，讓我們面對生死及極限（由土星象徵）從而進入更加廣闊的自性領域（由外行星表現）。凱龍星行運揭示出一條重要的精神道路，讓我們與自己的精神遺產重新產生連結，並引發出更具意義、更眞實的生存方式。它也揭露自己總是感到陌生、孤單或缺陷的部分，透過察覺及接納，這些邊緣化的面向可以重新被整合。

從職業的觀點來看，當行運中的凱龍星越過天頂或其它軸角，或是與太陽、月亮或內行星形成相位時，它將會帶來最戲劇性的影響。由於它的循環是不規則的，因此，它行運在包含牡羊座的宮位時所花的時間最長，停留在包含天秤座的宮位所花的時間最短，當它行運經過第二宮、第六宮及第十宮時，它會揭示出職業上的創傷及領悟。例如：當它行運至第二宮，也許會連結到自己的技巧及天賦在心理及金錢上被低估的感覺，也許會產生與金錢、個人價值或自尊有關的情結而得到認同，並以更佳的方式整合到我們的人生中。當它行運至第六宮，也許必須接受在職場上被邊緣化或權利被剝奪的感覺，而我們與同事之間的衝突可能揭露了與歸屬感有關的更深層創傷，以及具體化的存在性苦痛。當凱龍星爬上第十宮，可能會修復我們在體系中是局外人的感覺，好讓我們能夠在世界上占有適合的位置，凱龍星在天頂的行運有助於治療在體系中是「外來者」的感受，並邀請我們去接受處於邊緣及身爲局外人的身分當中所存在的創造力。

當凱龍星行運至內行星，此行星的原型本質會受到邀請，使之更加被整合至整體中。讓此原型性的本質更融入個人的方法之一是透過創意及表達，當凱龍星行運至太陽時，特別符合這種描述。因爲它不僅辨識出個人靈性及自信的傷口，更會找出家族男性傳承的遺產，這種覺知使他們在職業道路上能夠以更直接的方式去修復及應用其自信及信念。

凱龍星是內心的嚮導及導師，在它的行運中，這種原型可能會以生命導師、職業顧問或個人諮商的方式出現，特別當凱龍星行運至個人行星或下降點時。然而，由於這也是凱龍星部分與生俱來的原型本質，因此這也可能會透過所有重要的凱龍星行運呈現。凱龍星的移動鼓勵人們追尋一個幻想、使人恢復健康之處，那裡是身體與精神世界交匯的地方。因此，凱龍星行運可能會與超自然的視野、靈性覺醒或神祕體驗同時出現，這些可以被應用在我們的創意及職業追求上。凱龍星象徵形體及精神世界之間，當它行運時，我們往往會發現自己身處於眞實與另一個世界之間，透過凱龍星，我們學會接納其他的現實、被邊緣化或是沒有歸屬感的創傷。

外行星

外行星的行運與木星及土星行運不一樣，因爲它們的影響範圍超越家庭、社會及文化期待的領域，它邀請人們更深入地體驗及認識自己。外行星的行運帶領人們探討及體驗未知，從職業角度思考外行星的方式之一如下：

外行星的行運會呼應外在世界的事件，反映並喚醒靈性生活，因此，此時會出現工作上的新機會、開始、困難或僵局，並以改變的形式迫使我們面對。

外行星行運喚醒「命運」的體驗，也就是一些你感覺是在自己控制範圍以外的事情，這些行運會引領我們去參與生命中更大的模式及情結議題。因此，在職業背景中，一些議題會出現在我們的個人生活、工作環境、工作的機構甚至以全球性的規模出現，而這並不是我們造成的。在這些情況中，我們可以控制的是應對情境的方式，因爲我們有能力控制反應，但無法控制事件的發生，我們的自由意志讓我們選擇如何適當地做出應對。

外行星行運通常會涉及因防禦及障礙的崩解而引起的混亂，在此狀態中，引發及喚醒了創造力。在職業上，這些行運可能會展露未被活出的創造力，這些創造力可以被喚醒，並轉化我們對職業的態度及看法。

外行星行運除了鼓勵真實性，也促進我們與職業野心重新產生連結。

行運爲人們帶來機會，讓他們有意識地參與當下正在發生的事情，至於是否配合這些改變以確保最佳的事業成果，是我們自己的選擇。

身體症狀、情緒反應、心理變遷及靈性覺醒往往伴隨這些行運發生，在此期間，我們會透過思索此期間出現的隱喻、意象及符號而加深我們對於職業需求及欲望的理解。

外行星循環會影響個人在生命循環及衰老過程的經歷，這些外行星的整體循環比其他行星久，天王星的完整循環歷時 84 年，海王星是 165 年，冥王星則是 248 年，因此，這些循環中的關鍵時刻，例如：上弦四分相、下弦四分相及對分相都只會在人生中發生一次而已。

然而，當影響到本命盤格局時，個人也會體驗到這些外行星的行運。在職業分析中，我們會特別注意它們與天頂、天頂守護星以及其他軸角的行運，以及與內行星形成主要相位，其中與太陽的行運相位特別重要。然而，每顆行星都有其原型性主題及象徵，這些都是重要的考量。

天王星

天王星的劇烈震撼讓我們覺察，其過程既令人精力充沛，卻也破壞我們的穩定性，它的動機是要帶來改變，且大部分是長期的改變，行運天王星的特質是想要打破陳腐的結構及過時的常規。從職業角度來看，可能會在職業領域中以戲劇性或創新的改變出現，也可能是具革命性的職場協議或規矩、重新組織的管理階層，或影響職涯的突然改變。人們最初的反應可能是焦慮、惶恐、感到被遺棄或失去連結及脫離的體驗，這感覺就像我們從看似穩定及確定的環境中遭到放逐。然而，天王星的本質正是要改革及更新當下的職業方向。

在天王星行運中，經常出現很多機會，重要的是，當機會出現時不要一頭熱的栽進去，而是當時機成熟時再做出改變，這當中很多機會可能都並不合適，然而它們的確帶來了可能性及潛力。在往後的人生中，當我們回首時，就會因爲這些未被活出的另類人生而感到欣慰。正因爲其原型性本質是高度直覺性並且專注於未來，因此在天王星行運所帶來的內省及體驗中，其內容往往是超越實際時機前的預兆。

天王星鼓勵我們踏上人煙稀少的路，因此以職業來說，往往是踏上未知的冒險。但如果要探索這些可能性的話，個人需要去冒險，並對出現的選擇抱持開放態度，這正好也解釋了爲什麼天王星行運經常讓人覺得是隨時會結束在任何地方的瘋狂之旅。

天王星的循環歷時 84 年，它平均會在一個宮位停留七年[36]，因此，當天王星第一次進入職業宮位時，其影響會最先被注意到。以人生循環來說，38 歲至 42 歲之間發生的天王星對分相，一般對職業來說皆非常重要，因爲在此中年時期，工作的單調及沉悶可能會變得令人難以忍受，因而增加想要改變事業路線的衝動。對於具創新能力的人來說，這往往是關鍵時刻，由他們的傳記之中可以證實這一點；而對於那些已經在職業中獲得成就的人來說，此時是他們加速工作、成長及創造成果的階段。

海王星

海王星行運密謀讓我們更加接近想像力及創造力方面的可能性，在此過程中，我們很難想像這種轉變會帶領我們前往何處，以及它會在哪裡結束。這種感受往往就像是隨波逐流，沒有船錨的我們在大海上起落漂浮，閾限——在兩個固定點之間飄流不定——是在此行運期間所強調的經驗。此行運也往往伴隨著混亂、無知及無法確定的狀況，然而這正是海王星的本質，它消融認知及不被認知之間的邊界，讓我們對於自己內在的創造力及靈性更加敏感、更加難以抗拒。

在海王星行運之下，眞實及想像的世界之間的薄紗會比其他時間更加透明，我們會對看不見、意識不到及不知道的事物更加敏

36　天王星在每一宮位行運的時間並不一致，根據所使用的宮位制、季節及出生地的緯度而產生不同的宮位大小。一般來說，由於天王星的公轉周期爲 84 年，所以我們會說天王星平均在每一宮的行運是七年。然而，當我們檢視蘇珊·波爾的星盤，我們會發現她的第十一宮範圍是 50 度，第十二宮則是 55 度，這代表天王星會在她的第十一宮行運 11 年半的時間，在第十二宮的行運則會持續 13 年。

感。以職業來說，這往往是探索靈魂、感到幻滅或領悟的時候，這會將缺乏感帶到人們面前。然而這也是我們能夠藉由尋找自己本質中具有創造力及更具意義的面向，從而找到自己人生方向的時機。

投入於這些行運暗示著一步一步來，此過程並不完整，因此，對於需要修補或完成的事並沒有明顯的概念。在這期間會出現能量方面的感受，從心理上來說，個人的生命力會下降，此行運期間往往會減低警覺性、專注及活躍能力，使人感到力不從心、疲倦及迷失。這也是內心世界藉由夢想及各種可能性的想像而變得活躍的時候，這些皆有助於之後重塑我們的事業方向。

由於海王星平均會在一個宮位停留 14 年，它對於職業宮位所帶來的影響，會在它離開生命宮位並進入第二宮、第六宮或第十宮前五度之內時帶來主要的影響。以人生循環來說，它會在我們 41 歲的中年過渡期間形成四分相，這是個人在人生中隨著幻滅而對於畢生事業更加領悟的時刻，隨著渴望改變事業路線的衝動逐漸激烈，他會對於更具靈魂性及意義的事物抱著既甘且苦的期盼。然而，在此人生循環的十字路口，我們仍然有足夠時間去投入這些陸續出現、與創意及靈性有關的機會。那些已經在自我創造路上的人們可能會在四十出頭時經歷到創意及靈性達到顛峰的時刻。

冥王星

在隱喻上，冥王星行運會熄滅我們的生命之火，讓我們慢慢習慣在黑暗中注視，在此階段中，我們會逐漸注意到隱藏、深埋在自我意識之下被忽視的事物，冥王星鼓勵我們深入檢視自我，並爲靈魂的深度及完整性而感到欣喜。

從職業的角度來看，轉化正在發生，這可能暗示了公司的收購、緊縮政策、或晉升至一個擁有影響力及權力的職位、失去職位或地位發生戲劇性的轉變。無論發生什麼改變，重點是你在事業及自我中的力量及完整性。此行運帶給職場的是對權力的關注及對力量和影響力的渴求，這也許會使別人感到挑釁及威嚇，但你必須在工作環境中感到自己的坦然。

信任是冥王星行運的議題之一，以職業來說，這可能與老闆、同事、客戶甚至自己有關，其中有一條學習曲線是關於分辨誰是可信的過程，但最先出現的經常是背叛，然後才能知道到底哪些人是可以信賴的。冥王星行運教導我們對於情感抱持更加眞實的態度、對自己的意圖更加坦誠，並且當他人在情感上不再誠懇時，要學會放棄這些再也不合時宜的連繫。在冥王星行運期間，個人可能會感到自己最好的技巧及天賦無法發揮任何作用，沮喪、抑鬱及健忘往往會伴隨自我的黑暗，而這也正是冥王星的過程：向下挖掘至自我最軟弱的部分，並重新察覺被遺留在黑暗中的力量及資源。

冥王星可以在一個宮位停留 12 至 32 年，像其他外行星一樣，當它進入第二宮、第六宮或第十宮前五度範圍，往往會帶來主要的影響。冥王星的軌道非常不規則，因此，其上弦四分相可能在 35 歲至 91 歲期間的任何時候發生[37]。冥王星處女座及天秤座的世代會在他們的中年過渡期中經歷冥王星上弦四分相，這往往會以非常個人的方式遭遇到潛意識中的黑暗時刻。在此經歷過後，個人通

37 請參考本書附錄三。

常就不再像過去那般害怕踏入未知，當個人將此覺知帶入自己的事業中，他們一般會更加落實、強化自己的信念及理想，而在這種歷練之後，轉變職業的能力也會變得更爲強大。

月交點

由於月交點與我們的職業緊密相連，因此它們在星盤上的循環及行運至關重要。月交點循環歷時 18.6 年，回歸發生在 18-19、37-38、55-56 及 74-75 歲，這些時間點標示了職業生涯的重要開始。在這些時間點當中，我們想要做的事情以及我們受到感召去做的事情都會被擾亂。此時我們會來到一個十字路口，在那裡，靈性及富有想像力的事物會注入我們人生的世俗面向中。

第一次的月交點回歸發生在 18 至 19 歲，這往往是人生第一次受到召喚、或是第一次意識到人生中有著更偉大目標的時刻；第二次回歸發生於 37 至 38 歲，這會是中年過渡期的開始，由於人生經歷可能讓我們離開天職的道路，因此這暗示了重新檢視自己原有的職業意圖，我們可能會再一次致力於完成天職的召喚。這會展開一段對事業反思及考量時期，個人也會更加感受到人生目的重要性。在 50 多歲中期，月交點會第三次回歸到本命盤位置，在這期間二推月亮也會同時回歸，天王星與海王星則會與本命位置產生三分相，強調在 55 歲左右會是認知、內省及想像的階段。在此期間，第三次月交點回歸暗示了我們與天職之間的進一步連結，任何與職業有關但以前不曾思考過的靈性層面在此時會變得重要，我們所做的事情所帶來的意義及重要性成爲內在的議題，這循環的中點往往是我們退休的時間。最後，74 至 75 歲發生第四次回歸時，個人職業不再屬於外界，而是一種更加個人、內在的體驗，這會由我們的活動、喜好、興趣及義工所支持。

當我們研究月交點通過各宮位的行運時，重要的是同時考量與行運月交點一起發生的日月蝕。平均來說，行運月交點會於星盤每一宮位停留 18 – 19 個月，使人們更加察覺星盤上的此一軸線的議題。與此行運一起發生的是在這一組軸線宮位上的 3 至 4 次日月蝕，它們發生的位置接近北交點或南交點，因此，每一宮軸線主題會以歷時十八個月的月交點行運凸顯出來，它們的環境及氛圍會在此期間被強調，特別是在日月蝕發生之前及之後的一個星期中。

北交點行運會指出哪些環境正在發生更有意識的發展，這是吸收及消化的位置，此環境在人生目標中扮演的角色會在此時開始發展。南交點強調過去的議題及需要解決的關注，這裡是釋放的位置，來自過去的經歷及本能性的反應，可以引發由北交點所顯示的嶄新成長。

以下是幫助我們掌握月交點在每一宮行運的關鍵字。月交點在星盤中的行運對事業來說十分重要，因爲它們會讓我們留意目前的的事業中需要發展的領域。想像北交點的行運始於上升，由於月交點在黃道上逆行的關係，它首先到達的宮位是第十二宮，同時南交點行運會進入第六宮。理解此行運的方式之一，是想像南交點的功課是釋放及傳播，而北交點的任務則是在那一宮所象徵的領域中去發展及成長。

☊☋行運	北交點：任務	南交點：資源
☊在第十二宮 ☋在第六宮	**理解**：深入理解那些隱藏的動機及衝動，與過去和解。	**習慣**：運用生活儀式及例行公事去發展理解力，工作及健康在廣闊的人生規劃中扮演重要角色。
☊在第十一宮 ☋在第五宮	**社會參與**：在朋友及同事圈子中尋找一個位置，讓自己知道自己屬於一個更寬廣的社會。	**創造性的自我表述**：釋放自我天生的創造力及自我表達，好讓我們能夠更加完整地參與人生的過程。
☊在第十宮 ☋在第四宮	**事業重點**：持續建立自己在社會上的角色，並努力跟隨職業的召喚。	**歸屬感／安定感**：得到足夠的安全感及安定感，以支持自己專注在事業及於社會上的生存。
☊在第九宮 ☋在第三宮	**尋找真理**：追尋意義、尋求理解、在家庭範圍以外的探險。	**深切注意**：放棄細節及理性考量，自由前進並探索更廣闊的世界。
☊在第八宮 ☋在第二宮	**榮耀自我的深度**：讓自己接觸眞理，忠於自我感受，察覺到自己的眞誠。	**收割過去的收穫**：釋放我們的資源及天賦，使我們能夠更深入、更親密地與別人結合。

☊在第七宮 ☋在第一宮	**尊重人際關係**：在所有人際關係中感覺平等及主動，讓自己與人爲伴。	**放棄自我專注**：放棄投射於自我的鎂光燈，朝著與他人合作及建立關係的方向前進。
☊在第六宮 ☋在第十二宮	**健康養生**：專注於每日儀式、工作習慣、養生習慣，以維持身體及心理的健康。	**神性中的安全感**：安於讓生命隨波逐流，活在當下，相信當需要時就會得到神靈的指導而有安全感。
☊在第五宮 ☋在第十一宮	**志向及讚賞**：嘗試演出，表演及表達自我，發揮創造力及表達力。	**朋友及所愛的人的支持**：讓自己接受來自他人的愛及關注。
☊在第四宮 ☋在第十宮	**建立一個窩**：透過專注於內在世界、家及家庭，將注意力放在安定情緒。	**確認**：確認我們已經完善的工作，並在社會上讓自己變得成熟、建立自主及權威性。
☊在第三宮 ☋在第九宮	**溝通及構想**：學習並發展我們的想法，以邏輯的方式交流情感及表達信念。	**教育他人**：與他人分享我們的天生智慧，散播我們的信念，並支持人類價值的剛正。
☊在第二宮 ☋在第八宮	**累積資源**：努力珍惜及欣賞眞正的自己，同時建立健康的自我尊嚴及財務。	**親密感及參與**：認同並頌揚生命中的情緒資源，榮耀情緒的連結。

☊在第一宮 ☋在第七宮	**專注自我**：讓光照耀於自我，投射自我，鼓勵獨立、空間、自我表達及自由。	**社交技巧及人際關係技巧**：為了讓自己能夠自他人的期待中獨立出來並得到自由，必須留意社交及人際關係技巧。

二次推運及推運月亮

當我們研究個人星盤時，會發現一些重要的二次推運往往會與事業上的轉變期同時發生，由於每張個人星盤的推運都是獨特的，因此我不會特別以一般性去敘述推運的本質，特別是它與事業異動之間的關係。反之，我會從二次推運的角度去獨立評估每一張星盤，並將當下的推運與個人的內在經歷做連結，聆聽當中的主題如何反映於外在世界。然而，當我從事業異動的角度去協助客戶時，往往會觀察到一些重複的主題。

當中的主題之一，是推運太陽與外側行星形成主要相位時。所謂外側行星意指其運行於地球軌道以外的行星，也就是從火星至冥王星。另一個主題則是改變運行方向的行星，這暗示了該原型能量在尋找新的表現模式。如果水星在出生時逆行，它會在 21 歲的推運盤中轉為順行，當它的方向改變時，除了會影響學習及溝通，也會影響思想及智力上的興趣。如果金星在本命盤中逆行，它會在 42 歲時轉為順行，也許會因而改變天賦價值及品味，並為職業帶來影響。每顆行星的停滯及方向的改變都有它們獨一無二的影響，同時我也會觀察內行星的推運，特別是推運水星，因為它關乎職業的學習及溝通能力的發展。推運金星是人際關係技巧及自尊的成熟過程；推運火星則是漸漸想要提升自我的意志，也代表前瞻性的勇氣。因爲呼應事業改變的推運實在太多，所以重要的是獨立地觀察每一張星盤。

推運月亮是獨一無二的，它與其他推運行星不同之處，在於它每 27.3 年環繞黃道一周。就像土星一樣，它會在一個人的平均壽命中完成三次循環。在第一次循環中，推運月亮在土星回歸之前 2 年發生，在某程度上，它預告了土星回歸以及二十歲年代的結束。當土星象徵我們成長發展過程的結構及主幹，推運月亮則是這過程當中的感覺層面，它持續顯示我們的情緒、感官及反應。它也象徵了情緒的成熟過程，而在它環繞星盤的行運中，二推月亮儲存並記錄了情緒反應及情感的回應，它暗喻著我們的感受及本能記憶。當行運月亮在下一次循環通過相同宮位、星座軸線或是與相同行星產生相位時，可能會憶起之前循環的情感記憶並帶來覺知。從職業發展的角度來看，推運月亮喚醒我們的需要及眞實的感受，它做爲潛意識的媒介，它也會透過我們的反應及情緒表現出壓抑的情感，而反映出我們如何看待自己的工作或是一起工作的人。

當推運月亮進入職業宮位時，它會強調個人需要以更爲舒適方式工作，也會更加留意在工作中關心自己。在此時期，我們會對工作中的慣性與情緒模式更加敏感，這讓我們更加察覺到自己對於職業需求及理想所抱持的態度、本能、情感、動機及反應。當推運月亮經過第二宮、第六宮或第十宮時，它會要求我們更專注及集中於工作。在推運月亮的第一次循環中，焦點會是透過學習、訓練及經歷去發展事業；第二次循環是建立及維持事業；第三次循環則專注在確認我們的畢生志業及職業。

當推運月亮經過第二宮，我們會本能地為自己的事業建立根基，並開始以逐漸增加的自尊感及自我價值去建立自己，我們會逐漸地更加注意到個人對於資源、技巧及天賦的態度，以及我們會如何透過工作得到來自於它們的回報。在此期間，我們更願意接受培養價值感及保護自己的資源財產方面的事。歷經這階段，我們可以透過對於收入、金錢及自我價值的情緒反應，更加認清自己的財務模式。

當月亮推運經過第六宮，我們會意識到透過工作帶來安全及舒適感的任務及儀式，對於健康、能夠帶來滿足感的生活方式的需求會更加明顯，也會更加知道自己需要在工作中照顧自己，無論是情緒上還是身體上。月亮善於吸收，當它在第六宮時，個人對於職場環境的情緒及感覺會變得高度敏銳，此行運的焦點在於工作：你是否太投入於工作並與一起工作的人糾纏不清？如果是的話，在工作環境中可能會出現情緒反應及強烈感受，或是壓力可能會以疼痛、痠痛及不適感的方式表現在身體上。當月亮推運經過第六宮，重點是一種平衡的生活方式，並努力建立一個支持性及滋養性的工作環境。

當月亮推運經過第十宮，優先考慮的是需要去關心外界的自我，此時我們會受到挑戰，去平衡私生活與事業之間的需求：我們如何立足於世界，卻同時保有個人的滿足及安全感。在此期間，個人的方向及人生道路受到高度重視，因此，我們的情感資源變得具有彈性，此時也是我們開始在事業及外界感到自在的時期。月亮此時位於公眾領域，這是對我們的地位、專業立場及眼前事業的成就感到自在的時候。當月亮越過天頂，人們將會落實過去兩年為了穩定工作所形成的概念及所做的準備。

位於職業宮位中的行星，是職業追求的潛在盟友，當月亮進入這些行星所佔據的宮位，該原型會變得更加敏感並專注於事業的方向，注意這些宮位中的所有行星，當月亮推運進入這些宮位之一時，留意這些原型如何才能以最佳的方式引導及支持事業發展。

提前退休

每一種行業都皆會發生職業上的變化，在運動專業中，職業提早改變是常見的，有時甚至是戲劇化地發生。當我正在完成這一章的時候，2015 年最具歷史性、可能也是最具聲名的溫布頓（Wimbledon）網球聯賽正在進行。當澳洲網球選手萊頓・休伊特（Lleyton Hewitt）完成賽事後，觀眾們都起立鼓掌，但並不是因爲他贏得比賽，而是他自此退休，當時他 34 歲。

萊頓在十五歲時首次晉身澳洲公開賽，當時他是晉身此公開賽最年輕的選手。翌年，仍然不太知名的他在半準決賽擊敗了阿格西（Andre Agassi）並贏得 1998 年阿德雷德國際巡迴賽（Adelaide International），那一年，十七歲的他晉身成爲職業球員。2001 年，他擊敗了山普拉斯（Pete Sampras）贏得美國公開賽男單賽事，成爲史上最年輕世界球王；翌年，他贏得溫布頓男單冠軍，連續 75 星期蟬聯冠軍。當時行運木星正在進行其在本命盤的第二次循環，並在他獲得世界冠軍之前的六個月三次合相北交點及天頂。現在，當它在第三次循環中越過天頂並進入第十宮的時候，萊頓宣佈退出職業網球球壇。

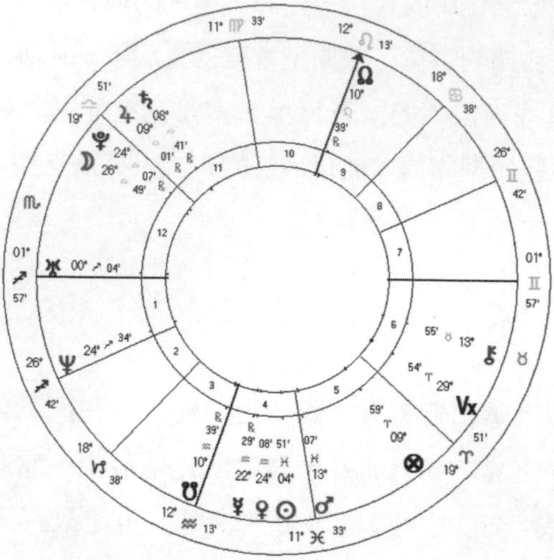

萊頓・休伊特，1981 年 2 月 24 日 0:01a.m，出生於澳洲，阿德雷德。

當他完成溫布頓的最後一場賽事後，萊頓說：「我想這或多或少總括了我的事業，我的心態：豁出去還有永不言敗的態度，在持續巡迴比賽的這十八、九年之間，我一直都以這種態度活著。[38]」值得注意的是，在萊頓的星盤中，獅子座的北交點位於天頂，天王星則落於上升點。

三個職業宮位的宮首皆落於火元素，天頂與第六宮的守護星寬鬆的合相於雙魚座，這些火元素、日火合相及天王星緊密合相於射手座上升點的星象印證了他的熱情及永不言敗的態度。這 18-19 年的巡迴比賽指向了發生於 15 至 34 歲的月交點循環，也正是他的職業網球生涯。有趣的是，34 歲時，月交點循環與他的土星及上升守護星木星形成行運相位，在 2016 年 1 月舉行的澳洲網球公開

38 http://www.abcnews.go.com/Sports/wireStory/2002-champ-hewitt-loses-1st-round-wimbledon-32108593,（accessed July 3, 2015）.

賽舉行之前，萊頓還未正式退休，但轉變期已經展開了。

在此過渡時期，他的星盤也發生了一些重要的變動，並反映出這些改變：

• 木星行運經過第十宮並與他的水星、金星、太陽及火星產生對分相，而且會與他的本命木星產生入相位，他目前正處於此 12 年前所展開的循環的最後階段。

• 已經逆行越過上升點及本命天王星的土星將會回復順行，並第三次與他的上升點及天王星形成行運合相，這符合結束的主題，同時也象徵新循環的誕生。

• 海王星行運至他日火合相的中點，那是雙魚座的位置，海王星正與太陽產生出相位並同時與火星產生入相位。太陽守護天頂，海王星行運反映出他對事業的認同正在轉變，也許正在消融，第六宮的守護星火星現在成爲焦點所在，想像力會轉移至關注生活方式、健康及新的生活日程，而在工作及人生之間找到新的平衡點。

• 天王星正在第六宮宮首附近徘徊，象徵了全新的工作方式及經驗。

• 其中一個相當值得注意的是：推運太陽正在牡羊座 10 度，與他的木星／土星的合相產生對分相，一個更具權威性、更成熟的社會形象即將出現。

萊頓在澳洲公開賽之後退休，屆時木星會緊密的合相北交點，並同時完成其第二次循環，新的木星循環會在這一年隨之展開，他會踏入 35 歲，嶄新的事業正在等待著他。

遲來的召喚

瑪莉是我其中一位固定個案，多年來，她每年都會來找我兩次。瑪莉開始想自己是不是應該退休了，她想留多一點時間給自己，因爲自從她在人生較後階段找到其天職之後，在工作上花了十五年的時間，而她也能夠從工作得到滿足感，並且覺得自己已經充分參與。

瑪莉正是一個很好的例子，說明天職會在任何時候召喚我們。在我與瑪莉會面的這些年來，她曾經轉換過幾份工作，包括管理一家住宿加早餐的旅館、當過園藝師及擔任不同的祕書職位。然後，在小學擔任助理的工作啓發了她，讓她在 47 歲時申請一個幼兒教育學位的大學課程。

本命海王星位於第六宮，47 歲時，行運海王星剛好首次越過瑪莉的天頂，而天頂的守護星天王星則正接近她第十宮的月亮，這是她突破的時機，因爲她不但一直覺得自己學歷低，而且也覺得自己欠缺智慧。當她 48 歲開始進修大學課程之後，從第一份作業開始，她就一直獲得優等及高分數。後來，她第一間前往實習的學校在她畢業後給予她一份工作，而某位教授也協助她出版其中一份作業。雖然瑪莉是班上年紀最大的學生，但我一直覺得她的其他同學會因爲她深切認眞的表現而受到鼓舞。

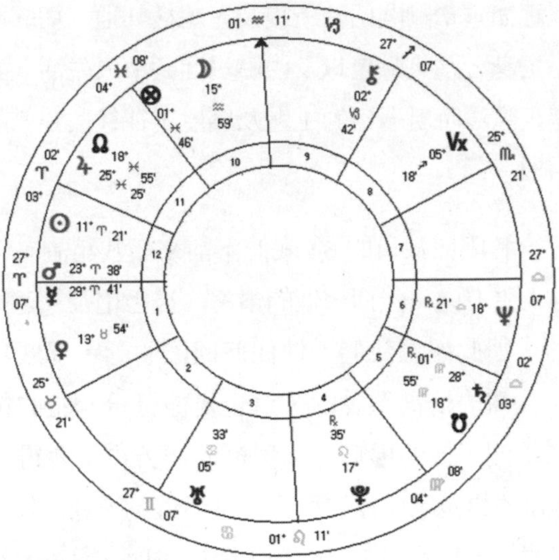

個案：1951 年 4 月 2 日 8:00a.m. 澳洲，墨爾本。

上升點牡羊座加上其守護星火星合相上升點，瑪莉發現了自己的天生毅力，完成了自己的大學學位並跟隨自己的天職。水星同時也在上升點，大學改善了她的壞脾氣，並將她的敏捷思考引導至更具動力的方向。但說話與教導他人的能力是無庸置疑的，在第十宮的月亮讓她發現教育小孩正是她的熱情所在，隨著天王星合相月亮，也隨之喚醒她的天職。這個深具啓發性的故事正是瑪莉第六宮的海王星的面向之一，這協助她看見一條全新的工作之路，雖然發生的時間實在是比她所能想像的要晚得多。

就職與離職的過渡期

雖然就職與離職的過渡期往往充滿壓力，但改變是職業不可或缺的元素。正如本章剛開始時所提及，總括其他一切的兩次主要過渡，是從學生身分踏入職場以及由職場回到私人生活。我常常觀察到，人們進入職場時所遇到的主題及經歷，往往與我們離開職場時所遇到的相似。

最近，一名剛被裁員的 64 歲個案前來與我諮詢，他想知道自己接下來的人生方向。然而，他的憤怒、被拒絕及被遺棄的感覺實在太過強烈，因此如果我們不做任何回顧的話，那麼我們根本就無法向前看。喬治是被領養的，這也是他背負一生的創傷，被裁員一事再次揭開了他的傷疤，被拒絕的痛苦再次變得尖銳，這次拒絕他的機制不再是家庭機制，而是企業機制。運用他星盤中的土星四分相凱龍星，以及冥王星合相太陽的主題（月亮也有可能與冥王星合相，但因爲他是被領養的，所以出生時間不確定），我們探討了他人生中感到被拒絕的主題，也討論了他處理危機及傷痛的強大能力。喬治將拒絕他的女性上司與董事會視爲遺棄他的父母，因此，這主題是傾向於與生俱來的，透過星盤的解讀，我們就能夠說出這些模式，並把遺棄的最初議題與當下的被裁員的議題分開。

喬治是一名精神科護士，當他十多歲時，他最好的朋友得到精神分裂症，當前往醫院探望朋友的時候，喬治意外地遇到醫院的院長，他鼓勵喬治申請行政部門的工作。當在病房看到那些難以處理的病患時，喬治十分感興趣，並在得到院長及其他同事的支持下，開始接受訓練成爲護士，這也成爲了他的事業。我認爲喬治之所以前來諮商，是因爲當初他是得到支持及認同才進入此行業，他不想這樣憤憤不平的離開，即使這個機制最後讓他失望，但他還是需要榮耀自己的天職。透過我倆之間的討論，他明白了自己某些生命的模式，矛盾的是，喬治被裁員之後，他卻擁有相當不錯的財務狀況，反正他也打算在翌年退休，此時也是離開工作的時候了，他將尋找其他的方式向外展現自己的天職。

當我們成爲勞動力的一份子，職業就會出現在面前，可是即使我們有強烈的想法、理想及目標，但我們眞的不知道這些職業會帶領我們前往何處。而當我們離開勞動市場時，我們會回頭看，並認出那些交織在一起、建立我們事業的不同脈絡。在這些脈絡當中，許多都是由機會所編織而成，也有許多是來自我們的意志及企圖心，以及曾經進出我們生命的人們。

我會考量人們進入及離開職場時的占星意象，從而找出一些共同主題以幫助反映職業的模式。這是一個充滿內省的練習，能夠更加理解我們的自我召喚。此外，一般相關的行星循環也值得我們考量，下方的表格總括了不同的時間點，當中指出從青春期到二十出頭踏入職場的階段，以及從第二次土星回歸開始到離開職場的階段。當然，每個人的時間點都是獨一無二的，然而，許多政府也都會明確規定結業或退休的年紀。

進入職場的過渡期		**離開職場的過渡期**	
大約年紀	重要的一般行星循環	大約年紀	重要的一般行星循環
15	第一次土星對分相	58-59	第二次土星回歸
18	第二次木星對分相	59-60	第五次木星回歸
19	第一次月交點回歸	61-63	下弦天王星四分相
21	天王星四分相	66	第三次土星上弦四分相
22	下弦土星四分相	66	第六次木星對分相

24	第二次木星回歸		

在此過渡期中的其他一般性循環			
20-21	推運月亮下弦四分相	65	北交點合相南交點
20-21	海王星半四分相		

我們可能會退休離開自己的工作、事業及專業，然而，我們從來不會退休離開自己的天職，因爲這是我們本身的一部分。在人生的後段，我們會找到與工作共處的嶄新方式，不會再刻意專注於外在世界的工作，但是會專注於內在，並以更加私人的方式與自己具有創造力的面向相處。

下一章讓我們看看一些跟天職有關的例子，討論它會如何成爲我們的畢生事業。

Chapter 12
畢生志業

工作模式

當我們展開自己的職業之旅時，永遠不會知道它將帶領我們去到何處。我們也許可以想像、期待、甚至爲它而努力，但我們無法預知。職業就像謎，就像其他所有美好的謎題一樣，我們需要時間去發現它的劇情，理解當中的人物角色，並分辯出虛構與事實。雖然我們想要肯定，但它不一定會出現；然而，當我們回顧職業，便能夠比較容易看出當中的轉捩點、十字路口、腳印、障礙、死胡同及繞過的遠路。當我們離開起點越遠，我們越能認同那些編織出職業藍圖的跡象、偶然的際遇、指引及挑戰。

占星學是一種奇妙的職業引導，因爲其中許多的形象及象徵能夠幫助我們想像職業的可能性。但是，我們往往在事後才會更加具體清楚這些符號當時是如何自我呈現，因此，我們透過回顧才能學會如何向前看。以下是兩位名人的故事，他們都跟隨了自己的天職之路，兩人在年輕時皆感到內在的衝動，他們各自踏上了一條從未想像過的路，這也是追隨天職召喚所帶來的禮物。雖然個案研究往往是爲了顯示某些觀點，但在此，我唯一想要說的，是我們內在皆蘊含著職業靈魂，而且當我們跟隨它、而不是想要控制它的峰迴路轉時，我們也許會找到自己從未想像過的可能性。

首先研讀的個案是美國作家湯馬斯・摩爾（Thomas

Moore），其最暢銷作品爲《隨心所欲》（Care of the Soul）。此外他也撰寫過數十本發人深省的作品，其中一本名爲《內心的星球》（The Planets Within），內容以當代的思維重新想像文藝復興時期學者馬爾西利奧·費奇諾（Marsilio Ficino）其富有靈魂的占星學。另一個個案是加拿大唱作歌手李歐納·柯恩（Leonard Cohen），他十五歲時接觸到費德里戈·加西亞·洛爾卡（Federico García Lorca）的詩作，這些詩作照亮了他的內心，並讓他從中找到了自己充滿詩意的聲音，只要透過柯恩星盤中的其中一組相位所演奏出的和弦，我們就可看到其天職之旅中的生動主題。

湯馬斯·摩爾：天職的精靈

湯馬斯·摩爾曾經從事過許多的職業，皆反映了他的天職，我們也許可以稱之爲「宗教性」的職業。它是非組織性或正式的，而是一種敬仰眾神及生命神聖面向的宗教，或是像湯馬斯自己所寫的，那是一種個人宗教，它既是對於神聖面的覺察，也是從此覺察而產生的實質行動[39]。這種對神聖面的認知融入他做爲修道士、音樂家、大學教授、心理治療師及作家的不同職業中，並使他留意靈魂的存在。今日，他的天職之路引領他行遍世界教授原型心理學、想像及靈性，但他的指導重心是要關注靈魂，即使他人生的第一階段是在正規的宗教處所度過，命運卻引導他走向了更爲世俗的場域。

39 湯馬斯·摩爾（Thomas Moore），*A Religion of One's Own*, Gotham Books (New York, NY: 2014), 4.

湯馬斯於 1940 年 10 月 8 日上午 9 時 33 分在底特律的一個愛爾蘭天主教家庭出生，我們會跟隨他星盤中的脈絡，去思考我們已經討論過的職業形象如何鮮明地展現在湯馬斯本身及他的星盤中。

人生的定義時刻

湯馬斯在年輕的時候遇到了他的「精靈」——促使你展開行動的內在衝動或具自主性靈魂，其方向往往會改變你的人生旅程。在他的著作《靈魂的暗夜》（Dark Nights of the Soul）中，湯馬斯描述了童年時兩次「人生的定義時刻」，這些早期經歷闡述了與生俱來的形象，這成爲他一生中的主旋律，他這樣寫道：

「其中一次是——我當時應該已經滿十二歲——我收到了一本小冊子，上面說我可以成爲修道士，並可以在小冊子照片中的那種簡單、空曠的房間裡生活。那小本子讓我感到天旋地轉，此後我再也沒有感覺過那種悸動了。另一次的經歷則較爲神祕，那天我在巨大的密西根湖（Lake Michigan）上緊緊抓住一艘已經翻過來的小艇，當時祖父正在拚命救我，我不知道這一次瀕死體驗如何實質地改變了我，我覺得那也是一種預備：一種與死亡面對面、並提早受到邀請要認眞面對生命的體驗。」[40]

40 湯馬斯· 摩爾（Thomas Moore）, *Dark Nights of the Soul*, Piatkus Books Ltd.（London: 2006）, 24 – 2.

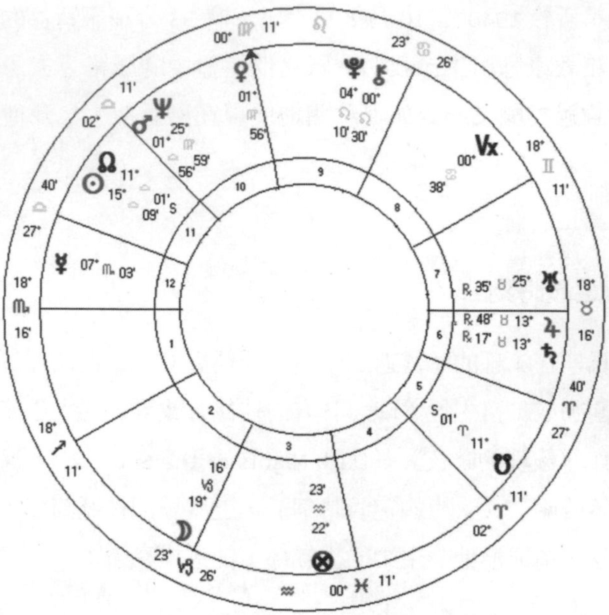

湯馬斯．摩爾 1940 年 10 月 8 日早上 9 點 33 分生於密西根．底特律。

十二歲時發現那本小冊子的經歷，對於湯馬斯來說是永恆的一刻，它讓湯馬斯知道自己深刻而眞實的「宗教」價值，以及他最終的天職之路。在生命循環中，十二歲是我們首次的木星回歸，這段過渡期充滿了人生的疑問以及想要尋找意義的各種想法，並往往會受到感召或被喚醒去接觸新的事物。此時我們正處於青春期的路口，那是重要荷爾蒙及身體的改變即將開始的時刻，也是小學與中學階段之間的過渡，這準確地暗喻了木星所帶來的第一次啓蒙。此外，我也聽過許多客戶在這個年紀生病的故事，他們在病情危及之際，往往會察覺到比生命更大、以前不曾得知的事物。木星延展熟悉事物的邊界，在某一刻我們會瞥見到某種可能性，儘管那只是代表該可能性的形象而已，但是在十二歲時，我們還無法區分其中的差異性。耶穌十二歲時在神廟與其他老師並排而坐，聆聽教誨並提出疑問，那些聽見的人都驚訝於他理解的深度。回歸是新舊循環之間的十字路口，在木星循環中，這路口與人生的意義及視野有關，無論我們是否察覺，在此交會中往往都會出現一些跡象，而對湯馬斯而言，這正是那本小冊子。

除了木星回歸之外，當時湯馬斯的星盤中也包含其他重要的過渡期，隨著木星回歸所象徵的「新的人生階段」會與個人星盤的主觀性糾纏在一起。湯馬斯出生於第一象限月發生之後不久，因此太陽仍然與月亮產生四分相，此相位可以將緊張感帶入「個人認為是必須的事物」以及「個人所需要的事物」之間。兩顆發光體都因為外行星的移動而受到強調，在占星學中，這代表原型的世界正滲透到個人領域之中。在此期間，行運海王星與本命月亮形成四分相，天王星則正逐漸與太陽形成四分相，而它在接下來的十八個月同時也會與月亮產生對分相。同一時間，行運土星會與他的太陽產生合相並四分相其月亮。這些行運在人生中相當重要，因為天王星及海王星帶來超越的原型，它們能夠使核心的自我認同掙脫他原本認同的安全堡壘，自我受到激發去尋找嶄新的經歷及不同種類的歸屬感。然而，土星同時也可能為湯馬斯打造新的基礎。

一年後，湯馬斯真的進入了神學院，在那裡，他可以成為修道士並住在簡約、空曠的房間中，成為修道士這件事以及能夠居住在自己的房間的確對他有著一些吸引力：他的月亮摩羯座是保守的，它需要規範及架構、自律及自給自足地生活。在他十三歲時，當月亮與行運天王星形成對分相時，有一些更大、他稱之為

「精靈」[41]，迫使他冒險離開家庭及家的神聖、尋找另一種接受培養及教育的方式。哲學、音樂、詩作及禱告、文字及崇拜——所有與其星盤產生深刻共鳴的事物皆可在此受到孕育。榮格認爲天職中不可理喻的因素，正是導致個人追隨自我靈魂並得到覺知的誘因[42]。然而，當一個人追隨自己的靈魂，同時也需要勇氣及堅毅，也許這正是行運土星與太陽及月亮形成的相位所帶來的禮物。

金星做爲太陽及北交點的守護星位於處女座，合相處女座的天頂，這強烈象徵他的職業，金星處女座重視神聖面、日常生活中的各種儀式及感性面。隨著時間的經過，我們逐漸與這位女神的循環本質失去連結時，卻忘記去榮耀她的神祕及儀式，處女座也因而變得繁瑣。對於處女座來說，神祕與儀式都非常重要[43]，因此，這個形象同時也支持著他的修道生涯。然而，這位被希臘人稱之爲阿芙蘿黛蒂（Aphrodite）的女神擁有更多的表達方式，只是，當時在1952-1953年的美國，這個金星在處女座的形象對於這一位年輕的天主教青年而言，可以透過神學院的儀式而善加體現。毫無疑問的是，對於神祕、儀式及神聖價值的召喚，以及榮耀女性的方式持續表現在湯馬斯的職業中。但金星也會找到其他方式去表達她的美感及情慾面向，在12-13歲的時候，他還不知道這些絲線會如何被編織到自己的人生藍圖中。

湯馬斯不確定他的第二次「人生的定義時刻」是如何影響了

41 摩爾從天職的角度如此形容這隻精靈：「它是你無法視而不見的熱情、衝動，也是一個你不一定會選擇的方向，這精靈看起來就像是一種爆發，它甚至好像是入侵了我們的人生。」Thomas Moore, A Life at Work, Broadway Books（New York, N.Y.: 2008）, 121- 2.，他同時在很多其他作品中強調了這位精靈，例如在*Dark Nights of the Soul*, 16 – 17.

42 請參閱本書的序。

43 詳見布萊恩·克拉克（Brian Clark）：*Mythic Signs, The Zodiacal Imagination, Astro**Synthesis（Melbourne: 2002）.

他，因為他說這也許是一次與死亡的面對面或認眞看待生命的機會。這深刻的經歷讓人聯想起由內在深處產生的形象，因為它往往是自我的原始隱喻。就像緊緊抓住木筏上僅餘物資的奧德修斯（Odysseus）一樣，湯馬斯緊緊的抓住那翻沉的小艇，但與奧德修斯不同的是，拯救他的並不是一位女性而是他的祖父——一名男性嚮導。湯馬斯稱奧德修斯的故事是一個神聖的故事、屬於每個人的神祕劇本、一個屬於每個男女嘗試在人生中試圖走出自己道路的深刻故事[44]。也許當湯馬斯踏上自己的路、穿過波賽頓（Poseidon）那驚濤駭浪的無意識水域時，他可以緊抓住堅強男性的形象。

湯馬斯的上升點在天蠍座，其傳統守護星是火星，火星合相海王星，這正是個人的男性特質與奧德修斯努力求取生存、屬於波賽頓的驚濤駭浪之海兩者原型的結合。在傳統上，火星在天秤座相當複雜，因為自信、以自己為優先的本質會先回應他人的欲望，然後才再回頭關注自己。當這兩顆行星產生合相時，海王星會消融火星的意志，讓它可以導向他人。從個人觀點來看，這是非常困難的一件事，因為欲望本身可能會昇華或受到壓抑。但湯馬斯被一個強壯男性的存在拯救了，讓他不致於沉沒。由於他個人的男性行星也在天秤座，因此，他的男性特質是傾向他人、回應式、有時甚至是反動的，但會投入於人際關係中。他的女性個人行星是土元素的、自給自足和內向的，祖父的強壯男性形象是導師形象的象徵，在潛意識的狂風駭浪中為他掌舵。湯馬斯最重要的導師是詹姆斯・希爾曼（James Hillman），他 38 年來一直幫助他航行於海王星的領域中，當這位導師離世時，海王星與凱龍星行運至天底，海王星於星盤最底層的行運，在湯馬斯的星盤中同時守護此宮位，它所帶

44 湯馬斯・摩爾（Thomas Moore）：*Original Self*, HarperCollins Publishers（New York, NY: 2000）, 3.

來深刻的共時性提醒了我們，當我們被潛意識的人生弄得手足無措時，靈魂仍然會讓我們浮於水面不致於沉沒。靈魂的主題由第十宮的海王星與火星的合相概括，火星做爲星盤的舵手，在潛意識的驚濤駭浪中前進。

冥王星是上升點的現代守護星，它在第九宮與凱龍星產生合相，凱龍星與火星形成六分相，兩顆星的中點行星——金星落於天頂，是專注於事業的行星模式。冥王星是死亡的原型，凱龍星象徵著「接受苦難及痛苦，以做爲人類的遺產」，這兩個原型一起展示了死亡與苦難都是使人悲傷的處境。因此，在年輕時湯馬斯遇上了死亡，還是死亡自己浮上來與他面對面？他之後成爲心理治療師、以及成爲靈魂智慧的老師、講述者及作者的際遇也呼應了這些原型的結合：他成爲一位靈魂的醫生。這簡直就像是冥王／凱龍星合相於第九宮的教科書案例，當此合相的深度受到湯馬斯航行於潛意識及想像力的海洋能力所驅動（火星／海王星的合相），他將此合相中重視靈魂之美的價值帶入世俗（金星合相天頂）。

湯馬斯自述除了 13 歲時離開家進入修道院之外，26 歲時離開宗教生活[45]，這也是一個重要的轉捩點。這是掃蕩一切的天王星及冥王星展開新循環，也是美國社會結構發生重大轉捩點的時期，這個行運發生在湯馬斯的第十宮，兩顆行星同時合相他的天頂，是他在神學院並毅然決然決定改變職業之路的時候。冥王星在他的天頂行運，並在他 16 至 18 歲時合相他的金星。天王星在他 21 至 22 歲時行運經過天頂。在這後青春時期，兩顆行星慢慢地深耕他的職業宮位，也許他需要成爲這世界的一部分，即使世界陷於混亂及變化之中，他仍然躍躍欲試。

45 湯馬斯・摩爾（Thomas Moore）：*A Life at Work*, 74.

湯馬斯擁有音樂及神學學位，並且在 1975 年獲得宗教方面的哲學博士，當他拒絕了當時任教的大學所提供的終生教職後，他隨即展開下一個事業。天職之路不但蜿蜒曲折也永遠不會是確定的，因此，當我在與個案討論職業議題時，往往會聽到因爲裁員、失業、拒絕升遷或轉換至永久職位，而打開了人生的新一頁。此時，湯馬斯正値 30 多歲，即將迎接第三次的木星回歸，這使他展開下一個的職業階段，並引領他步入中年的門檻。

他下一份職業是成爲心理治療師，從其字面上的意義便已經表現出靈魂治療師的職業。在這份職位中，他並非從如何修復靈魂的方式去思考，而是從一種包容靈魂的苦難及痛楚的方式中去見證靈魂的存在。第九宮中的凱龍星／冥王星強調這種心理治療的方法，而他的海王星／火星合相則善於潛入潛意識中。受到詩人、神祕主義者、作家、浪漫主義者及包括費奇諾（Marsilio Ficino）、榮格及希爾曼等富想像力的思想家所影響，湯馬斯開始透過寫作去清晰地表述自己的想法。

可是，正如湯馬斯自己解釋，當他大概 50 歲的時候，事情改變了：

「然後，在人生的後期，大概 50 歲的時候，事情開始發生，我踏入第二段婚姻並且當了繼父，同時我的女兒也出生了，當時那本書賣得很好，也是我人生第一次有一些錢去置業及養家。[46]」

這本書正是《隨心所欲》。它後來成爲暢銷書，並讓大眾更認識湯馬斯。哈潑柯林斯（HarperCollins）出版社的休．凡杜森（Hugh van Dusen）說：「我們花了很多錢從一個不知名作者的手

46 湯馬斯．摩爾（Thomas Moore）：*A Life at Work*, 76.

上購得這本書。[47]」此時，他不再是毫無知名度的作者，也不再缺錢，他的成功伴隨著結婚並不令人訝異，因爲對金星的公開宣示，反映出他不斷建立的價值及容易親近的特質，天頂的金星支配著太陽並且守護與人際關係有關的第七宮，因此，愛及關係的建立會鬆動他的深層價值。藉著成爲一名父親，湯馬斯實現了自己的太陽／北交點，此時，他已經準備好成爲社會的父親（第十一宮），反諷的是，這似乎是他 13 歲時便已然展開的事。

同樣不令人驚訝的是當時一些強而有力的行運也正在發生，50 歲標示著凱龍星的回歸，當榮格敘述這段接近 50 歲的階段時，他認爲：「人生有太多應該已經經歷過的方面，卻與封塵的回憶一起躺在雜物間中，但有時候，它們也是灰燼之下悶燒的炭火。[48]」當凱龍星回歸時，如炭火燃燒的囚禁靈魂會重新被發現，接下來的階段是將它們重新引導至人生之中。水星做爲文字、構想、字母及語言之神，落在湯馬斯第十二宮的天蠍座，它守護天頂並且與冥王星及凱龍星形成四分相，這些元素暗示了形象的深刻、溝通的力量、具轉化力量的文字及具影響力的想法。它也與木星及土星產生對分相，木星推動哲學及深層思考的方式；而土星則以更具原則及控制力的方式面對水星，水星在這裡是暮星，它在太陽之後升起。總結這些占星意象，皆指出水星或赫密士做爲引靈人的角色時內省的一面[49]。守護天頂的水星也成爲領導職業追求的原型，它就像是像悶燒的煤炭一樣靜靜等候，自此之後，湯馬斯成爲一個多產及非常成功的靈魂作家。

---

47 來自艾蜜莉．約菲（Emily Yoffe）的文章：*How the Soul is Sold*, April 23, 1995, New York Times (www.nytimes.com/1995/04/23/magazine/how-the-soul-is-sold.html?pagewanted=4), accessed July 9, 2015.

48 榮格（CG Jung）, Volume 8: The Collected Works, *The Structure and Dynamics of the Psyche*, 由 RFC Hull, Routledge & Kegan Paul 翻譯（London: 1960）, 第 772 段。

49 引靈人（Psychopomp））一般意指引領或護送靈魂前往陰間的人。

以世代來說，凱龍星因其回歸而得到高度重視，但冥王星卻會以更加個人的方式顯示其極度的重要性。在這些年，冥王星來來回回的跨越其上升點，這是強烈與「展露」有關的占星意象，並將本命盤中可能的轉化性想法及信念帶入日常生活中。星盤的主人會因而得到力量，或至少力量的形象會與此人一致。非常重要的是木星、土星、凱龍星、天王星及海王星這些行星全部都在巨蟹座／摩羯座軸線上，並與他的太陽及月亮形成相位。在 1990 年的 2 月及 10 月，土星與他摩羯座的月亮形成緊密合相，而在同年 9 月，土星在其月亮所在的一度之內回復順行。他的月亮位於涉及價值及金錢的第二宮，正如我們之前所述，這是一個穩定地奠定新基礎的時期，此行運透過他的房屋及家庭完美地體現出來。在 1991 年，海王星與太陽行成三次的四分相，翌年天王星也與它產生四分相，這三顆同樣位於摩羯座的行星挖掘並轉化了其本身與才華、價值以及金錢的關係。1990 年，當木星則四分相太陽並對分相月亮，凱龍星與月亮產生對分相，這是一生只會發生一次的行運，也是非常需要優先考慮的占星形象，就如同他在 12 至 13 歲時所經歷的一樣。

湯瑪斯．摩爾持續寫作，並在 2014 年出版《自己的宗教》（A Religion of One's Own）一書，這貼切地呼應了他深切自知的主題。尤其此時土星正於其上升點附近徘徊，天王星剛開始與太陽產生對分相，木星再一次與太陽產生四分相並對分相月亮，正如它在兩次循環之前，也就是 1990 年時所發生的一樣。雖然天職永遠都會是不斷燃燒的餘燼，新的土星循環以及天王星與太陽的行運，暗示了湯瑪斯可能會以另一種方式與其職業建立認同感。

其他的職業形象

正如我們在本書中已經探討的，上升點、其守護星、太陽及月亮都是強烈的職業形象，湯瑪斯的個案顯示了這一點，同時，發生在這些位置的重要行運也與關鍵的職業階段同步發生。湯瑪斯的天頂、其守護星水星、以及合相天頂的金星，同樣在湯瑪斯的職業之路上扮演了重要角色。第十宮火星／海王星的合相、以及第九宮的凱龍星／冥王星的合相同樣十分重要。以下是其他我同樣會考量、但尚未放入其故事裡的主題：

太陽天秤座合相北交點

接近太陽的北交點暗示了湯瑪斯是在日蝕季節中出生的，也就是在他出生時前後曾經發生日蝕，此次日蝕發生在湯瑪斯出生前一星期，天秤座 8 度的位置。對於這個每 18 至 19 年發生一次的循環來說，這暗示了可能的敏感性，因此，18 至 19 歲、36 至 38 歲、54 至 57 歲及 72 至 76 歲是職業的重要時期。而發生在 18、37 及 55 歲的月交點回歸同樣也是我們受到神聖提醒自我召喚的時刻，每一個時間點都標示了我們踏進發展自我召喚的全新階段。

太陽做爲父親的原型，落在北交點也暗示著父親、祖父、導師及權威者在他的人生方向中所帶來的影響力，然而，這同樣也讓他在社會上扮演父親的角色。

落在天秤座的北交點位於第十一宮，讓人注意到自己必須有意識的爲了參與社會而努力工作。湯瑪斯的創作潛能可以運用於團體、機構、朋友及同事身上，這些做爲職業藍圖的一部分，暗示著湯瑪斯需要將其創造力及靈性傳播到社會上。然而，這同時也暗示了他會透過與團體合作以及處於團體中找到信心及獨特性，並建立自己的性格。雖然他本能上仍然想當一隻離群索居但充滿創意的狼，命運卻將他召喚出來，讓他與他人分享自我的透徹解析。

職業宮位

第二宮及第六宮宮首均是火元素，而第十宮則是土元素，這顯示了職業領域中直覺及感官此兩者互不相融的元素所形成的張力。但是，湯瑪斯有六顆行星落在土元素，其中五顆都在這些宮位之中：月亮摩羯座落在第二宮，木星及土星在第六宮，金星與海王星則在第十宮，這些原型有助落實他的理想主義及充滿願景的靈魂。紀律、傳統價值、社會上的實用性及界線可以包容理想主義的特質，此一點非常有價值。木星守護第二宮並落在第六宮，火星則守護第六宮並落在第十宮，它們所形成的迴路，促進了這些位置之間的連繫。

第二宮宮首落於射手座，並由金牛座的木星守護，這暗示了湯瑪斯重視在俗世的眞實人生之前的哲學、願景、道德以及各種可能性，他對於金錢並不感興趣，除非它被賦予哲學概念或是可以交換教育、旅行或學習、能夠帶來提升意義的產品。正如之前所述，收入可以從教育或出版業而來，有趣的是當湯瑪斯於出版業中表現甚佳的時候，冥王星與他的第二宮守護星木星產生了對分相，冥王星代表「財富」的神話之神，木星則帶來豐饒，土星、天王星及海王星當時皆在第二宮行運，土星則在月亮的位置，焦點會落於如何以有意義的方式讓事業穩定。

第六宮宮首落於牡羊座，其守護星火星落在第十宮天秤座，雖然湯瑪斯的星盤火元素能量很低，它卻出現於與日常生活相關的第六宮宮首。因此，雖然這可能並不是他的原本性格，但他的工作卻能夠具有流動性、創業精神及獨立，當他能夠按自己的步調工作，往往會帶來最好的效果。他需要專注於體力活動、流動性、以及日常步伐及活動的改變，這些重要的日常儀式能夠讓他感覺安康。

正如之前所討論，天頂落於處女座並且金星合相天頂，在星盤中扮演了突出的角色。以神聖的日常生活（處女座）爲鏡去觀察美感、對稱、情色、愛及個人價值（金星）會是他天職之路中一個令人喜愛又歷久不衰的主題。

李歐納．柯恩：職業的面向

李歐納（Leonard Cohen）出生於 1934 年 9 月 21 日加拿大．蒙特婁（Canada Montreal），上午 6 時 45 分的出生時間是根據記載[50]或印象所及而來[51]。然而，我經常會懷疑這些紀載及印象就如

50 西爾維．西蒙斯（Sylvie Simmons）：《我是你的男人：李歐納．柯恩傳》（I'm Your Man: The Life of Leonard Cohen）中文版由時報出版社出版，Harper Collins Publishers（New York, NY: 2013）, 4.

51 洛伊斯．羅丹（Lois Rodden）的占星資料庫 (Astro Databank) 目前由 astro.com 收錄，這資料庫將此星盤評級爲 A。www.astro.com/astro-databank

同李歐納本人一樣被浪漫化了，因爲這時間剛好是日出的時間[52]。

當我們回頭看，這個形象讓人想起李歐納一生中多次的重生，在某種程度上象徵了他首先在一個傑出、尊貴的猶太人家庭裡出生，並擁有一個值得引以爲傲的父系家族背景，就像黎明一樣繼承了一個富有的傳統，而他會如何用其一生去運用這嶄新的一天呢？

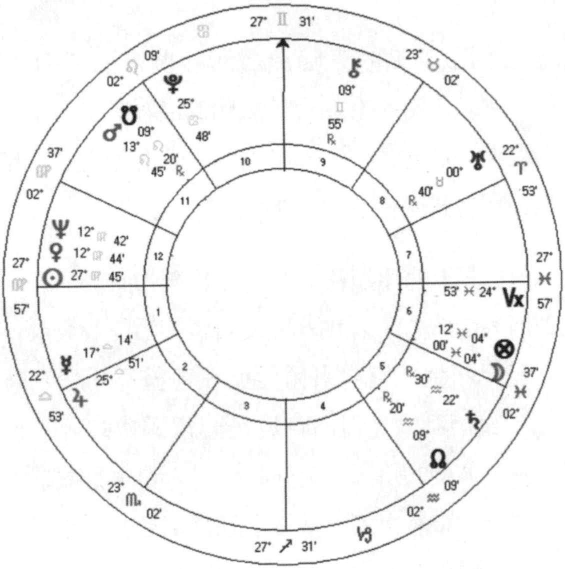

李歐納．柯恩 1934 年 9 月 21 日早上 6 點 45 分生於加拿大．蒙特婁。

李歐納來自一個非常具宗教色彩的傳統家庭，他的母親是一名猶太教祭司（rabbi）的女兒，祖父在立陶宛一所猶太教祭司的學校中任教，位於天底的射手座由第二宮的木星守護，相當符合一個

52 約翰．埃瑟林頓（John Etherington）所撰寫的一篇關於柯恩的文章：Leonard Cohen's Secret Chart for *Apollon*, Issue 1, CPA （London: 1998）. 這文章現於他們的網站中提供閱覽：www.cpalondon.com/Issue%20One.pdf /.

建立猶太教堂並創立報紙的家庭[53]。這種遺贈會透過李歐納個人的宗教追求及包括詩作、小說及歌曲的各式出版品而找到自我表達的機會。宗教意象以隱晦獨特的方式轉移至他的文字及歌詞中。回到他的星盤，在專注於星盤中的一個相位——海王星／金星在第十二宮的合相——之前，讓我們先分析他星盤中主要的職業主題。

天職的因素

首先，合相上升點的太陽象徵了一個富生命力及魅力的人格，當人們感到寒冷時，自然會被太陽的溫暖吸引，這暗喻著他天生就有能力溫暖周遭的人，它同時暗示著富有魅力的人格基礎，同時是一種具創作力和原創性的人生觀。

北交點位於第五宮水瓶座，此宮是太陽本身的宮位，在那裡我們可以找到個人創造力、自我表述及表現的潛能及發展。當北交點在水瓶座，暗示了他的路會引領他前往各種不同的方向，其中有一些是反叛、反體制的，但同時也是非常獨特的。這將會是非傳統、有時甚至是孤獨的路，但這同時也是一條與群體的心一起跳動之路。它的傳統守護星土星也落於第五宮水瓶座，土星守護自己的星座，這造就了他用一種紀律、自信的態度去看待自己的創作，在其高峰掌握創作形式，在其低點則是一條緩慢並充滿挑戰性的攀爬之路。

南交點位於獅子座，那是太陽的星座，因此，太陽的能量會以多種方式繁複的織入其職業的藍圖中。同樣在獅子座的火星位於南交點，在其人生及歌曲中持續強烈認同戰士／士兵的形象，他其中

53 西爾維．西蒙斯：《我是你的男人：李歐納柯恩傳》。

一張專輯名爲《戰場指揮官柯恩》（Field Commander Cohen），無論是以色列還是古巴的士兵，他都著迷於戰爭及暴力。他跟《曲折雜誌》（ZigZag）的記者說：「戰爭很美妙」[54]，又跟另一名記者說自己「對暴力深感興趣」[55]，李歐納以下的童年故事概括了靈魂裡的這個古老形象：他的父親在第一次世界大戰時是一名軍官，他仍然把自己的戰槍放置於床旁的衣櫥裡，當時還是小男孩的李歐納偷偷溜進父親的房間，從衣櫥裡拿出戰槍，用他的小手把玩，並「渾身打顫，震懾於它的重量以及冰冷的金屬觸及皮膚的感覺」[56]。這就是靈魂的強大形象，其本質推動我們去探索生命的禁忌及界線。位於南交點的火星會翻攪深入蘊藏的形象，然後這些會在職業中尋求表述，當他以覺知的方式榮耀並且引導它們，它們就不再是暴力或戰爭的驅力，而是富挑戰性、令人信服的驅動力。火星在龍尾的位置，使李歐納找到了足夠的男性性慾能量，這可以從他的寫作、歌曲及人生中得到證實。

水星是李歐納上升點及天頂的守護星，它與木星形成寬鬆的合相，木星守護星盤其他兩個軸角——天底及下降點。水星及木星這兩個原型都對學習、思考及概念化感到興趣，但當它們結合在一起時，關心的是具有意義的構想、跨文化概念、具願景的理想以及深奧的見解，它們守護了主導人生方向的四個軸角。水星做爲天頂及上升的守護星，透過公眾及個人角色尋求表達；位於第二宮的木星與第十宮的冥王星形成四分相，水星也同時參與了這個相位，賦予其想法及語言的表達廣度及深度，而這也正是李歐納的寫作特色。

54 自西爾維・西蒙斯：《我是你的男人：李歐納柯恩傳》中所引用的訪問，記者爲羅賓・派克（Robin Pike），《曲折雜誌》（ZigZag）1974 年 10 月號。
55 唐納德・布里廷（Donald Brittain）及唐・奧文（Don Owen）在 1965 年所拍攝的紀錄片《各位先生女士，這是李歐納・柯恩》（Ladies and Gentlemen….Mr. Leonard Cohen）於西爾維・西蒙斯的《我是你的男人：柯恩傳》中被引用。
56 西爾維・西蒙斯：《我是你的男人：李歐納柯恩傳》。

落於第六宮雙魚座的月亮與木星、冥王星一樣落於職業宮位，爲他的日常生活帶來光芒，由於他與母親和姊姊之間的關係使他的日常生活一直都相當穩定。月亮做爲日常生活的象徵，落入雙魚座意在尋求每天的一些靈感、創意及無以名之的狀態。在某程度上這符合了創作生活的需要，因爲安全感可以藉由生命節奏、卻也不確定的潮汐流動所帶來的本能理解所維持。女性以滋養者、情人、靈感女神及竊賊的樣子在李歐納的人生中扮演了重要的角色，並成爲他人生中大部分作品中的創作靈感。他敬愛的母親在 1978 年初去世，他的另一半、也就是他的孩子們的母親於同年年底離開了他。當年，他發表《牡丹花下死》（Death of a Lady's Man）一書，土星當時進入他的第十二宮並與月亮形成對分相，從許多方面來說，做爲一名有女人緣的男人爲李歐納的作品帶來了豐富情緒、強烈的感受及敏感性。

雖然第二宮及第十宮的宮首屬於風元素，第六宮的宮首卻是水元素，正如之前所述，這種組合是困難的，因爲風元素尋求獨立，水元素卻想要結合在一起，智慧及感受同時成爲了職業領域的強烈特色。第六宮的月亮雙魚支持了具想像力的工作，而第二宮的天秤座木星則在具哲學性的理想之中尋求價值。巨蟹座的冥王星位於第十宮而且被截奪，並由第六宮的月亮守護，當職業宮位中的行星們能夠找到統一的聲音，它們的鍊金術產生令人難忘、激動人心的意象及文字。

水星做爲天頂及上升星座守護星是一個強大的指引，它顯示出李歐納如何受到感召並成爲一名作家、具深度及能夠引起共鳴的說故事高手。然而，他的創作卻是融合了既苦又甜的歌詞、令人神傷的旋律及情感豐富的詩作。星盤中強烈的面向道出了這一點，並指出當我們考量一個人的職業時，行星原型的強大結盟也需要被納入考量。

職業的一種面向：李歐納的金星／海王星合相

抒情詩，藝術表達，美感及交織在音樂裡的情事都是第十二宮的金星／海王星合相所帶來的遺贈，一種熱情及悲傷、奉獻及逃避、犧牲與冀盼，還有愛情中所交織的苦樂參半[57]，皆被重新複製在他的歌詞及情人身上。這個合相呼應李歐納整體的藝術、靈性及豐富性，在如海一般的十二宮中，其潮汐在幻想、瞞騙、浪漫、荒涼、以及對於無法企及的渴望中將此合相沖上岸，詩作及音樂成爲一種表達工具，發出無形卻令人難以忘懷的靈魂之聲。

李歐納．柯恩十五歲時，機會女神在他家鄉蒙特婁的一家二手書店中向他招手，在店裡數之不盡的藏書中，他找到了一本由西班牙詩人費德里戈．加西亞．洛爾卡（Federico Garcia Lorca）所著的詩集，並從中得知西班牙文 duende 一字，意指「地上的精靈」。這些精靈會抓住藝術家，讓他們面對生死的威脅，並啓發他們創造出熱情的「黑色之聲」[58]。而被附身的不止藝術家本人，也包括其觀眾。李歐納第十二宮內的金星／海王星合相代表了靈魂及想像力的深度，呼應了洛爾卡的詩作。土星在那一年來回三次經過這個富有創造力的十二宮組合，賦予李歐納生命的此形象形體及正當

57 〈愛情本身〉（Love Itself）是柯恩眾多的音樂詩作中其中一篇的標題，它捕捉了第十二宮結合的原型精粹，詳見李歐納．柯恩的《渴望之書》《Book of Longing》一書，"Love Itself", *Book of Longing*, Penguin (London: 2007), 54.

58 這是洛爾卡自我的表達方式，詳見費德里戈．加西亞．洛爾卡（ederico Garcia Lorca）, In Search of Duende, New Directions（New York, NY: 2010），關於里爾．萊博維茨（Liel Leibovitz）對於精靈（duende）的描述，詳見 *A Broken Hallelujah*, W.W. Norton & Company（New York, NY: 2014）, 54.

性，在往後的人生中，土星還會兩度行運經過這一宮，每次都會使他與此名爲 duende 的精靈產生更強大的連結。

除了在雙魚座的月亮外，金星／海王星合相也蘊含著強烈的女性靈魂，它具創造及靈性的本質，是一種繆思以及內在指引。對於男性來說，在其人生第一階段的靈感女神一般會投射到女性身上，這些女性往往是飄渺迷人的，根據榮格的術語，這是李歐納的阿尼瑪（anima），它非常精確地呈現星盤中金星／海王星的形象。女性的繆思是其事業的主要角色，這啓發、打擊並協助他透過詩及歌曲去表達其神聖面，這是由洛爾卡的詩作所激發的第十二宮合相的鮮明證據。

某些柯恩的致命繆思曾經被引用爲歌名，另一些則沒有，當中最廣爲人知應是蘇珊娜（Suzanne）。她是一位波希米亞舞者，就像歌曲所述，她利用從聖母街（Rue Notre Dame）救世軍店舖中買回來的二手布料設計自己的吉卜賽服飾，蘇珊娜居住靠近聖勞倫斯河（St. Lawrence River）的蒙特婁舊城區，當李歐納拜訪她時，在她拿出從唐人街買的茶及橘子招呼他之前，便已喚起詩之精靈[59]。蘇珊娜體現了李歐納內在的女性面向，最終就是他內在那個有點瘋狂的吉卜賽舞者。雖然在歌詞中二人相當親密，但在現實中卻從未實現，蘇珊娜是他早期揉和愛情及幻想的體現，而這也是他的歌詞及詩作中常見的主題。〈蘇珊娜〉這首歌同時也是一個轉捩點，標示了他將寫作重心從詩作轉移至歌曲創作，當海王星如此強烈時，往往會以他無法想像的方式、並透過女性爲媒介而完成。

《蘇珊娜》是一首於 1966 年發表的詩作，同年由茱蒂．柯琳

---

59 西爾維．西蒙（Sylvie Simmons）：《我是你的男人：李歐納柯恩傳》, 124-7.

斯（Judy Collins）錄製成歌曲，歌詞第一節以富詩意的敘述記錄了李歐納在 1955 年夏天與蘇珊娜共度的時光。那是天王星及冥王星三次合相在處女座中的第一次合相之前，當時冥王星已經順行，也已經在前兩年挖掘他的金星／海王星合相。天王星也同樣正在順行，並最後一次行運此合相。逆行中的土星則正在對分相當中，從 1966 年開始，土星開始從上升點升起至下降點並與太陽產生對分相，李歐納也開始建立自我的認同。

諷刺的是，李歐納的伴侶，也就是他孩子的母親同樣也叫蘇珊娜，但她不是啓發這首歌的靈感女神，甚至連預感都談不上，但是此私人主題與原型主題糾纏在一起。當李歐納的母親離世之後，他倆也分開了，那是土星再次來到他第十二宮，並與他的金星／海王星合相擦身而過的時候。就像他第一次遇到洛爾卡及他的詩之精靈的時候一樣，愛情及悲慟、空虛及愁苦、失去及創造力的內心感受，皆與內在繆思的哀悼糾纏在一起。

1967 年是「愛之夏」（Summer of Love）發生的那一年，茱蒂．柯琳斯當時正於紐波特民歌音樂節（Newport Folk Festival）籌辦工作坊，而李歐納也將會出席及表演。做爲作家、詩人及詞曲創作者，他此時即將以歌手的身分現身。當時另一位工作坊成員是瓊妮．米歇爾（Joni Mitchell），瓊妮與李歐納一樣，當時也正處於即將成名的階段，在 1967 年 7 月 16 日當天，二人的人生在此音樂節上交匯而成爲情侶。李歐納帶她前往蒙特婁，並前往他在切爾西飯店（Chelsea Hotel） 的房間。瓊妮同樣有金星／海王星的合相，她的合相位於處女座 28 度 29 分，覆蓋了李歐納的太陽／上升點合相的相位，而她的月亮雙魚座則精準的在他的宿命點（Vertex）上，相當接近他的下降點。這強調了此命運連結的詩意，同樣來自加拿大的二人、月亮同樣落在雙魚座，共同分享那名爲 duende 的精靈。李歐納第一次成爲別人的音樂歌詞靈感，並出現在米歇爾的歌曲中，其中包括了「半途之歌」（That Song about the Midway）、「一整箱的你」（A Case of You）以及「雨夜之屋」（Rainy Night House）[60]。海王星善於變換形體，現在李歐納成爲了他人的繆思，讓人想起繆思正是他本人的一部分。

「女性神聖面與性慾面」這主題反覆出現在李歐納的詩作及歌詞中，有時分裂有時融合，這是金星／海王星相位的另一症狀。但在「切爾西飯店」（Chelsea Hotel）一曲中，他的性伴侶不再擁有天使的光環，李歐納曾說珍妮絲．賈普林（Janis Joplin）正是這首歌中與他發生一夜情的人，容易到手而且享受肉慾的她並沒有反映出李歐納金星／海王星合相中的神聖一面。李歐納在 1994 年爲自己輕率地公開珍妮絲的名字一事致歉，但那只是對鬼魂道歉而已，珍妮絲在 1970 年 10 月 24 日離世，當時冥王星緊密地落於李歐納的太陽／上升點合相上。

同年，也就是 1994 年，凱龍星行運經過他的金星／海王星合相，對於宗教上的追尋引領他接觸佛教，在 1994 年之前他就已經在貧脊之山（Mount Baldy）上的一家禪學修道院中居住過。當他居住在第十二宮的環境中，他反省自己對單戀的執迷，以及無法回應他人的愛的無助感，透過自我分析，他認爲背後的原因是由於虛構的分離感[61]。他擅於將虛構的情節編織到自己的個人生活及歌曲中，他的靈感女神只有在遙不可及時才顯得神聖，但也無法在肉體之中持續，這正是他在許多歌曲中所表達的兩難，例如：「我渴望

60 所有歌曲都由瓊妮．米歇爾撰寫，版權亦歸她所有，詳見 www.jonimitchell.com。

61 西爾維．西蒙斯（Sylvie Simmons）：《我是你的男人：李歐納柯恩傳》, 413.

愛和光，但它是否一定要這樣殘酷、這樣耀眼呢」[62]。金星／海王星的相位可能會害怕因爲失去愛情或沉溺於海洋的感覺而遭到抹滅，這種想像或虛構的失去重複在每次的相遇中，而令人感覺到其眞實性，從愛情生活過渡至修行生活的這段期間，他開始注意到他的音樂早已道出一切的事實。

在進入寺廟修行之前，他與女演員瑞貝卡·德·莫妮（Rebecca de Mornay）五年的關係已經轉淡，瑞貝卡有四顆行星位於處女座，並落入李歐納的第十二宮，二人的金星同樣是處女座，她的火星也與他的太陽／上升點產生合相，因此，她是另一位適合他的靈感女神。反諷的是，他記得曾經在英格蘭一所寄宿學校中與她見過面，當時她只有六歲，而他已經 30 出頭，當時在她的學校開演唱會。多年之後，當瑞貝卡問李歐納爲什麼可以記得 20 多年前的自己，他說：「這是因爲妳的光芒。」[63] 這裡的光芒所指的並非雙眼所見或理性的回憶，而是因爲記憶是屬於靈魂的。

修行的生活賦予李歐納機會以另一種方式去表達金星／海王星合相。然而，就在靈性變得富足的同時，他的財務資源卻漸漸被榨乾；就在他的精神價值變得富裕時，他的財富卻消失了。當李歐納離開修道院並重新回到俗世時，最終得知他的經紀人凱莉·林奇（Kelly Lynch），也就是他的前任情人、朋友及助理已經花光了他的存款，愛情及竊盜同樣可以歸因金星／海王星合相，因爲此相位的財務難以用物質的方式去賦予價值。當然，其中眞的可能出現瞞騙及虧損，但同樣地也有可能出現魔法及救贖。

62 歌詞來自李歐納·柯恩《聖女貞德》（Joan of Arc）一曲 © Leonard Cohen Stranger Music Inc., Sony Music Inc.

63 西爾維·西蒙斯（Sylvie Simmons）：《我是你的男人：李歐納·柯恩傳》。

爲了再次打好財務基礎，這名竊賊促使李歐納重新回到鎂光燈下，當時已經七十歲的他雖然被偷光了畢生積蓄，但他仍然有其表演的天職及召喚。在 2008 年 5 月 11 日晚上 8 時 05 分，事隔十四年，他再度踏上加拿大弗雷德里克頓（Fredericton）的舞台中心，展開爲期近三年的世界巡迴演唱會。這次巡迴不會有任何藥物，也不會有任何幫助逃避的酒精或香煙，他會依賴自己此時已經知道的眞相：他無法指揮音樂，他便是樂器本身，那個發現精靈的 15 歲男孩仍然活在李歐納的血液中。

當他出場時，台下歡聲雷動，在當時的天空中，金星正在落下，海王星則已經來到子午圈的下方。行運土星再次來到第十二宮的宮首，在這次巡迴演唱中，它會第三次在李歐納的第十二宮行運，喚起第一次在此與精靈的相遇，以及第二次行運時他開始知道阿尼瑪的繆思正是自己的靈魂，而不是外在的女性，第三次則是這一刻。貧窮但內在富有的他緊張地唱起了寫給金星 / 海王星合相的頌歌：「讓我們伴隨著那燃燒的小提琴，爲了你的美麗而起舞[64]。」這次巡迴的評價被喻爲一次嬉皮談情說愛的集會、宗教儀式、教宗的來訪。那精靈藉由李歐納而舞動，並向他的觀眾施以魔法，李歐納是其媒介，而非受害者。

李歐納不但補償了自己所失去的，而且在新的地方、以新的方式得到掌聲及讚賞。他的金星 / 海王星合相的和弦找到了另一個音階，靈感女神也再次環繞太陽起舞。

64 歌詞來自李歐納．柯恩《與我共舞直到愛的盡頭》（Dance Me to the End of Love）一曲。Sony/ATV Songs LLC, Stranger Music Inc.

在光束之中，我清晰地看到了
你鮮少看見的塵埃
它們創造自那無以名狀的存在
那是一個賦予如我這般人的名字

我會嘗試再多說一點
愛情會一直一直繼續
直到它來到了一扇敞開的大門之前——
然後愛情就會離開

於陽光之下的各種忙碌
微粒浮動起舞
我在其中跌撞成長
於無形的氛圍之中[65]

65 詳見〈愛情本身〉，取自 *Book of Longing*, 54.

附錄一
行星及星座所呼應的職業

試從職業及事業爲出發點去考量以下的行星及星座，你可以將所想到的職業加入此表格之中，研究這些職業人士的星盤，並思考哪些行星原型影響了他們的職業選擇。

注意：這只是一般性的聯想，行星落於第十宮的名人案例來自於占星軟體「太陽火」第八版（Solar Fire Version 8），請留意，我盡量使用來自傳記或出生證明的資料，但這些相關資料不一定完全準確。

火星／牡羊座	金星／金牛座	水星／雙子座
航空業	會計	廣告業
急救工作	建築師	古董書商
軍事組織	造船	視聽產業
軍人	釀酒師	快遞
體育運動，教練	建築工	音樂播放人
屠夫	糖果業	司機
輔導訓練	裝修工	筆跡學家
建築業	農夫	插畫家
舞者	金融	新聞從業人員
電機工程師	財務顧問	講師
電工	園丁	出版經理人
電子業	雜貨商	媒體
工程師	園藝	報販
探險家	保險	郵局
消防隊員	市場經理	廣告宣傳
健身教練	按摩師	記者
海軍	音樂家	零售商
冶金學家	護理人員	銷售員
修車技工	有機農業	教師
國防	畫家	電訊業
醫務人員	陶藝家	接線生
警察	餐廳老闆	旅遊作家
專業運動員	歌手	作家
保全人員及保全業	室內裝飾	青年工作者
自行創業	酒商	
工會	______	______
商人	______	______

火星落在第十宮	金星落在第十宮	水星落在第十宮
布魯斯．詹納 （Bruce Jenner） （現改名凱特琳．詹納） （Caitlyn Jenner） 賈桂琳．甘迺 （Jacqueline Kennedy Onassis） 珍妮絲．賈普林 （Janis Joplin） 吉米．罕醉克斯 （Jimi Hendrix） O. J. 辛普森 （O. J. Simpson）	湯姆．漢克斯 （Tom Hanks） 胡利奧．伊格萊西亞斯 （Julio Iglesias） 妮可．基嫚 （Nicole Kidman） 邁克．洛夫 （Mike Love） 鄔瑪．舒曼 （Uma Thurman）	菲爾．唐納修 （Phil Donahue） 大衛．弗羅斯特 （David Frost） 埃麗卡．容 （Erica Jong） 賴瑞．金 （Larry King） 維吉尼亞．吳爾芙 （Virginia Woolf）

月亮／巨蟹座	太陽／獅子座	水星／處女座
古董	演員	會計
酒席業	廣告業	針灸師
廚師	藝術教師	藝術及手工藝老師
兒童教育	商業管理	書商
保育人士	兒童輔導員	臨床心理學家
輔導員	兒童娛樂或休閒	文案
娃娃製造商	兒童及教育玩具	手工藝
家事服務	童裝	評論
居家護理	化妝	營養師
家庭計劃	創意作品	裁縫及設計師
傢俱維修	設計	經濟學家
族譜專家	展覽諮商	編輯
婦科醫生	時裝業	電影剪輯
歷史學家	領班	健康俱樂部
家居設計	酒店管理	順勢療法治療師
家政學	珠寶商	園藝
幼稚園教師	經理	工業分析
助產士	模特兒	景觀設計
保母	房地產開發	圖書館管理員
護理	零售	文學評論
產科醫生	劇場工作	數學家
兒科醫生	劇場經理	微生物學家
房地產	____	自然療法治療師
餐飲業	____	有機食物
銀匠	____	私人助理
____	____	物理治療師
____	____	精神病護理
____	____	科學家
____	____	社工
____	____	獸醫學

月亮落在第十宮	太陽落在第十宮	水星落在第十宮
科特·柯本 （Kurt Cobain）	MC 哈默 （M.C. Hammer）	比爾·克林頓 （Bill Clinton）
泰德·透納 （Ted Turner）	保羅·麥卡尼 （Paul McCartney）	蔣介石
查理斯王子 （Prince Charles）	瑪麗蓮夢露 （Marilyn Monroe）	羅伯特·路易斯·史蒂文森 （Robert Louis Stevenson）
比爾·蓋茲 （Bill Gates）	吉姆·莫里森 （Jim Morrison）	愛因斯坦 （Albert Einstein）
南茜·雷根 （Nancy Reagan）	奧斯卡·皮斯托利斯 （Oscar Pistorius）	羅賓·威廉斯 （Robin Williams）

土星／摩羯座	天王星／水瓶座	海王星／雙魚座
會計	航空業	護理專業
建築	另類療法	先知
檔案管理員	占星學	輔導員
武裝部隊	天文學	舞者
建造業	生物學家	跳水、潛水員
公務員	大眾傳播	戒毒康復及輔導
運輸	社區工作	時裝業
牙醫	電腦科技	電影業
工程	電工	傢俱設計
園藝	工程師	老人護理
地質學家	人道主義工作	醫院工作
政府工作	資訊科技	魔術師
醫科專業	網路工作	化妝師
礦物學家	發明家	音樂家
採礦業	醫學研究	海軍
登山員	形上學	護理
整形外科	氣象學家	畫家
政治	新時代的職業	攝影
科學家	政治學	牧師
股票交易	心理學	道具設計
股票經紀	放射治療師	社工
石匠	唱片業	福利
教師	搖滾樂手	酒商
城市規劃	科幻小說作家	街友或身障人士輔導
工會成員	科學家	＿＿＿＿＿＿
＿＿＿＿＿＿	電視工程師	＿＿＿＿＿＿
＿＿＿＿＿＿	＿＿＿＿＿＿	＿＿＿＿＿＿
＿＿＿＿＿＿	＿＿＿＿＿＿	＿＿＿＿＿＿

土星落在第十宮	天王星落在第十宮	海王星落在第十宮
穆罕默德・阿里（Muhammad Ali） 馬歇爾・艾普爾懷特（Marshall Applewaite） 麥爾坎・X（Malcolm X） 李・哈維・奧斯華（Lee Harvey Oswald） 約翰・埃德加・胡佛（John Edgar Hoover）	艾爾頓・強（Elton John） 卡爾・馬克思（Karl Marx） 菲德爾・卡斯楚（Fidel Castro） 亨利・季辛吉（Henry Kissinger） 米開朗基羅（Michelangelo）	麥可・赫金斯（Michael Hutchence） 戴安娜王妃（Princess Diana） 華德迪士尼（Walt Disney） 約翰・甘迺迪（John F. Kennedy） 葛麗絲・凱莉（Grace Kelly）

金星／天秤座	冥王星／天蠍座	木星／射手座
大使	人類學	冒險嚮導
藝術館館長	考古學	律師
藝術治療師	銀行	法律顧問
美容師	大企業	書商
社區關係	整形	指導
化妝	深海漁業	教育家
客戶服務	偵探	駐國外記者
設計師	辯論	國外服務／貿易
外交人員	殯葬業	嚮導
時尚採購	地質學家	分析員／翻譯員
精緻瓷器	婦科醫生	新聞工作者
花商	紀實新聞從業者	裁判
禮品	採礦	語言老師
髮型師	病理學家	法官
招待	水管工	印刷商
飯店業	警察	協議
室內裝潢	監獄管理者	出版商
景觀設計	房地產開發	騎術教練
律師	心理分析師	銷售員
女帽及頭飾	心理學家	推銷員
造型／模特兒業	調查	太空工業
香水業（芳療）	研究員	運動用品
人事管理	科學研究員及分析師	運動
人事工作	外科醫生	法律
製陶	稅務專家	旅遊業
接待員	——	大學講師
婚禮顧問	——	——
——	——	——
——	——	——
——	——	——

金星落在第十宮	冥王星落在第十宮	木星落在第十宮
莎拉・弗格森	泰勒絲（Taylor Swift）	賈伯斯（Steve Jobs）
（Sarah Ferguson）	海明威	金・卡達夏
克里斯丁・基勒	（Ernest Hemingway）	（Kim Kardashian）
（Christine Keeler）	阿嘉莎・克莉絲蒂	羅伯特・甘迺迪
碧姬・芭杜	（Agatha Christie）	（Robert Kennedy）
（Brigitte Bardot）	休・海夫納	日本佳子公主
傑恩・曼斯菲爾德	（Hugh Hefner）	歐普拉・溫芙蕾
（Jayne Mansfield）	梵谷	（Oprah Winfrey）
傑克・尼克遜	（Vincent Van Gogh）	
（Jack Nicholson）		

附錄二
凱龍星循環

下表列出了本命盤中凱龍星落於不同星座的人們大約在經歷危機點的年齡，例如，凱龍星位於牡羊座的人，分別會在其 16 ½ 歲及 19 ¾ 歲時，行運凱龍星會與本命盤的凱龍星形成上弦四分相。

本命凱龍星的星座	第一次上弦四分相		對分相		最後一次下弦四分相	
	年	月	年	月	年	月
牡羊座 ♈	16	6	20	2	28	4
	19	9	26	11	33	1
金牛座 ♉	9	10	15	3	26	10
	14	20	20	2	28	4
雙子座 ♊	7	2	13	4	26	10
	9	10	15	3	30	3
巨蟹座 ♋	5	9	12	8	30	3
	7	2	13	10	35	6
獅子座 ♌	5	1	13	10	35	6
	5	9	17	1	40	2
處女座 ♍	5	5	17	1	40	2
	6	3	23	1	42	10
天秤座 ♎	6	3	23	1	42	10
	8	1	29	9	44	3
天蠍座 ♏	8	1	29	9	44	0
	11	8	34	9	44	6

射手座 ♐	11	8	34	9	43	9
	16	10	36	7	44	6
摩羯座 ♑	16	10	36	1	41	10
	21	8	37	0	43	9
水瓶座 ♒	21	8	32	10	38	4
	23	1	36	1	41	10
雙魚座 ♓	19	9	26	11	33	1
	23	1	32	10	38	4

請注意，上表只列出凱龍星與其本命盤位置形成相位的大約年紀，由於其軌道及逆行的不規則性，因此這些年紀可能會有些出入。

附錄三
每個世代的行運冥王星四分相本命冥王星

冥王星公轉周期歷時 248 年，它讓每個世代的人在不同時間經歷上弦四分相，少數世代甚至可能會經歷對分相。以下是這些相位發生時間的約略指南，但如果你想知道自己個人冥王星四分相或對分相的準確時間，請查閱星曆，以下只列出大約的年紀。

冥王星在 ♈ 的世代會在此年紀之間經歷上弦四分相：　86 – 91 歲
冥王星在 ♉ 的世代會在此年紀之間經歷上弦四分相：　74 – 86 歲
冥王星在 ♊ 的世代會在此年紀之間經歷上弦四分相：　58 – 74 歲
冥王星在 ♋ 的世代會在此年紀之間經歷上弦四分相：　46 – 58 歲
冥王星在 ♌ 的世代會在此年紀之間經歷上弦四分相：　39 – 46 歲
冥王星在 ♍ 的世代會在此年紀之間經歷上弦四分相：　35 – 39 歲
冥王星在 ♎ 的世代會在此年紀之間經歷上弦四分相：　36 – 42 歲
冥王星在 ♏ 的世代會在此年紀之間經歷上弦四分相：　42 – 50 歲
冥王星在 ♐ 的世代會在此年紀之間經歷上弦四分相：　50 – 60 歲
冥王星在 ♑ 的世代會在此年紀之間經歷上弦四分相：　60 – 73 歲
冥王星在 ♒ 的世代會在此年紀之間經歷上弦四分相：　73 – 85 歲
冥王星在 ♓ 的世代會在此年紀之間經歷上弦四分相：　85 – 91 歲

附錄四之一
生命及創造的宮位：第一宮學習單

我們遇見生命的方式通常是由上升點及第一宮顯示。

——霍華・薩司波塔斯（Howard Sasportas）《占星十二宮位研究》（The Twelve Houses）

__________星座落在我的第一宮宮首（上升點），這星座象徵了我走進生命的經歷、顯而易見的人格特徵，以及我用來檢視人生的窗口，爲了要使我能夠成功地完成職業追求的任務，我需要運用：

（使用宮首星座的關鍵字）

這星座暗示了我獨特的個性、我遇見生命的方式，以及我如何以可見的方式體現這些能量，這星座就像是我生命力的導體，它在我的自我認同上扮演了重要角色。我需要體現及認同哪些能量，才能讓自己充滿活力呢？

（使用宮首星座的關鍵字）

上升星座的守護星是＿＿＿＿＿，在傳統上此行星被認爲是星盤的守護星，這行星的位置顯示了我會如何賦予生命能量、以及可以運用哪些額外資源，才能夠終生支持及引導我的人格。該守護星在＿＿＿＿＿（星座），＿＿＿＿＿（宮位）。

我的守護星會如何接觸生命的這個領域？藉著接觸該行星所代表的自我，我們會找到什麼能量？

我們會在人格發展過程以及透過個人的互動而遇見第一宮行星，這些能量體現在我的人格面具、防衛機制、身體的生命力以及我表達自己的方式。我需要表現哪些衝動，並且整合至我的個性及表達方式中？我如何善加運用這些特質以利於畢生的職業生涯？我所體驗的第一宮能量：

（同時思考行星正常及異常的表達方式）

我可能會在哪裡找到更深層、更具靈魂性、並與第一宮的行星產生共鳴的特質？

附錄四之二
生命及創造的宮位：第五宮學習單

第五宮的「情事」是我們在家庭領域以外，初次與他人建立關係的體驗。

——布萊恩·克拉克（Brian Clark）《手足占星》（The Sibling Constellation）

＿＿＿＿＿星座落於我的第五宮宮首，這星座象徵了我天生的創意表達，也同時暗示了我運用自發性及玩樂態度去表達及獲得生命力的方式，爲了以更自然、更具創意的方式表達，我需要理解：

＿＿＿＿＿＿＿＿＿＿＿＿＿＿＿＿＿＿＿＿＿＿＿＿＿＿＿＿＿＿

＿＿＿＿＿＿＿＿＿＿＿＿＿＿＿＿＿＿＿＿＿＿＿＿＿＿＿＿＿＿

＿＿＿＿＿＿＿＿＿＿＿＿＿＿＿＿＿＿＿＿＿＿＿＿＿＿＿＿＿＿

＿＿＿＿＿＿＿＿＿＿＿＿＿＿＿＿＿＿＿＿＿＿＿＿＿＿＿＿＿＿

（使用宮首星座的關鍵字）

這星座暗示了我與創意及自我表達之間的關係如何，第五宮宮首位於原生家庭及英雄探索之間的轉捩點——離開家庭時的狀況如何？你能夠安心地在家庭範圍以外建立依附及人際關係嗎？你如何發展獨特的表達方式？

（使用宮首星座的關鍵字）

第五宮星座的守護星是＿＿＿＿＿，這行星在星盤中的位置顯示了我會如何賦予生命此領域能量、我可以運用哪些資源，藉以表現富創造性的自我。該守護星在＿＿＿＿＿（星座），＿＿＿＿＿（宮位）。

這顆守護星會如何幫助我們接觸生命的此領域？此行星表現出什麼能量能讓人更具創意、更具表達力呢？

我們會透過創意及表達的經驗遇見第五宮的行星，無論是第五宮所代表的子女還是個人創作上的努力成果，這些能量需要冒險去表達自我，並找出適當的管道去表現積極人生中的喜樂及愉悅。以下行星象徵了我如何重新建立自我、如何更英雄式的踏上我的職業之旅：

（同時思考行星正常及異常的表達方式）

我可能會在哪裡找到更深層、更具靈魂性、並與第五宮的行星產生共鳴的特質？

附錄四之三
生命及創造的宮位：第九宮學習單

第九宮同樣代表了你畢生努力去尋找你所相信的世界，無論那是神、人或是生命。

——唐娜・坎寧安（Donna Cunningham）《自我意識之占星手冊》（An Astrological Guide to Self Awareness）

________星座落於我的第九宮宮首，這星座象徵了我如何冒險走進生命，以擴張我的視野及增廣我的知識，宮首星座描述了我需要如何找出自己的信念、發展個人的倫理、道德及人文價值：

（使用宮首星座的關鍵字）

這一宮的宮首暗示了自我教育的最佳方法，藉以準備自己在世上的位置，這星座象徵我如何看待自己的旅行並離開舒適圈、尋找跨文化經驗、對高等教育的衝動、以及我的倫理和原則：

____

（使用宮首星座的關鍵字）

第九宮宮首星座的守護星是＿＿＿＿＿，此行星在星盤中的位置顯示了我如何賦予生命此領域能量、可以運用哪些額外資源，以支持我對於意義的追求。該守護星在＿＿＿＿＿（星座），＿＿＿＿（宮位）。

這顆守護星如何幫助我接觸生命的這個領域？哪些其他能量可以用來超越家庭及文化信仰的界線及限制？

____

____

____

當我延伸自我至家庭及文化教養以外的領域時，我們就會遇到第九宮的行星，這些能量透過擴展覺知、理解外來及不確定的事物而尋求表達。這些能量需要透過教育、旅遊或跨文化經驗而表現，它們也會塑造我在職業生涯中的信念及態度：

____

____

____

____

（同時思考行星正常及異常的表達方式）

我可能會在哪裡找到更深層、更具靈魂性、並與第九宮的行星產生共鳴的特質？

附錄五之一
物質的宮位：第二宮學習單

第二宮顯示了構成個人安全感的事物。

——霍華・薩司波塔斯（Howard Sasportas）《占星十二宮位研究》（The Twelve Houses）

__________星座落在我的第二宮宮首，這星座暗示了我提高自尊感及個人價值的方式，這星座同時指出了我重視及欣賞的事物，這些資源也幫助我去建立力量及穩定性。我需要重視什麼特質才能夠爲個人帶來安全感、自尊及回報呢？

____

____

____

____

（使用宮首星座的關鍵字）

__________星座可能同時描述了我如何使用個人資源，以及我對於金錢及資產的本能及遺傳而來的態度。我會如此描述對於金錢及資產的態度：

____

____

____

____

（使用宮首星座的關鍵字）

第二宮宮首星座的守護星是________，這行星在星盤中的位置顯示了我會如何賦予此生命領域能量、如何貢獻自己的財務及個人價值。該守護星在________（星座），________（宮位）。

這顆守護星會如何幫助我們進入生命的這個領域？我們透過接觸由這行星所代表的自我面向，可以獲得哪些資源呢？

____

____

____

第二宮的行星需要投入於具生產力的活動，它們是支持個人價值及力量的形象，這些行星同時也象徵了天賦資源，當我們重視及欣賞這些資源時，它們同時也會被其他人認可及珍惜。我擁有什麼天賦資源呢？它們如何被表現出來？我如何想像這些行星以具生產力及擁有回報的活動而表現出來呢？

正常功能表現	異常功能表現
____________	____________
____________	____________
____________	____________

附錄五之二
物質的宮位：第六宮學習單

第六宮基本上代表著處理個人危機的所有事物，以及遭遇它們的方式。

——丹恩·魯依爾（Dane Rudhyar）《占星宮位》（The Astrological Houses）

＿＿＿＿＿星座落於我的第六宮宮首，這可能描述了我需要定期持續去做哪些事情，以建立幸福感。做爲日常儀式的一部份，我需要榮耀的是：

＿＿＿＿＿＿＿＿＿＿＿＿＿＿＿＿＿＿＿＿＿＿＿＿＿＿＿＿＿＿

＿＿＿＿＿＿＿＿＿＿＿＿＿＿＿＿＿＿＿＿＿＿＿＿＿＿＿＿＿＿

＿＿＿＿＿＿＿＿＿＿＿＿＿＿＿＿＿＿＿＿＿＿＿＿＿＿＿＿＿＿

＿＿＿＿＿＿＿＿＿＿＿＿＿＿＿＿＿＿＿＿＿＿＿＿＿＿＿＿＿＿

（使用宮首星座的關鍵字）

這星座可能同時暗示了減輕壓力的方式：我需要在工作中固定從事什麼事情，才能讓自己感覺輕鬆，以及我如何才能感覺更聚精會神？這星座可能也象徵了壓力會累積在身體哪些部位。我身體的哪個部份容易受到壓力影響呢？

＿＿＿＿＿＿＿＿＿＿＿＿＿＿＿＿＿＿＿＿＿＿＿＿＿＿＿＿＿＿

＿＿＿＿＿＿＿＿＿＿＿＿＿＿＿＿＿＿＿＿＿＿＿＿＿＿＿＿＿＿

（使用宮首星座的關鍵字）

第六宮宮首星座的守護星是＿＿＿＿＿，這行星在星盤中的位置顯示了我會如何賦予生命此領域能量，需要依賴什麼才能得到工作上的滿足感和成就。該守護星在＿＿＿＿＿（星座），＿＿＿＿＿（宮位）。

哪些日常工作儀式能讓人得到持續性的滿足感？

（使用宮首星座的關鍵字）

這顆守護星會如何幫助我們進入生命此一領域？透過接觸由此行星所代表的自我面向，可以獲得哪些資源呢？

我們會透過日常工作、工作中的互動及日常行程中遇見第六宮的行星，在我的日常工作儀式中想要表達和發展哪些衝動呢？我體驗了以下第六宮的能量：

正常功能表現	異常功能表現
______	______
______	______
______	______

附錄五之三
物質的宮位：第十宮學習單

第十宮是成就的宮位。

——丹恩·魯依爾（Dane Rudhyar）《占星宮位》（The Astrological Houses）

＿＿＿＿＿星座落於我的第十宮宮首，這描述了我受到召喚而去做的事情、以及我如何以最佳的方式在世界上表達自我。在職業方面，我最強烈地需要達成的事情是：

＿＿＿＿＿＿＿＿＿＿＿＿＿＿＿＿＿＿＿＿＿＿＿＿

＿＿＿＿＿＿＿＿＿＿＿＿＿＿＿＿＿＿＿＿＿＿＿＿

＿＿＿＿＿＿＿＿＿＿＿＿＿＿＿＿＿＿＿＿＿＿＿＿

＿＿＿＿＿＿＿＿＿＿＿＿＿＿＿＿＿＿＿＿＿＿＿＿

（使用宮首星座的關鍵字）

這星座可能同時暗示了我如何在世上發揮自己的功用，以及我對於外在自我的期許。在傳統上，這可能同時代表了能夠帶來滿足感的事業或職業形象。讓我具有成就感的關鍵是哪些狀態及特質呢？我能夠如何爲世界及自我名譽做出貢獻呢？

＿＿＿＿＿＿＿＿＿＿＿＿＿＿＿＿＿＿＿＿＿＿＿＿

＿＿＿＿＿＿＿＿＿＿＿＿＿＿＿＿＿＿＿＿＿＿＿＿

＿＿＿＿＿＿＿＿＿＿＿＿＿＿＿＿＿＿＿＿＿＿＿＿

____

（使用宮首星座的關鍵字）

第十宮宮首星座的守護星是__________，這行星在星盤中的位置顯示了我會如何賦予此生命領域能量、並且有助於我得到外在的成功。該守護星在__________（星座），__________（宮位）。

這顆守護星會如何幫助我進入生命的此領域？透過接觸由此行星所代表的自我面向，可以獲得哪些資源呢？

____

____

____

我們普遍會先在父母及社會期望中遇見第十宮行星、然後於外界再次經歷，這行星可能會同時描述了我的事業，在我的職業及公眾領域中想要表達和發展哪些衝動呢？我所體驗的第十宮能量是：

正常功能表現	異常功能表現
__________	__________
__________	__________
__________	__________

附錄六
本書所使用的出生資料

星盤案例	出生資料	資料來源／章節
藍斯・阿姆斯壯（Lance Armstrong）	1971 年 9 月 18 日，時間不詳 美國德克薩斯州・布蘭諾（Plano, Texas, USA）	沒有時間記錄 第五章
蘇珊・波爾（Susan Boyle）	1961 年 4 月 1 日上午 9 時 50 分 英國蘇格蘭・布萊克本（Blackburn, Scotland, UK）	出生證明 第一章
個案	1965 年 8 月 22 日下午 5 時 14 分 澳大利・吉朗澳（Geelong, Australia）	個案提供 第一章
個案	1970 年 8 月 18 日下午 6 時 5 分 中國・北京（Beijing, China）	個案提供 第二章
個案	1951 年 4 月 2 日上午 8 時正 澳洲・墨爾本（Melbourne, Australia）	醫院紀錄 第十一章

李歐納·柯恩（Cohen, Leonard）	1934 年 9 月 21 日上午 6 時 45 分 加拿大·蒙特婁（Montreal, Canada）	來自由西爾維·西蒙斯（Sylvie Simmons）編著的傳記《我是你的男人：李歐納·柯恩傳》（I'm Your Man: The Life of Leonard Cohen）（2013），由哈珀科林斯（HarperCollins）出版社出版 第十二章
威爾斯（Wales）王妃戴安娜（Diana）	1961 年 7 月 1 日下午 7 時 45 分 英國英格蘭·桑德林漢姆（Sandringham, England, UK）	來自戴安娜及她的母親 第五章
吉曼·基爾（Germaine Greer）	1939 年 1 月 29 日上午 6 時 澳洲·墨爾本（Melbourne, Australia）	來自吉曼·基爾 第五章
萊頓·休伊特（Lleyton Hewitt）	1981 年 2 月 24 日上午 0 時 01 分 澳洲·阿德雷德（Adelaide, Australia）	來自其母親及醫院紀錄 第十一章

安潔莉娜・裘莉（Angelina Jolie）	1975 年 6 月 4 日上午 9 時 9 分 美國・加州洛杉磯（Los Angeles. California, USA）	出生證明 第六章
瑞奇・馬丁（Ricky Martin）	1971 年 12 月 24 日下午 5 時 波多黎各・哈托雷伊（Hato Rey, Puerto Rico）	出生證明 第五章
湯馬斯・摩爾（Thomas Moore）	1940 年 10 月 8 日上午 9 時 33 分 美國・密西根州底特律（Detroit, Michigan, USA）	來自湯馬斯・摩爾 第十二章
小約翰・戴維森・洛克菲勒（John D Rockefeller, Jr）	1874 年 1 月 29 日上午 10 時（LMT） 美國・俄亥俄州克里夫蘭（Cleveland, Ohio, USA）	來自傳記 John D. Rockefeller, Jr., A Portait（1956），由哈珀（Harper）出版社出版 第二章
丹恩・魯依爾（Dane Rudhyar）	1895 年 3 月 23 日上午 1 時 法國・巴黎（Paris, France）	來自出生證明，後來由魯依爾做出生時校正，調整至上午 0 時 42 分 第一章
馬克・施皮茨（Mark Spitz）	1950 年 2 月 10 日下午 5 時 45 分 美國・加州莫德斯托（Modesto, California, USA）	來自出生證明 第五章

唐納．約翰．川普（Donald Trump）	1946年6月14日上午10時54分 美國．紐約牙買加（Jamaica, New York, USA）	來自出生證明 第五章
歐普拉．溫芙蕾（Oprah Winfrey）	1954年1月29日上午7時51分 美國．密西西比州科西阿斯科（Kosciusko, Mississippi, USA）	來自記憶，時間不確定，另一個被引用的時間爲上午4時30分 第五章

國家圖書館出版品預行編目資料

職業占星全書：探索你的天賦、工作取向、此生被賦予的天職使命／布萊恩．克拉克（Brian Clark）著. -- 初版 .-- 臺北市：春光出版：家庭傳媒城邦分公司發行, 民105.11

面； 公分

ISBN 978-986-5922-91-7（平裝）

1. 占星術

292.22 105017188

職業占星全書：
探索你的天賦、工作取向、此生被賦予的天職使命

原　書　名／Vocation Astrology
作　　　者／布萊恩．克拉克（Brian Clark）
譯　　　者／陳燕慧、馮少龍
企劃選書人／劉毓玫
責 任 編 輯／劉毓玫

行 銷 企 劃／周丹蘋
業 務 主 任／范光杰
行銷業務經理／李振東
總　編　輯／楊秀真
發　行　人／何飛鵬
法 律 顧 問／台英國際商務法律事務所　羅明通律師
出　　　版／春光出版
台北市104中山區民生東路二段 141 號 8 樓
電話：(02) 2500-7008　傳真：(02) 2502-7676
部落格：http://stareast.pixnet.net/blog
E-mail：stareast_service@cite.com.tw
發　　　行／英屬蓋曼群島商家庭傳媒股份有限公司城邦分公司
台北市中山區民生東路二段 141 號11 樓
書虫客服服務專線：(02) 2500-7718 / (02) 2500-7719
24小時傳真服務：(02) 2500-1990 / (02) 2500-1991
讀者服務信箱E-mail: service@readingclub.com.tw
服務時間：週一至週五上午9:30～12:00，下午13:30～17:00
劃撥帳號：19863813　戶名：書虫股份有限公司
城邦讀書花園網址：www.cite.com.tw
香港發行所／城邦（香港）出版集團有限公司
香港灣仔駱克道 193 號東超商業中心 1 樓
電話：(852) 2508-6231　傳真：(852) 2578-9337
E-mail : hkcite@biznetvigator.com
馬新發行所／城邦（馬新）出版集團　Cité (M) Sdn. Bhd.
41, Jalan Radin Anum, Bandar Baru Sri Petaling,
57000 Kuala Lumpur, Malaysia.
電話：(603) 90578822　傳真：(603)90576622
E-mail：cite@cite.com.my.

封 面 設 計／黃聖文
內 頁 排 版／游淑萍
印　　　刷／高典印刷有限公司

■ 2016 年（民 105）11 月 1 日初版
■ 2022 年（民 111）4 月26 日初版3.8刷

Printed in Taiwan

城邦讀書花園
www.cite.com.tw

售價／600元

ISBN 978-986-5922-91-7

廣	告	回	函
北區郵政管理登記證			
台北廣字第000791號			
郵資已付，免貼郵票			

104台北市民生東路二段141號11樓

英屬蓋曼群島商家庭傳媒股份有限公司
城邦分公司

請沿虛線對折，謝謝！

遇見春光・生命從此神采飛揚

春光出版

書號： OC0076 **書名：** 職業占星全書：探索你的天賦、工作取向、此生被賦予的天職使命

請於此處用膠水黏貼

讀者回函卡

謝謝您購買我們出版的書籍！請費心填寫此回函卡，我們將不定期寄上城邦
團最新的出版訊息。

姓名：＿＿＿＿＿＿＿＿

性別：□男　□女

生日：西元＿＿＿＿年＿＿＿＿月＿＿＿＿日

地址：＿＿＿＿＿＿＿＿

聯絡電話：＿＿＿＿＿＿＿＿　傳真：＿＿＿＿＿＿＿＿

E-mail：＿＿＿＿＿＿＿＿

職業：□1.學生 □2.軍公教 □3.服務 □4.金融 □5.製造 □6.資訊

□7.傳播 □8.自由業 □9.農漁牧 □10.家管 □11.退休

□12.其他＿＿＿＿＿＿＿＿

您從何種方式得知本書消息？

□1.書店 □2.網路 □3.報紙 □4.雜誌 □5.廣播 □6.電視

□7.親友推薦 □8.其他＿＿＿＿＿＿＿＿

您通常以何種方式購書？

□1.書店 □2.網路 □3.傳真訂購 □4.郵局劃撥 □5.其他＿＿＿＿＿＿＿＿

您喜歡閱讀哪些類別的書籍？

□1.財經商業 □2.自然科學 □3.歷史 □4.法律 □5.文學

□6.休閒旅遊 □7.小說 □8.人物傳記 □9.生活、勵志

□10.其他＿＿＿＿＿＿＿＿

為提供訂購、行銷、客戶管理或其他合於營業登記項目或章程所定業務之目的，英屬蓋曼群島商家庭傳媒（股）公司城邦分公司，於本集團之營運期間及地區內，將以電郵、傳真、電話、簡訊、郵寄或其他公告方式利用您提供之資料（資料類別：C001、C002、C003、C011等）。利用對象除本集團外，亦可能包括相關服務的協力機構。如您有依個資法第三條或其他需服務之處，得致電本公司客服中心電話 (02)25007718請求協助。相關資料如為非必要項目，不提供亦不影響您的權益。

1. C001辨識個人者：如消費者之姓名、地址、電話、電子郵件等資訊。
2. C002辨識財務者：如信用卡或轉帳帳戶資訊。
3. C003政府資料中之辨識者：如身分證字號或護照號碼（外國人）。
4. C011個人描述：如性別、國籍、出生年月日。

請於此處用膠水黏貼